新疆科技学院产教融合与新商科发展研究中心研究成果

新疆金融高质量发展研究

王军生　刘丽文　吕昱◎等著

西南财经大学出版社

中国·成都

图书在版编目(CIP)数据

新疆金融高质量发展研究/王军生等著.--成都:西南
财经大学出版社,2024.7. --ISBN 978-7-5504-6233-5

Ⅰ.F832.745

中国国家版本馆 CIP 数据核字第 202484JM97 号

新疆金融高质量发展研究

XINJIANG JINRONG GAOZHILIANG FAZHAN YANJIU

王军生 刘丽文 吕 昱 等著

策划编辑:王甜甜
责任编辑:王甜甜
责任校对:李建蓉
封面设计:星柏传媒 张姗姗
责任印制:朱曼丽

出版发行	西南财经大学出版社(四川省成都市光华村街 55 号)
网　　址	http://cbs.swufe.edu.cn
电子邮件	bookcj@swufe.edu.cn
邮政编码	610074
电　　话	028-87353785
照　　排	四川胜翔数码印务设计有限公司
印　　刷	成都市火炬印务有限公司
成品尺寸	170 mm×240 mm
印　　张	13.75
字　　数	230 千字
版　　次	2024 年 7 月第 1 版
印　　次	2024 年 7 月第 1 次印刷
书　　号	ISBN 978-7-5504-6233-5
定　　价	88.00 元

前　言

　　党的二十大报告提出："高质量发展是全面建设社会主义现代化国家的首要任务。"处于新时代新征程，站在统筹中华民族伟大复兴战略全局的高度，以中国式现代化推动高质量发展，成为全国各地加快强国建设、实现民族复兴的时代主题。对于新疆维吾尔自治区而言，以习近平新时代中国特色社会主义思想为指导，完整、准确地贯彻新时代党的治疆方略，需要不断解放思想，创新驱动，以经济高质量发展化解各种矛盾，解决复杂问题。这对于深入贯彻新时代党的治疆方略，特别是实现社会稳定和长治久安总目标，努力建设团结和谐、繁荣富裕、文明进步、安居乐业、生态良好的美丽新疆，具有十分重要的意义。

　　金融是国民经济的血脉，关系中国式现代化建设全局。新疆处于"一带一路"核心区，立足新发展阶段，以金融高质量发展推动经济高质量发展，打造我国内陆开放和沿边开放高地，助力强国建设，具有重要的战略意义。

　　本书依据党的二十大精神、中央金融工作会议精神及新时代党对新疆建设的全面战略部署，立足区域实际，深入实地调研，通过理论分析与实证研究相结合的方法，梳理了新疆金融高质量发展的现状和存在的主要问题。本书结合实际提出新疆金融高质量发展的对策，助力地区金融部门、金融机构精准施策及地方高校把握金融专业人才培养方向，为建设金融强国贡献新疆力量。

　　本书共分为七个章节，最初撰写大纲由王军生提出，经由其他参编人员补充形成正式撰写大纲。各章分工及主要内容如下：第一章由王军生撰写；第二章由付榕撰写（前两章阐释并解读金融高质量发展的内涵和作用，剖析新疆金融发展堵点）；第三章、第六章由宋长青、刘丽文、吕昱撰写（分别以风险防控与优化营商环境为出发点，聚焦新疆金融安全与社会信用体系建设）；第四章由崔敏、冯啸林、彭凡刚撰写（聚焦新疆普惠金融发展，探寻更高水平金融服务质效，支撑经济高质量发展）；第五章由薛勇、马伟达撰写（立足新疆产业、资源优势，剖析新疆绿色金融市场发展短板）；第七章由王军生、付榕撰写（针对上述各章新疆金融高质量发展存在的诸多问题及面临的挑战提出全面的对策建议）。

在本书撰写过程中，为了切实掌握新疆地区金融发展现状与高质量发展中存在的问题，研究团队于 2023 年 11 月深入新疆金融监管部门、金融机构、财经高校、政府部门、科技企业一线，调研走访了中国人民银行新疆维吾尔自治区分行、中国农业银行新疆维吾尔自治区分行、永安财产保险股份公司新疆分公司、西部证券股份有限公司乌鲁木齐营业部、新疆喀什泽普县委、阿克苏咸亨农业科技有限公司、泽普县金胡杨苗木繁育有限公司等，从银行业、保险业、证券业等多层面调研了解新疆金融高质量发展现状。最后，研究团队在新疆库尔勒参加了"梨城经济发展论坛"，以"打造新疆金融高质量，助力丝路经济新动能"为主题，与参会学者及新疆科技学院师生对新疆金融高质量发展的内涵、现状和思路进行了交流。

编写本书历时将近一年，其间历经 2023 年中央经济工作会议与中央金融工作会议相继召开、国家数据局揭牌运行、新疆自贸试验区挂牌成立，研究团队深刻理解并把握党和国家对于经济高质量发展与建设金融强国的精神、方针和路线，深入新疆各单位、机构走访调研，在此特别感谢到访单位的支持与配合。调研工作还受到新疆科技学院的高度重视，他们为协调解决各种困难给予了极大的帮助，在此一并表示感谢！

本书的出版受到新疆科技学院的资助，在此致以诚挚的感谢！也感谢各位研究人员的辛勤付出！由于时间仓促，书中肯定存在一些不足和问题，敬请读者批评指正。

王军生

2024 年 3 月 10 日

目　录

1 金融高质量发展的内涵与作用

1.1 金融高质量发展的内涵

1.1.1 经济高质量发展的阐释

2017 年 10 月，习近平总书记在党的十九大报告中明确提出，我国经济已由高速增长阶段转向高质量发展阶段。2017 年 12 月召开的中央经济工作会议，首次提出习近平新时代中国特色社会主义经济思想，指出"中国特色社会主义进入了新时代，我国经济发展也进入了新时代，基本特征就是我国经济已由高速增长阶段转向高质量发展阶段"。2019 年 8 月 26 日，习近平总书记在中央财经委员会第五次会议上强调："我国经济由高速增长阶段转向高质量发展阶段，对区域协调发展提出了新的要求。"2022 年 10 月 16 日，党的二十大报告再次提出："高质量发展是全面建设社会主义现代化国家的首要任务。"由此可见，推进经济高质量发展是我国立足新发展阶段、贯彻新发展理念、构建新发展格局和形成新安全格局的必然要求[①]。深刻理解和充分把握经济高质量发展的内涵，一方面是从学理上对习近平经济思想中高质量发展的主旨思想的再探讨；另一方面则有助于从经济规律角度，充分运用高质量发展的方法论，指导各个产业树立自身的科学发展观与建设路径，使各行各业始终能将"高质量"作为经济活动目标的具体要求，能从"高质量"视角判断经济活动是否维护了我国经济发展循环的畅通，从市场供求关系中明确是否符合我国经济"高质量"发展的规律要求。由此，本书认为，只有充分阐释经济高质量发展的

---

① 张培丽. 高质量发展的时代要求和历史任务 [N]. 光明日报，2023-10-31 (11).

内涵，才能站在数字中国、中国式现代化的理念视角，透彻理解 2023 年中央金融工作会议中所提出的"一个目标""一个主题""三个着力""五个文章""六个体系"以及"八个坚持"的具体内容与本质，才能厘清金融高质量发展的实现路径。

①经济高质量发展是一种经济高效创新的发展模式。创新是发展的第一动力，经济高质量发展的本质特征是创新性。经济高质量发展是创新驱动型经济的增长方式，是创新高效节能环保高附加值的增长方式，是以智慧经济为主导、以高附加值为核心、质量主导数量、GDP 无水分、使经济总量成为有效经济总量、推动产业不断升级的发展模式。为了进一步深入解释经济高质量发展的本质，本书根据经济发展机制中的不同要素，将社会经济发展划分为经济发展推动力、经济发展过程以及经济发展结果三个层次，而创新始终贯穿、体现、实践于这三个层次，并以不同的理论机制作用于整个经济发展过程。从经济发展的推动力来看，经济高质量发展的推动力具有显著的创新本质。经济高质量发展强调通过科技创新、管理创新和制度创新来提升生产效率和竞争力，与依赖资源投入的传统发展模式相比，高质量发展的创新驱动方式不仅注重技术进步和新兴产业的发展，还通过推动产业升级实现高附加值增长，使经济发展更高效。由此，经济高质量发展的动力发生了跨越式升级，是以创新为引领的知识经济的蓬勃发展，对其具体的实践，一方面体现在科技创新和技术革新持续加速实现经济发展的转型升级，另一方面还体现为自主创新与原始创新的研发能力显著增强，包括科研平台数量持续增加、依附性创新与模仿性创新的比例逐步减少、技术依赖惯性对自主创新的干扰逐渐减小等方面。前者强调客观社会生产条件的进步，后者侧重于人为主观能动性的提升。社会生产条件的进步，具体来看，主要表现为技术创新。技术创新，是以数字化转型整体驱动生产方式、生活方式和治理方式变革，催生新产业新业态新模式，壮大经济发展新引擎的发展方式。技术创新聚焦于操作系统、人工智能算法、传感器等关键领域，云计算系统和软件核心技术一体化研发能力强，企业开放软件源代码、应用服务及硬件设计等。通过技术创新，可以提高经济效益、降低成本、提高产品质量，推动产业升级，实现高效发展。人为主观能动性的提升，具体来看，主要表现为创新创造人口红利的发展模式。通过突破原有的以规模取胜策略，转变为对人才的培养和吸引能力的加强。人口规模巨大的现代化是中国式现代化的一大特征，高质量

发展模式下通过创新把人口红利的总量优势转变为质量优势，提高人力资本质量，为高质量发展提供源源不断的智力支持。经济高质量发展，实现了增长与发展的统一、增长方式与发展模式的统一。经济高质量发展是现代化经济体系的本质特征，也是供给侧结构性改革的根本目标。从经济发展过程来看，受到创新引领下经济发展动力跃迁的影响，经济高质量发展表现为企业的自主创新能力显著提升，创新人才资源丰富，创新型企业迅猛发展，而最终结果就是对经济高质量发展要求的落实以及目标的实现。综上所述，只有加强科技创新、人才培养和产业升级，才能实现经济增长的质量和效益的提升。

②经济高质量发展是一种经济结构优化与质效提高的发展模式。在经济增长的基础上，经济高质量发展更加注重经济结构优化、质量和效益的提高。具体来说，经济结构优化与质效提高的高质量发展模式包括结构优化、新兴产业发展迅速和现代化产业体系健全完善。首先，经济高质量发展强调结构优化。这意味着调整和优化产业结构，推动经济从传统产业向现代产业的转型升级。具体而言，就是要淘汰落后产能，加大对高技术、高附加值产业的支持力度，助力新兴产业和战略性新兴产业的迅速崛起，从而实现经济结构的优化升级。其次，经济高质量发展从纵向上关注新兴产业和相关产业链的发展。从经济高质量发展的创新本质来讲，其发展与建设必然需要与其发展需求相匹配的现代产业来实现发展目标。新兴产业具有技术密集度高、创新能力强、市场潜力大等特点，属于经济高质量发展创新本质的范畴，因此是推动经济高质量发展的重要支撑。由此，也可以认为经济高质量发展是新兴产业壮大，为经济发展注入新动力的发展模式。最后，经济高质量发展从横向上强调现代产业体系的健全完善、协同发展与战略共赢。现代化产业体系是实现现代化的物质基础，强调信息化和工业化有效结合，具备高效率、低碳环保、智能化等特点，能够适应当今经济发展的需求和趋势。与传统发展模式相比，经济高质量发展模式在经济结构调整和质效提升方面具有明显差异。传统发展模式往往只关注经济总量的增长，忽视了各经济部门自身利益最大化与全局性最优目标之间的矛盾，导致高增长是以高成本为代价的一种经济增长方式。基于此，经济高质量发展重新定义了经济增长的内涵和路径，强调经济结构的合理性和质量效益的提升，注重经济增长内生动力的机制转型，关注信息、技术、生产、人力等各经济部门的内在协同关系，强调宏观经济系统的全局

协调有效性，最终实现更长远科学的经济发展。

③经济高质量发展是一种信用体系完善有效的发展模式。这种模式下的经济高质量发展必然体现出社会信用体系健全完备、资源配置效率高的发展特征。在信用体系建设完善的社会中，由于市场主体之间形成高强度互信机制，从而大大减少信任摩擦，有效提高商贸活动和投资活动的效率。完善的信用体系对经济发展具有广泛且深远的意义：第一，有助于市场主体规避风险。只有在互信的前提下，投资者和消费者才能更加积极地开展投资和消费行为，这对于把握行业发展态势、做好统筹规划等方面具有重要的风向标意义。第二，有助于市场主体降低风险。在完善的信用体系下，各类市场主体的行动能得到明确的指南和约束机制，从而在经济活动中减少不确定性和风险。特别是在金融领域，信用信息的完善对于发展普惠金融、解决中小微企业和个体工商户融资难题具有关键作用。第三，有助于市场主体识别处置风险。信用体系的完善能够帮助金融机构更好地识别、监测、管理和处置金融风险，从而以坚实的信用基础促进金融服务实体经济，推动经济高质量发展。2023年8月，国家发展改革委办公厅、中国人民银行办公厅公布第四批68个社会信用体系建设示范区名单，至此全国已有130个示范区①。示范区的社会信用体系建设的能力和水平较高，为国家层面制定和完善相关政策制度，构建诚信建设长效机制提供了实践基础，促进经济高质量发展。在传统模式中，社会信用水平不高，信用体系发展不完善，导致效率低下和资源浪费。而在高质量发展模式中，信用体系的完善大幅提高了资源配置的效率，使经济活动更加规范化、透明化和高效化。

④经济高质量发展是一种强调区域经济协调可持续的发展模式。经济高质量发展是在经济增长的同时注重经济发展的可持续性的一种经济发展模式。这里的"可持续性"就是强调了要以提高人民生活水平和促进社会全面进步为目标，既注重经济增长，又注重社会发展和环境保护，通过对传统经济增长模式的升级和转型，保证经济发展在不损害未来发展的前提下，为人民带来更多的福利和财富的绿色发展方式。因此，经济高质量发展理论提出之后，我国在保护和合理利用自然资源、控制和治理环境污

---

① 国家发展和改革委员会. 关于印发第四批社会信用体系建设示范区名单的通知[EB/OL]. (2023-08-07)[2024-06-12].https://www.ndrc.gov.cn/xwdt/tzgg/202308/t20230807_1359222_ext.html.

染、恢复和建设生态系统等方面做出了长足的努力。只有在确保自然环境不持续恶化的基本前提下所实现的经济发展才是一个全面、协调、可持续的发展，才符合中国式现代化的要求，才是实现人民全面幸福和国家全面强盛的必要途径。党的二十大报告提出"中国式的现代化是人与自然和谐共生的现代化"。经济高质量发展是尊重自然、顺应自然、保护自然、促进人与自然和谐共生的发展模式。在全面协调可持续的经济发展模式下，环境保护和生态建设得到加强，经济增长的可持续性和生态安全得到保障，从根本上解决污染排放量大等问题，实现可持续发展。中国式现代化开局阶段面临的一项新挑战是在经济规律与自然规律的双重约束下使十四亿多人口与自然和谐共生、协调发展，使经济效益、社会效益与生态效益有机结合，创造绿色发展奇迹，蕴含可持续的经济高质量发展。在全面协调可持续的经济发展模式下，经济高质量发展的内涵体现在两个方面：一是从制度建设层面来看，建立了科学的环境保护制度体制，形成一系列可实践的环境保护政策和法规；二是从实施层面来看，企业能够切实采用清洁生产技术，推广可再生能源和低碳技术，能源消耗和排放减少，尤其对工业企业能够按照标准深度治理，实施精准科学管控。综上所述，经济高质量发展实现了绿色发展，加强资源节约和环境保护，构建了基于绿色制造的供给体系、研发体系，合理利用自然资源、高效利用不可再生能源，用绿色工业替代黑色工业，并建立了绿色低碳的经济模式，实现了经济增长和环境保护的协同发展。

⑤经济高质量发展是一种广义多维度视角下具备高质量特色的发展模式。首先，从经济学层面来看，经济高质量发展要从宏观层面、中观层面以及微观层面实现穿透式实践的一种概念，是一种由下至上支撑、由上至下引导的发展理念。从微观层面出发，经济高质量发展体现在实现要素的高质量发展，要素投入质量逐渐成为支撑新技术、新工艺、新产品迭代升级，实现创新链、创新网乃至整个经济体高质量发展的重要基础；从中观层面出发，经济高质量发展体现在实现产业的高质量发展，其主要通过产业创新化和创新产业化两个路径实现；从宏观层面出发，高质量发展体现在实现区域高质量发展，是通过创新合作、产业融合、协同发展，实现区域由要素禀赋到协同创新的转变，使得高质量发展的成果为人民所共享，在满足人民日益增长的美好生活需要的同时，实现区域间均衡高效发展的过程。其次，从实践过程来看，经济高质量发展涵盖了"创新、协调、绿

色、开放、共享"五大理念的增长方式,是经济建设、政治建设、文化建设、社会建设、生态文明建设"五位一体"全面可持续发展。虽然经济建设在高质量发展中依旧是核心,但其内涵已发生深刻变化。经济建设不再是单纯地追求 GDP 的快速增长,而是通过优化产业结构、提升科技创新能力、促进产业升级,实现高效益、高附加值的经济增长。由此,经济建设需要政治建设在多维度发展模式中通过加强法治建设、完善治理体系、提升治理能力,确保各项改革措施的有效实施和社会的稳定运行为其提供保障;需要文化作为软实力,激发社会活力和创新精神,通过弘扬优秀传统文化、推动文化产业发展、提升公共文化服务水平;需要通过社会建设实现发展成果的共享,使经济发展成果惠及广大人民群众,增强人民的获得感、幸福感和安全感;需要通过生态文明建设推进节能减排、发展清洁能源、实施生态修复,实现经济发展与环境保护的协调统一,为经济的可持续发展提供坚实的生态保障。

⑥经济高质量发展是一种具有中国式现代化特色的发展模式。习近平新时代中国特色社会主义经济思想指出,中国特色社会主义进入了新时代,经济发展也进入了新时代。当前,社会的主要矛盾已经转化为人民日益增长的美好生活需要和不平衡不充分的发展之间的矛盾。在这一背景下,经济高质量发展模式正是应对这些新矛盾和新挑战的科学路径。经济高质量发展强调了经济发展的稳定性和公平性,注重增长质量、协调发展、绿色发展、开放共享,在解决人民内部矛盾问题方面,其核心内容包括了实现收入分配的公平、社会保障制度的健全、公共服务的普及等,有效解决供给侧结构性问题。只有在公平的发展环境中,每个人都有机会分享经济发展成果,才能让经济发展真正惠及每一个人,促进社会的和谐与稳定。这种模式符合我国经济未来发展方向,不仅能够推动我国经济的现代化进程,也能为全球经济的可持续发展提供有益的经验和借鉴。

1.1.2 金融发展与经济发展的耦合关系

在经济高质量发展的背景下,金融强国是未来国家经济建设发展的重要目标,金融高质量发展是实现金融强国目标的根本主题。由此,经济高质量发展与金融高质量发展之间存在着复杂而紧密的耦合关系,二者相辅相成、相互促进,共同推动经济社会的全面进步。在现代经济体系中,经济高质量发展强调创新发展、协调发展、绿色发展、开放发展和共享发展，致力于优化经济结构和提高经济效益。与此同时，金融高质量发展则着重构建稳定、高效、包容和可持续的金融体系，为实体经济的健康发展提供强有力的支持和保障。

创新是经济高质量发展的核心动力，而金融高质量发展则是创新的重要推动力量。创新发展在很大程度上依赖于金融市场环境提供的金融支持。从资本形成的角度分析，金融体系的发展主要从三个方面对创新发展产生影响：第一，企业进行技术创新时会产生大量的研发成本，金融市场可以集聚社会闲散资金以借贷形式发放给企业，通过资金形成机制改善企业资金状况，促进创新发展。第二，创新过程中投融资双方存在的信息不对称引致的道德风险和逆向选择问题，无形中增加了创新项目的运营成本和融资成本。而发展程度较高的金融市场可以有效评估创新项目，产生大量的外部信息，形成信息披露机制，有效减少投资者因信息不对称而产生的投资不确定性，进而缓解创新项目的融资约束。第三，完善的金融市场不仅为技术创新提供金融支持，还可以完善企业的公司治理，增强研发人员的创新积极性和企业创新能力，对企业培育核心竞争力和技术创新具有正向影响。总的来说，创新是经济高质量发展的核心动力，而金融高质量发展则是创新的重要推动力量。金融体系通过资本市场、风险投资、私募股权等多种形式，为科技创新企业提供充足的资金支持，帮助其实现从研发到市场化的全流程转化。金融工具的创新，如绿色债券、科技基金等，能够有效引导资本流向具有高增长潜力的创新领域，推动新技术、新产品和新业态的蓬勃发展。此外，金融机构还可以通过提供专业的金融服务和咨询，帮助企业优化资源配置，提升创新能力和竞争力，从而推动经济结构的优化升级。

协调发展是经济高质量发展的核心理念，而金融高质量发展则为实现这一目标提供了可靠支撑。金融体系通过优化资源配置、促进产业协同、支持区域经济协调发展等多种方式，助力经济的均衡和可持续增长。高质量的金融服务能够有效引导资本流向欠发达地区和薄弱环节，促进区域间的经济平衡，缩小城乡差距。同时，金融机构还通过提供多样化的金融产品和服务，推动产业链上下游的协同发展，提高整体经济运行效率。完善的金融市场机制和严格的监管体系也为各类经济主体的公平竞争和有序发展提供了保障，从而实现经济、社会、环境等多方面的协调统一，推动经济高质量发展。金融高质量发展对产业结构调整的影响主要体现在提高资本配置效率和催生新技术新产业两个方面。金融发展水平越高、金融制度越完善的国家，其金融市场中的金融机构和金融产品越多、信贷市场规模越大、人们参与金融市场活动的积极性越高，通过资本形成机制和杠杆作用加速了资本的流动和配置效率。在资本总量一定的前提下，资本的逐利性使其流向具有更高生产效率的产业，这种资金导向机制引发产业结构调整，从而促进产业结构优化升级。同时，金融发展水平的提升会不断完善金融体系的融资功能，市场的趋利性本质引导其投资和培育不同产业，催生新技术新产业，促使技术产业发展成为主导产业，最终提升产业结构的合理化水平。城乡和区域间的协调发展有赖于金融从人口、产业、空间、生活、资源环境和新型城镇化等多方面提供资金支持。

绿色发展已成为经济高质量发展的主要方向，金融高质量发展则在此过程中发挥着关键作用。金融高质量发展下，绿色金融以制定和实施绿色信贷、绿色债券、绿色保险等政策为手段，引导更多资金流向节能环保、新能源、绿色建筑等绿色产业，推动经济朝着低碳、环保、可持续的方向转型升级。数字经济的蓬勃发展为绿色金融提供了技术支持，借助大数据、区块链、人工智能等数字技术，绿色金融的透明度和效率得以提升，信息不对称和融资成本得以降低，从而促进了绿色金融产品和服务的创新和发展，实现了经济与环境的双赢。作为现代经济的关键枢纽，金融对于促进可持续发展具有重要作用。金融高质量发展将绿色发展理念纳入金融业经营理念，绿色金融活动有助于促进环境保护和经济的可持续发展。绿色金融发展形成资金导向机制，支持环保产业的建设、运营和管理，为绿色环保产业的发展奠定基础，最终推动经济可持续发展。同时，我国的绿色信贷机制将企业和贷款项目的环境风险纳入考核范围，对于绿色环保产业予以优惠利率的贷款支持，有利于约束企业污染环境的行为，培育绿色发展意识。

开放发展是经济高质量发展的必由之路，金融高质量发展为对外开放提供了重要保障。一个开放的金融体系能够促进国际资本的流动和配置，提高资源的利用效率，增强经济的国际竞争力。通过加强金融合作和对外投资，可以吸引更多的外资进入国内市场，带动技术、管理和理念的引进和推广，推动国内企业融入全球价值链。同时，开放的金融市场也能够为国内企业走出去提供资金和服务支持，帮助其拓展国际市场，提升全球竞争力和影响力。金融发展对开放发展的推动作用体现在宏观和微观两个层面。从宏观层面而言，金融发展可以通过具体的金融功能影响已有的资源配置，从而影响一国的贸易开放。从微观层面而言，国际贸易具有更大的不确定性风险，而金融中介机构可以通过金融机构自身的风险管理、风险转移等优势，有效解决国际贸易中的信息不对称问题，促进贸易规模的扩大。随着金融市场的发展，各类出口贸易融资工具、出口信用保险、出口信用担保等机制的完善，为贸易企业进行贸易融资、减少贸易风险、提高资金利用效率提供了有力支持。同时，金融发展也有助于降低融资成本，具有规模效应的产业在获得融资支持后倾向于扩大出口规模以降低成本，进而形成贸易顺差。

共享发展是经济高质量发展的根本目标，而普惠金融是实现共享发展的重要途径。金融发展通过提高金融服务的可获得性和便捷性，将原本排斥在金融服务之外的低收入者纳入金融服务覆盖范围，使其能够得到资金支持，从而投身生产和创业活动。这样的举措不仅有助于提高他们的收入、摆脱贫困，还能够带动更多低收入群体积极参与经济发展，共享经济发展成果，实现共享发展。作为全方位为社会各阶层提供服务的金融体系，金融发展水平的提升能够大幅改善金融服务的可得性和便利性，对于促进共享发展具有重要意义。此外，共享发展的目标之一是缩小城乡收入差距。为促进金融发展与共享发展之间的良性互动，必须加强金融市场与政府部门的合作。各级政府监管机构应加大对农业农村的政策性支持，深化金融改革，落实与"三农"有关的金融服务优惠政策，让更多信用状况良好的农户和小微企业得到资金支持。普惠金融通过提供普及化、便利化、低成本的金融服务，解决中小企业、农民、贫困人口等弱势群体的融资难题，促进经济社会的公平和包容性增长。数字经济的迅猛发展为普惠金融提供了新的路径和手段，通过移动支付、互联网金融、区块链等技术，可以大幅度降低金融服务的成本和门槛，提高金融服务的覆盖面和可得性，推动普惠金融的广泛应用和普及。

数字经济的发展与金融高质量发展的耦合机制也日益显现。数字经济以数据为核心要素，以技术创新为驱动力，通过互联网、物联网、大数据、人工智能等手段，推动经济社会的全面数字化转型。金融行业作为数字经济的重要组成部分，正在经历深刻的变革和重塑。首先，数字经济的发展为金融行业提供了新的发展机遇。随着数字化技术的广泛应用，金融机构可以更好地利用大数据和人工智能等技术来分析客户需求、评估风险、创新产品和服务。这种技术的运用不仅提升了金融服务的效率和质量，还推动了金融产品和服务的创新，促进了金融体系的智能化和数字化转型。其次，金融高质量发展与数字经济的蓬勃发展相互促进。金融行业的发展需要先进的技术支持，而数字经济的发展为金融行业提供了技术基础和创新动力。例如，金融科技的发展可以实现对海量数据的分析和挖掘，从而精准识别和管理金融风险，提高金融监管的有效性和科学性，增强金融体系的稳健性和抗风险能力。最后，数字经济的发展也推动了金融行业的业务模式和市场格局的变革。通过互联网、移动支付、区块链等技术手段，金融服务可以更加普惠、便捷和高效，拓展了金融服务的覆盖范围，促进了金融服务的普及化和个性化。数字经济的发展与金融高质量发展之间形成了良性互动的耦合机制。一方面，数字经济为金融行业带来了前所未有的机遇和挑战，推动了金融行业的创新和发展，促进了金融高质量发展的实现；另一方面，金融行业的发展也为数字经济提供了强大的支撑和保障，促进了数字经济的健康和持续发展。

经济高质量发展与金融高质量发展之间存在着紧密的耦合关系，二者通过创新驱动、协调发展、绿色转型、开放合作和共享发展等多方面的相互作用，共同推动经济社会的全面进步。未来，随着数字经济和金融科技的不断发展和深入融合，这种耦合关系将进一步加强，成为实现经济高质量发展的重要支撑和动力源泉。构建高效、稳定、可持续的金融体系，可以为实体经济的发展提供坚实的基础和保障，最终实现经济的高质量发展和社会的共同繁荣。

1.1.3 金融高质量发展内涵的界定

1.1.3.1 国家政策层面内涵的界定

金融高质量发展是在中国经济社会转型升级的大背景下提出的。金融是国民经济的血脉，是国家核心竞争力的重要组成部分，是实现金融强国目标的根本主题和发展方向，金融高质量发展对推进中国式现代化进程具有举足轻重的作用。从国家层面来看，金融高质量发展涵盖了以下四个方面，包括金融产品与服务体系建设、金融制度与监管体系建设、金融市场与基础设施体系建设，以及金融科技与安全体系建设。从内涵上来看，金融高质量发展应该具有以下特征：一是金融服务实体经济的举措更加精细化、时代化；二是金融监管体系建设更加制度化、现代化；三是金融安全和风险防范更加一体化、体系化；四是金融民生服务职能更加科学化、高效化；五是金融开放更加深度化、国际化；六是金融赋能科技成果成熟化；七是高质量金融推动经济实现共同富裕；八是绿色金融支持经济绿色发展；九是金融有安全性把握。2023 年 3 月，国家数据局的成立标志着推动数字经济、数字政府、数字社会建设成为重要方向，这些都为金融高质量发展提供了坚实的战略支持。金融高质量发展是在国家全面推进数字化和现代化的大背景下，通过提升监管、优化金融服务、创新金融产品和防范金融风险等手段，推动经济可持续、高效能发展的发展方式。

1.1.3.2 已有学术研究的界定

20 世纪末，我国学者就已对金融发展质量展开研究。白钦先和丁志杰（1998）探究金融发展的可持续性，认为金融可持续发展要兼顾数量和质量，在扩大金融规模的同时提升金融服务效率，构建更合理的金融结构，从而实现金融系统的优化升级，为经济发展提供更加全面、高效的金融服务。扶明高（2015）认为，金融发展质量应该涵盖稳健性、创新性、协调性、普惠性等九个特性。张公嵬和白雪莲（2024）对经济高质量发展的研究视角对金融高质量发展的研究具有非常重要的参考价值，该研究认为经济高质量发展的实现以及水平很大程度依赖于其动力系统，提出以城镇化发展基础设施建设、制度改革、供给需求结构以及数字经济作为四个维度的不同动力机制的逻辑机理，对高质量发展的动力系统进行测度。郑醒尘和胡世夫（2018）借鉴国际金融市场发展经验，认为金融业高质量发展应体现为资源配置高效、风控机制有效、市场体系结构合理等六个方面。钟华星（2021）基于国际比较的角度，从规模、结构、稳定性和效率等维度分析了我国金融高质量发展的现状，他认为金融高质量发展本质上就是建立健全一套规模适当、结构合理、稳定高效的现代金融体系，其最终目标是增强金融服务实体经济的能力和效率。王永钦和薛笑阳（2022）指出金融高质量发展是金融体系的结构合理，并且金融体系能够与创新发展相适应。王国刚（2023）指出金融高质量发展能充分发挥金融的各项功能，是实体经济高质量发展的内在要求。王昌林等（2023）指出金融高质量发展是拥有更有效率、更可持续、更为安全、更加公平的金融体系，金融业国际竞争力强，可以不断满足经济社会发展和人民群众日益增长的金融需求，能为强国建设、民族复兴贡献强大的金融力量。陆岷峰（2024）指出，金融高质量发展的标准包括服务实体经济、风险控制、合规稳健、创新驱动和可持续发展，即金融业健康、稳健、创新和可持续发展。李连发（2024）从市场化和法制化的角度研究金融高质量发展，从市场化的角度，金融高质量发展是金融市场安全、规范、透明、开放、有活力、有韧性；从法制化的角度，金融高质量发展统筹了金融发展、金融开放和金融安全，金融立法、执法、司法、守法和法律服务水平高，形成了金融法治工作大协同格局。之前有学者的研究表明金融高质量发展是一个动态且融合的概念，涵盖服务实体经济、风险可控、合规稳健、创新驱动和可持续发展等多个方面。

1.1.3.3　本书对金融高质量发展的界定

参照现有研究对金融高质量发展的界定，我们发现，金融高质量发展是一种建立在多重领域全面融合、发展创新基础上的全新金融发展理念。只有通过深挖金融高质量发展内涵、厘清金融高质量发展脉络，才能够有效梳理金融高质量发展路线、明确金融高质量发展机理，为新疆金融高质量发展贡献智慧。由此本书认为，金融高质量发展内涵包括金融产业协调性的高质量发展、金融供给侧结构的高质量发展以及金融发展环境的高质量发展。

金融高质量发展是一种产业间具有高度协调性的发展方式。产业协调性发展可以概括为以系统有序的产业组织、系统科学的理论逻辑与范式为主要表现形式，且以全面提升金融产业各方面的发展水平或发展程度（如市场化水平、数字化程度、绿色化水平、普惠化程度、国际化水平和法治化水平）为实践导向的一种金融发展方式。金融产业协调性发展包括了两个层面：一是横向同业机构间的协调发展；二是纵向上下游产业的协调发展。

从第一个层面来看，金融产业高质量发展应体现出以下两个方面的特征：一是金融高质量发展下的产业组织系统有序。金融机构和市场主体在运作上规范和高效，金融理论和实践中融入创新化、市场化、协调化、稳健化、开放化、有效化、共享化和绿色化等多种发展理念。与过去单纯追求规模和速度的发展模式不同，金融高质量发展更注重质量和效益的提升，更加关注长远的可持续发展。二是金融高质量发展下的金融供给侧结构更为合理。金融机构转型升级，能够满足不同层次的金融需求，有效提高金融资源的配置效率高，降低金融风险，实现金融机构优胜劣汰机制。综上所述，金融高质量发展就是通过系统性改革和全面提升，推动金融产业向更高水平、更高效率、更高质量发展。

从第二个层面来看，金融高质量发展是数字产业化与产业数字化相互推进下实现金融创新的发展方式。"十四五"规划明确提出加快数字化发展，建设数字中国，这一目标的实现离不开金融科技创新的支持。2023 年 10 月国家数据局的成立，标志着我国正式迈入数字经济时代。金融科技优化了传统金融业务流程，业务处理速度和准确性高，新的金融产品和服务开发速度快，产生了一批诸如智能投顾、移动支付、区块链贷款等创新性的金融产品。金融机构通过不断推进金融科技的研究和开发，不仅能够提升自身的数字化水平，还能在全球金融市场中占据更有利的位置。因此，金融创新就是通过科技驱动的方式提升金融效率、服务质量以及风险管理能力，注重利用金融科技、区块链、人工智能等先进技术手段，通过不断开发新型金融产品和服务，优化风险管理和监管机制，有效增强金融体系的灵活性和应变能力。金融创新使得金融业与实体经济实现深度融合，为实体经济的发展提供更有力的支持。因为金融创新，金融产业对科技化、数字化水平提升的需求不断增长，金融科技行业发展动能不断加强，萌生与壮大了一批新兴产业。在金融创新的需求带动下，数字化产业将成为金融科技的最终业态，而数字化产业将为产业数字化转型带来更强劲的推力。在数字与产业的相互融合、相互贯通、相互促进下，金融创新不仅是应对当前金融挑战的有效手段，更是构建未来金融体系的核心动力。

金融高质量发展是一种不断优化供给侧以满足市场多层次需求的发展方式。这种发展方式进一步可以细分为三个方面：需求覆盖面的优化、服务方向的优化以及服务效率的提升。第一，金融高质量发展就是一种实现普惠性和包容性强的发展方式，以确保金融服务的可获得性和便捷性，实现金融资源的公平分配，促进社会经济的全面和均衡发展，最终实现共同富裕的发展目标。第二，金融高质量发展就是绿色金融高质量发展。根据经济高质量发展的内涵约束，金融体系在增长的同时，必须更加注重环境保护和资源可持续利用，通过绿色金融产品和服务，引导资金流向环保、节能、清洁能源等绿色产业，从而实现经济与环境的协调发展。因此将金融资源有效配置到绿色经济领域，实现经济增长与环境保护的协调并进，这是与传统金融发展模式的根本差别，也是金融高质量发展的内在要求。第三，金融高质量发展是一种质效并重的金融发展方式，是一种通过优化金融资源配置策略，提升金融服务质量和效率，提高金融体系的适应性和灵活性，通过改革金融机构的治理结构、完善风险管理机制、创新金融产品和服务，能够解决供需不匹配问题的发展方式。质效并重的金融体系在支持和促进实体经济发展的过程中，注重金融服务的实效性和针对性，能够切实服务于高效益、高增长和符合国家战略方向的产业和项目，有效促进产业结构优化升级。实体经济是创造财富和价值的经济部门，有效穿透市场、服务实体经济、满足经济高质量发展的要求是衡量金融高质量发展的标准之一。

金融高质量发展是一种金融发展环境不断优化的发展方式。金融环境的优化包括四个方面的建设：社会信用体系的建设、监管体系的完善、金融体制的改革以及金融政策的优化。第一，金融高质量发展是依托社会信用体系高效运行的发展方式。金融市场是以契约为核心特征的、参与主体相对复杂的、不同于传统商品市场的一种特殊市场，因此在金融高质量发展的内涵逻辑中，必然包括了社会信用体系的高质量发展与高效运行。在高效的信用体系约束下，金融风险能够得到有效防范和化解，市场中各种交易成本、代理成本等显著降低。第二，金融高质量发展是现代金融监管体系不断完善的过程。金融高质量发展所强调的公平有效的市场环境，其关键抓手就在于通过科学有效的监管手段，提升金融机构的合规性和风险管理能力，维护金融体系的整体健康和稳定。金融监管体系的不断完善，能够提高金融体系的透明度、合规性和风险管理能力，为实现经济的可持续和高效发展提供坚实保障。第三，金融高质量发展是金融体制改革决心的体现。金融体制改革的最终目标是金融体系结构优化、金融服务质量和效率提升，金融风险防范能力增强，实现金融业持续稳健发展，为经济高质量增长提供有力支撑。金融高质量发展的过程体现为金融体制改革的过程，旨在构建更加健康、稳定、高效的金融体系，为经济持续健康发展提供坚实支撑。第四，金融高质量发展是金融政策稳健有力的结果。通过明晰的政策导向和有力的政策措施，金融机构能够健康发展，金融市场能够实现稳定、流动性充裕、风险可控，进而支持经济实体的发展。稳健的政策是持续优化金融发展的根基，这就要求金融高质量发展的前提是加强顶层设计。由此，金融实现持续的高质量发展是制度创新与政策集成的最终体现。

1.2 金融高质量发展的作用

根据前文对金融高质量发展概念的界定与阐释，本书认为金融高质量发展在提高金融体系的效率、增强金融体系稳健性、增强金融体系防范和控制风险的能力、支持国家战略和区域发展，进而全面推动经济高质量发展具有显著的作用。

1.2.1 提高金融体系的效率

金融效率是指金融部门的投入与产出，即金融部门对经济增长的贡献。金融体系的效率可以通过金融中介效率、金融市场效率来衡量。其中金融中介效率是指金融中介机构在提高社会资源配置效率方面起到的作用和效果，在金融高度发展的市场中往往需要完善的金融中介机制服务于整个市场需要，包括了金融市场服务体系的完善、制度的建设以及人才培养等内容；金融市场效率是指金融市场的运作能力，主要体现出金融市场在配置金融资源方面所使用的手段的效率。如果金融市场获得了有效的资源配置手段，那么理论上就达到了在有效市场下，资产价格能够充分地反映市场上的各种信息的结果，实现金融市场的稳定与高效。金融市场效率离不开金融科技的融入，科技作为提升金融市场效率的重要驱动力，可以使得信息更加透明化、公开化、及时化，同时促进产品创新。金融发展在狭义层面主要反映金融总量增长，在广义方面主要反映所有金融要素有效的发展。后者以所有金融要素最终实现协同有效的发展为核心基础，具体反映的是金融交易规模扩大与金融结构优化，金融功能随之增多，进而推动金融效率实现持续不断的提升。金融高质量发展将通过以下作用机制提升金融效率。

1.2.1.1 金融高质量发展能够提高金融中介效率

从金融服务体系来看，伴随着金融迈向高质量发展，金融市场更趋成熟和稳健，金融领域将形成功能互补、多层次交易场所、多样化交易产品的金融市场体系，在配置资源和服务实体经济方面体现出更强的服务效能。多层次、广覆盖、有差异的金融机构构成的金融体系，种类齐全、竞争充分，与此同时，资本市场、保险市场、货币市场、外汇市场等不断创新发展，是金融与国民经济共生共荣的重要基础，也是提高金融市场竞争力的直接动力。在一个高质量的金融体系中，金融机构之间的激烈竞争有助于降低金融服务的成本、提升服务质量，从而推动金融中介效率的提高。此外，建设多层次的资本市场是金融高质量发展的重要组成部分，是提高金融中介效率的保障。2023年10月召开的中央金融工作会议指出"要不断优化融资结构，更好发挥资本市场枢纽功能，推动股票发行注册制走深走实，发展多元化股权融资，大力提高上市公司质量"，因为资本市场作为连接"实体经济—金融—科技"的重要枢纽，紧扣时代脉搏，能够引导资源向战略性新兴产业配置，帮助新兴产业发展壮大、支持上市公司做强做优做大，实现多层次股权市场、产业、科技的共同成长，提升金融服务实体经济融资效率，推动实现"科技—产业—金融"的高水平循环，进一步推动资本市场的改革和发展，增强金融体系的稳健性和可持续性。党的十八大以来，我国始终坚持要全面提升服务实体经济的质效，把更多金融资源配置到小微企业、"三农"、新兴产业、绿色环保等经济社会发展的重点领域和薄弱环节，满足市场主体合理有效的融资需求，促进国民经济转型调整、良性循环发展。综上所述，金融高质量发展的成效之一就是金融中介效率的提升。

从制度建设来看，金融高质量发展能够优化金融市场结构。金融高质量发展可以通过不断健全和完善法律法规体系，优化金融市场结构，明确的法律法规框架来规范市场参与者的行为，保护投资者权益，实现金融市场的稳定运行，从而防范金融风险。从监管机构方面来看，监管机构的规范运作是优化金融市场结构的关键。加强对金融机构和金融市场的监督管理，能够及时发现和处置金融风险，维护金融市场的稳定。建立健全的监管机构能够提高监管效能，加强跨部门协调合作，形成监管合力，确保金融市场的安全稳定运行。健全完善金融监管制度的目标在于将所有金融活动全部纳入金融监管，在货币政策和宏观审慎政策"双支柱"调控框架下，推动完善权责一致、全面覆盖、统筹协调、有力有效的金融监管体系，提高金融监管透明度和法治化水平，深入推进地方金融治理能力现代化。优化金融市场结构可以减少金融市场中存在的垄断现象，扩大金融市场竞争范围，从而提高金融机构的服务质量和效率。此外，优化金融市场结构还可以鼓励金融机构创新，推动金融市场的数字化和智能化，提高金融服务的效率。

从人才培养来看，金融高质量发展能有效提高金融人才素质。金融高质量发展不仅仅意味着金融业规模的扩大和利润的增长，更重要的是实现金融服务实体经济、防控金融风险、提升金融体系效率和推动经济高质量发展等目标。这就要求金融业务的创新和规范、金融风险的有效管理、金融监管的科学有效以及金融人才队伍的不断壮大和素质提升。人才是推动社会进步、经济发展的核心力量，也是企业竞争的关键。金融高质量发展可以通过提高金融人才素质来提高金融体系的效率，这就要求金融人才具备更为丰富和深入的专业知识和技能，面对金融市场的不断创新和金融环境的复杂化，需要不断学习、更新知识，以适应市场的变化。金融人才是金融服务的核心和基础，提高金融人才的素质可以提高金融服务的质量和效率，保障金融服务的稳定发展。例如，加强金融人才的培训和教育，提高金融人才的专业技能和综合素质，可以提高金融机构的效率和服务水平。随着金融市场的国际化程度不断提高，金融机构和企业之间的竞争已经不再局限于国内，而是面临着全球范围内的竞争，因此提高金融人才跨文化沟通能力、培养其全球化思维和国际业务操作能力，成为把握住全球化竞争的机遇和优势的关键。提高金融高质量发展需要有足够的金融人才做支撑，加强金融人才的培养和管理，提高金融人才的素质和能力，是金融高质量发展的重要保障。

1.2.1.2 金融高质量发展能够提高金融市场效率

从金融科技融入角度来看，金融高质量发展可以通过推动金融科技发展来提高金融体系的效率。中国人民银行规划制定的《金融科技发展规划（2022—2025 年）》指出，要坚持"数字驱动、智慧为民、绿色低碳、公平普惠"的发展原则，加快健全适应数字经济发展的现代金融体系，提供更加普惠、精准的数字金融服务，支持实体经济高质量发展。金融高质量发展的重点就是服务实体经济，即为实体企业提供更好的金融服务，从而支持实体经济的发展。随着信息技术的迅速发展，金融服务的数字化、智能化、便捷化成为趋势，金融机构可以利用互联网、大数据、人工智能等技术手段，提供更加智能化、精准化、快捷化的金融服务，大幅提高金融服务的效率，提升客户体验。金融科技具有创新驱动效应，能够解决传统金融的道德风险与逆向选择问题，并缩减企业创新在风险识别和项目搜寻方面的成本，甚至塑造一种全新的现代商业模式，为经济高质量发展水平的提升提供持续不断的动力。商业银行作为我国金融服务的主体，面临着发展风险识别度较低、信心对称度低、弱势群体贷款坏账率较高、成本收入不匹配等问题。金融科技的发展可以使银行及时获取用户画像并进行精准分类，实现自动化、批量化审批，从而进一步降低成本。面对数量依旧庞大的"长尾"人群，金融科技提高了金融产品的流动性，增强了操作的便捷性，增强了用户的投资意识，用户可自由选择购买合适的金融产品，为金融市场注入了强大活力。除此之外，金融科技能够运用大数据进行风险控制，通过提高金融服务的质量和效率，可以为实体经济提供更加精准和优质的融资服务，提高融资效率，从而推动实体经济发展。

从产品创新角度来看，金融高质量发展可以增强金融创新能力，推动金融业务和产品的创新，提高金融业的竞争力。在经济高质量发展的大背景下，科技发展迅速，一系列新型科技不断涌现，科技创新的步伐加快，金融创新与科技创新协调发展。科技创新型企业的投资价值高、未来前景好，能够吸引更多的金融资源向科技创新型企业流动，给金融创新创造了新的运作空间。电子货币、电子结算和互联网金融的快速发展，不断改变着金融机构的运营模式，促进了金融创新的虚拟化、高效化和智能化，使金融机构的功能更加广泛。经济高质量发展通过科技创新为金融创新提供先进技术，提升了金融机构进行金融创新的能力和速度。进一步，金融创新促进了金融服务的个性化和差异化，能够满足不同客户的需求，提高客户满意度和忠诚度。金融创新层出不穷，如私募债、融 e 贷、次级贷等，为金融市场提供了更加直接的动力，股权投资和创业投资份额转让、商业银行投贷联动、金融智能服务等也给用户带来了众多的便利，由此可见，金融创新为经济高质量发展奠定了良好的基础。金融创新还包括开发新的风险管理工具或系统，实现更加精确和实时的风险监测，应用先进的技术，如大数据分析、人工智能、机器学习等，来实现对风险的及时感知和监控，开发新的方法或工具来识别和评估各种金融风险，包括市场风险、信用风险、操作风险等。

随着金融高质量发展的全面推进，金融体系效率显著提高。特别是2022 年以来，金融业规模增长迅速，金融科技蓬勃发展，金融产品和服务创新层出不穷，金融服务实体经济的能力显著提升。民营和小微企业金融服务持续改善。2022 年 1 月末，普惠小微贷款余额 19.7 万亿元，同比增长 25.8%；普惠小微授信户数增至 4 813 万户，同比增长 45.5%。2021年，新发放普惠小微企业贷款平均利率为 4.93%，比 2020 年全年水平下降

22 个基点①。从区域发展层面来看，2022 年，中国农业发展银行主动融入和服务国家区域发展战略，持续优化金融服务供给，全年累计发放长江经济带、黄河流域贷款 17 550 亿元，累计发放京津冀、长三角、粤港澳、成渝地区贷款 9 715 亿元；分别累计发放西部大开发、东北振兴、中部崛起、东部率先发展地区贷款 7 088 亿元、2 641 亿元、5 777 亿元、9 540 亿元②，助力构建高质量发展的动力系统，推动形成优势互补、高质量发展的区域经济布局。中国农业发展银行准确把握促进区域协调发展的总体方向、战略部署和目标任务，主动开展战略、规划、机制、政策、项目对接，因地制宜、分类施策，出台支持长三角一体化高质量发展等 22 个促进区域协调发展的实施意见，实现服务国家区域发展战略全覆盖，全面提升服务国家区域发展战略能力。与此同时，中国农业发展银行加大促进区域协调发展支持力度，主动服务和融入国家区域发展战略，聚焦基本公共服务均等化、基础设施通达程度比较均衡、人民基本生活保障水平大体相当等区域协调发展重点任务，积极探索河北供销社农田浅埋滴灌建设、黑龙江"农地+供应链"模式、福建"港区产业链金融"、重庆"1+6"特色产业全产业链、贵州良种产业贷、宁夏盐池滩羊、江苏"ROT+BOT"太湖蓝藻治理等创新模式，全力服务山东海洋牧场、安徽国家储备林、湖南大兴寨水库、广西平陆运河等一批经济社会成效显著的重大工程项目，为构建区域协调发展格局提供高质量的融资融智服务。

1.2.2 增强金融体系的稳健性

金融体系稳健性是与金融体系效率性相对应的一个概念。如果说效率性体现在资源配置的响应速度、覆盖范围等方面，那么稳健性则更加关注金融资源配置能力是否可以持续保持在较高的水平上，并且不产生较大的风险。国际货币基金组织关于金融稳健性统计的分析主要从核心指标和鼓励性指标两个角度考虑，其中核心指标主要是指存款性机构的评价指标，涉及资本充足性、资产质量、盈利能力、流动性和对市场的风险敏感程度方面的指标；而鼓励性指标则将金融稳健性分析的范围拓宽到其他金融性

---

① 人民银行. 1 月末普惠小微贷款余额 19.7 万亿元 同比增长 25.8%［EB/OL］.（2022－03－02）［2024－06－14］.https://baijiahao.baidu.com/s？id=1726173498205847594&wfr=spider&for=pc.

② 吴康远，刘浩. 农发行以高质量金融服务促进区域协调发展［EB/OL］.（2023－02－01）［2024－06－14］.http://www.adbc.com.cn/n5/n15/c46363/content.html.

公司、非金融性公司、住户部门、证券市场和房地产市场。

金融高质量发展鼓励金融机构加强风险管理和控制，避免过度依赖某一特定业务或资产，加强对实体经济的支持，促进金融资源的合理配置和经济结构的优化，提升金融体系的抗风险能力；金融高质量发展还鼓励金融机构增强创新能力，提高服务水平，促进金融市场的充分竞争，增强金融体系的韧性和适应能力。金融消费者作为金融市场的主要参与者之一，是金融市场健康发展的基础，只有保护好消费者的权益，才能促进金融市场的健康发展，吸引更多的投资者参与，推动金融市场的繁荣和创新。因此，金融高质量发展对金融体系稳健性的作用机制可以从金融体系金融业务结构、金融消费者保护两个层面进行分析。

第一，金融高质量发展能够深化金融供给侧结构性改革，从而优化金融业务结构。王勇（2021）指出深化金融供给侧结构性改革应着力于建设现代中央银行制度、健全结构性货币政策工具体系以及加强金融监管。其中，建设现代中央银行制度的目标是建立有助于实现币值稳定、金融稳定、充分就业、国际收支平衡的中央银行体制机制，管好货币供需，提供高质量金融基础设施和服务，防控系统性金融风险，管控外部溢出效应，促进形成公平合理的国际金融治理格局。健全结构性货币政策工具体系在于合理适度执行稳健的货币政策。改革要根据形势变化和市场需求，精准设计激励相容机制，引导金融机构优化信贷结构，建立长效机制，从而疏通金融体系流向实体经济的传导渠道。金融高质量发展会通过一系列金融供给侧结构性改革措施促进金融结构的优化，从而提高金融市场的竞争力和效率，增强金融体系的稳健性和可持续性。通过优化金融机构组织结构和业务结构，减少非主业、非效益业务，避免其过度依赖某个行业或领域，可以降低金融机构的系统性风险，提高金融体系的稳健性。同时由于金融高质量发展带来的制度层面的创新与改革，使金融市场的开放水平与国际化水平得到进一步提升。通过加强国际金融合作和交流，可以推动金融创新和技术转移，提高金融服务的质量和效率，增强金融体系的稳健性和抗风险能力，提高中国金融体系的国际竞争力和影响力。在这一过程中，加强金融监管至关重要。

第二，金融高质量发展能够强化金融消费者保护。加强金融消费者权益保护是坚持以人为本，构建和谐社会的必然要求。金融高质量发展有助于提升金融服务的普惠性、安全性、便捷性。金融高质量发展的内涵中包含了对金融消费者权益保护的关注，同时以高标准、高质量和高效率的方式推动金融服务实体经济和民生，促进经济发展。因此高质量发展必然会加强金融消费者保护机制建设，金融消费者也能够通过理性投资、有效风险管理、长期理财规划等行为帮助维护金融市场的稳定，促进金融消费者健康理性地参与金融市场，促进金融体系的可持续发展，同时又从需求端反向增强了金融体系的稳健性和可持续性。

1.2.3 增强金融体系防范和控制风险的能力

金融风险防控是金融体系的重要功能，防范化解系统性金融风险是金融工作的根本性任务，金融高质量发展的内涵为实现金融风险防范和控制能力的提升奠定了充足的环境基础。

在 2008 年全球金融危机爆发后，学术界对系统性风险的研究逐渐深入。宫晓莉等（2020）的研究表明系统性风险主要源自实体经济和金融部门内部的冲击，并通过金融机构之间的过度关联而被放大传染。风险的演化过程包括风险冲击、传染和扩散。

风险冲击是系统性风险的第一个环节，也是系统性金融风险的诱因和导火索。追根溯源，系统性风险来自两个方面：一是源于实体经济自身的脆弱性引发的风险冲击。金融高质量发展通过优化资源配置、提升金融服务效率、强化风险管理能力和支持产业创新，有效降低了实体经济的脆弱性。精准的信贷支持和多元化融资渠道帮助企业稳健经营，数字金融和供应链金融提升了企业的资金流动性和供应链稳定性。加强金融监管和政策扶持确保金融体系的稳健运行，同时推动企业技术创新和绿色发展，增强其抗风险能力，从而减轻经济波动对实体经济的冲击，实现经济的稳定和可持续发展。二是源于金融过度脱离实体经济而表现出来的脆弱性及其引发的风险冲击。金融高质量发展通过严格监管、优化金融产品和服务、强化风险管理以及支持实体经济，有效降低了这种脆弱性及其引发的风险冲击。通过精准配置资金，金融机构能够更好地满足实体经济需求，避免金融资源的过度投机和泡沫化。同时，健全的风险预警和分散机制结合多元化的金融工具和创新服务，增强了金融体系的稳定性和抗风险能力，从而确保金融与实体经济的良性互动，维护经济整体的稳健发展。

风险传染是系统性风险的第二个环节。金融高质量发展通过加强金融监管、完善风险管理体系、提升金融机构资本充足率和流动性管理能力，可以有效降低风险传染和系统性危机发生的概率。严格的监管措施和健全的风险预警系统能够及时识别和化解潜在风险，防止风险在金融体系内蔓延。多元化的金融产品和服务优化了资源配置，分散了风险，支持实体经济的稳健发展，增强了金融体系的稳定性和抗风险能力，从而构建起更为稳健的金融环境，减少系统性危机的可能性。

风险扩散是系统性风险的第三个环节。金融高质量发展通过严格的监管措施、优化的风险管理体系以及多元化的金融工具，有效减少了风险扩散。金融机构通过提升资本充足率和流动性管理能力，增强了自身抵御风险的韧性。同时，健全的风险预警和分散机制能够及时识别和控制潜在风险，防止其在金融体系内蔓延。金融高质量发展精准配置资源，支持实体经济的稳健发展，进一步增强了金融体系的稳定性，从而构建起更为安全和稳健的金融环境，减少风险扩散的可能性。

在金融高质量发展下，金融体系抵御和控制风险的能力逐步增强，监管机制和风险管理体系也在建立健全，金融部门可以更好地应对来自实体经济和金融市场的冲击，降低系统性风险传播带来的影响。此外，在金融高质量发展下，金融机构之间的合作协调性强，金融市场的规范化和透明化也可以有效减少风险传染的可能性。因此，金融高质量发展不仅可以提升金融体系的整体效率和竞争力，更能够增强其防范和控制风险的能力，为经济稳定和可持续发展提供有力支撑。

从制度建设层面来看，金融高质量发展需要依托健全的制度建设，包括完善的法律法规和监管机制等。金融体系发展是与制度基础相适应的，好的制度可以吸收外部不确定性的影响，使市场实现与未来更多状态的挂钩。在基础制度供给中，法治建设尤为重要，贯彻新发展理念，实现经济从高速增长转向高质量发展，必须坚持以法治为引领。这些制度建设可以规范金融市场秩序，遏制金融乱象，防范金融风险。金融风险是金融业发展的常见问题，一旦发生，不仅会损害金融机构和投资者的利益，还会对整个经济产生重大影响。金融科技是一种以技术为驱动力的金融创新，其目的在于利用现代科技成果来改造或创新金融产品、经营模式和业务流程，从而推动金融行业的发展。

金融科技的应用可以通过多种途径有效地降低金融风险，比如减少风险事件发生的概率，提升金融机构的运营效率，增强监管等方面。这种技术的应用不仅可以增强金融服务的便捷性和可及性，还有助于优化资源配置，提升金融市场的透明度和流动性，促进金融行业的稳健发展。数字化和智能化是金融科技的核心，通过全面推动金融数字化和智能化，可以提高金融机构的风控能力和数据分析能力，减少金融风险的发生概率。人工智能、大数据、区块链等技术可以提高金融机构的效率和准确性，包括风险评估、风险控制、风险监测等，从而增强金融体系的稳健性。同时，健全的法律和法规体系是金融发展的重要保障，可以规范金融市场行为，保护市场参与者的合法权益，提高金融交易的合法性和稳定性，防止金融乱象和金融市场的过度波动，维护金融体系的稳定和健康发展。因此，金融高质量发展为监管机构提供了完善的监管政策和制度、健全的金融风险评估和管理体系，监管机构通过科学全面的风险评估和管理可以发现和解决潜在的风险问题，并对风险进行有效的管理和控制，通过规范金融市场更好地保障金融市场的稳定和健康发展，减少金融市场风险和系统性风险的发生。

从市场运营来看，金融高质量发展要求金融机构提高其资产质量和收益能力。关于资产质量的概念，丁波等（2018）研究认为，资产质量主要分为两个不同阶段，低水平的资产质量和高水平的资产质量。从企业的角度理解，资产质量的高低是指资产给企业带来的未来经济利益的大小。学者们针对资产质量的提升策略进行管理研究。郭晓蓓等（2020）选取了商业银行作为研究对象，深入分析商业银行在运营过程中的风险状况，并对商业银行未来发展趋势进行了预测，提出了提升该银行资产质量管理的有效措施，并阐述了金融风险防范的具体对策。曹强和谭慧（2020）研究认为，可以将资产质量的评价指标分为单独的增值质量、变现的质量、被利用的质量及与其他资产组合的质量等。

综上所述，本书认为，资产质量是金融机构的核心竞争力之一。高质量的资产意味着资产的安全性和稳定性更高，有助于提高金融机构的信誉和声誉，增强市场信心。通过提高资产质量，金融机构可以更好地保障金融体系的稳健运行，降低不良资产对金融市场的影响。因此，金融机构需要建立风险管理框架、制定风险管理政策和流程，实行风险分类管理，对不同类型、不同层次的风险实行差异化管理，同时采用现代科技手段和数据分析技术，提升自身的风险预警和管理能力。

金融科技创新是提高风险防范和控制能力的有效抓手。金融科技创新利用大数据和人工智能等技术，可以对海量的金融数据进行分析和挖掘，从中发现隐藏的风险信号，通过建立智能风险模型和算法，可以更准确地识别潜在的风险，及时进行预警和防范。同时，传统的风险监测和控制往往是基于批处理和周期性的报告，反应速度较慢，而金融科技创新可以实现对金融活动的实时监测和响应，通过自动化的系统和算法，及时发现异常情况并采取相应措施，从而有效控制风险的扩散和蔓延。因此，通过推动金融科技创新，利用数字化、智能化、自动化等技术手段，能够帮助金融机构提高金融业务的效率和精准度，降低操作风险，提高风险防范和控制能力。将金融科技全面应用于风险管理、风险监测、反洗钱等方面，建立健全社会信用体系，完善个人和企业的信用评估体系，构建信用风险模型，利用数据挖掘技术，实现信用信息的共享和互认，有助于金融机构提高风险防范的精度和效果，及时对金融风险进行预测和控制，提高金融机构的风险管理和防范能力。

金融风险防控是金融高质量发展的客观要求。在金融高质量发展的进程中，防范和化解金融风险是金融体系健康发展的重要保证。金融高质量发展不仅是金融市场健康稳定发展的重要保障，也是国家经济社会发展的重要支撑。高质量的金融发展有助于促进经济社会的稳定和可持续发展。金融市场的健康稳定发展可以提供更多的就业机会、促进收入增长和财富积累，推动社会公平与稳定。同时，高质量的金融发展也有利于实现经济增长和社会进步的良性循环，吸引更多的国内外投资，促进资源配置的优化和市场的开放与竞争，提升国家的整体经济实力和抗风险能力，促进经济社会的全面发展。在金融高质量发展的过程中，金融风险防控需要与金融创新和发展相结合，不断提高金融风险防控能力，实现金融体系的健康、稳健和可持续发展。

1.2.4 支持国家战略和区域发展

1.2.4.1 推进区域协调发展形成新发展格局的进程

金融高质量发展体现在金融体制的调整与适配，以确保金融活动可以实现与社会环境彼此契合。赵丹（2023）认为，空间层面的国家金融结构状况分布可以通过不同的形态和不同的层次得到体现，同时可以划分为多个金融区域进行集中的具体金融活动，不同的金融区域之间可以形成互补，共同构成国家整体的区域金融体系。在金融高质量发展环境下，一方面，以服务国家重大区域发展战略为抓手，运用金融手段支持京津冀协同发展、长江经济带发展、粤港澳大湾区建设、长三角一体化、黄河流域生态保护和高质量发展、成渝双城经济圈建设，引导金融机构提升金融服务创新水平，可以推动形成以城市群为主要形态的增长动力源；另一方面，灵活运用货币信贷政策工具，充分利用金融科技手段，积极开展现代普惠金融和绿色金融改革创新试点，构建完善现代普惠金融体系和绿色金融体系，可以带动农村地区和欠发达地区补短板、强弱项，推动经济绿色低碳高质量发展。另外，根据不同地区的特点和比较优势，有针对性地开展区域金融改革试点，可以推动形成错位发展、各具特色、精彩纷呈的区域金融改革格局。金融高质量发展可以促进区域协调发展，帮助不同地区之间实现资源优化配置和互相补充，推动不同地区之间的经济发展相互促进。

1.2.4.2 促进区域经济增长和创新发展

金融业是现代经济的核心，金融高质量发展可以为实体经济提供更高效的金融服务，促进区域企业的发展和创新，推动经济增长。一方面，金融作为国民经济的重要产业，必须实现产业自身的高质量发展；另一方面，在新的经济发展阶段，金融作为国民经济的血脉和宏观调控的重要工具，也必须充分发挥对经济高质量发展的支持作用。因此，基于金融高质量发展的内涵以及金融产业的特殊性，金融高质量发展以有效支持实体经济发展为己任，以实现产业自身高质量发展为前提，且以支持经济实现高质量发展为落脚点。第一，金融高质量发展可以提升金融服务质量和水平，为国家和地区的经济发展提供更高效、更便捷的金融服务，提高经济发展的质量和效率。第二，金融高质量发展促进了区域实体经济的融资、投资规模，加快发展速度。金融机构积极开展贷款、投资和资本市场业务，加大对实体经济的支持力度，为企业提供了更多的资金支持，促进了经济增长和创新发展。第三，金融高质量发展也推动了区域科技创新。金融机构通过开展科技金融、风险投资等业务，加强与科技企业的合作，为科技创新提供资金支持和智力支持，促进了经济的创新发展。第四，金融高质量发展还推动了数字经济的发展。金融机构积极发挥数字化技术在金融业务中的作用，推动区域数字经济的发展，为经济增长和创新发展提供了新的动力。第五，金融高质量发展也推动了区域绿色发展。金融机构积极发挥绿色金融的作用，推动绿色产业发展，为环保产业提供资金支持，促进了区域经济的绿色发展。第六，金融高质量发展也加强了区域风险防范。金融机构针对区域经济发展能够实现更为精准的风险管理和控制，减少了经济风险的发生，提高了经济的稳定性和可持续性。

1.2.4.3 支持产业结构调整和升级

金融发展是促进产业结构调整和升级的内在动力，其对产业结构调整的影响主要体现在提高资本配置效率、催生新技术新产业两个方面。在当前形势下，供应链调整、产业结构升级及其全球布局所依据的基本规则、逻辑框架和外部条件都发生了深刻的变化。为此，金融业要非常清醒地认识到这些变化，并做出适应性调整，更好地支持中国企业开展新一轮的全球化布局，推动供应链调整、产业结构升级和价值链跃迁。金融高质量发展可以提高金融市场的效率，实现金融资源的优化配置，促进经济结构调整和产业升级，推动经济高质量发展。金融服务作为经济活动的重要组成部分，对经济发展起着至关重要的作用。金融服务使资金得以流通，企业得以融资，消费得以实现，金融服务的质量和效率直接影响着经济的发展水平。金融发展水平越高、金融制度越完善的国家，其金融市场中的金融机构和金融产品越多、信贷市场规模越大、人们参与金融市场活动的积极性越高。在资本总量一定的前提下，资本的逐利性使其流向具有更高生产效率的产业，这种资金导向机制引发产业结构转变，从而促进产业结构调整升级。金融高质量发展不断完善金融体系的融资功能，市场的趋利性本质引导其投资和培育不同的产业，催生新技术和新产业，促使技术产业发展成为主导产业，最终提升产业结构的合理化水平。李扬（2017）认为实体经济是经济发展的重要部分，金融的基本功能是为实体经济服务。金融发展要增强金融服务实体经济的能力与有效性。政府在新时代解决发展问题关注的重点之一是如何在金融高质量发展背景下进行产业结构调整和升级。在金融高质量发展的进程中，金融机构可以通过拓宽融资渠道、提高融资效率、降低融资成本等手段，支持产业结构调整和升级，为实体经济的发展提供坚实的保障。此外，金融还可以通过支持技术创新促进创新型中小企业发展，推动经济社会数字化转型。金融高质量发展可以赋能数字技术、网络空间和虚拟集聚，对供应链调整、产业结构升级和价值链跃迁产生深刻影响。在业务和资源配置层面，金融机构可以重视数据这一重要生产要素的投入，助力推动数字产业化和产业数字化。通过大数据、人工智能和区块链等数字技术，金融机构可以优化资源配置，提高资金使用效率。例如，金融机构可以利用大数据分析，准确评估企业的信用状况和市场前景，从而提供更精准的贷款和投资服务。这样的金融服务可以帮助企业更有效地利用数据资源，加速数字化转型，推动数字产业化发展。对于部分传统和新兴产业，尤其是先进制造业和现代服务业，金融支持其充分利用数据资源和数字技术，实现智能化、智慧化、自动化、柔性化和定制化的生产和服务过程。例如，金融机构可以提供专项资金支持企业引进先进的数字化生产设备和管理系统，从而实现生产流程的自动化和智能化。这样的金融支持可以帮助企业提高生产效率和产品质量，降低生产成本，提升市场竞争力。金融高质量发展通过提供创新型金融产品和服务，支持企业在网络空间和虚拟集聚中的发展。例如，金融机构可以为企业提供供应链金融服务，帮助企业优化供应链管理，提高供应链的透明度和效率。通过供应链金融，企业可以获得更加灵活和便捷的融资渠道，从而提高资金周转速度和资源配置效率。此外，金融机构还可以通过提供数字化支付和结算服务，支持企业在全球市场中的交易和合作，推动企业在全球价值链中的跃迁。金融高质量发展还可以通过支持企业在虚拟集聚中的发展，推动产业结构调整和升级。虚拟集聚是指企业通过网络平台和数字技术，实现跨地域、跨行业的合作与协同。金融机构可以通过提供数字化金融服务，支持企业在虚拟集聚中的创新和发展。例如，金融机构可以为企业提供线上贷款和投资服务，支持企业在虚拟平台上的业务扩展和创新。这样的金融服务可以帮助企业打破地域限制，实现资源共享和协同发展，推动产业结构调整和升级。

1.2.4.4 支持国家战略和政策落实

金融高质量发展可以为国家战略和政策提供重要支持，如推进供给侧结构性改革、实施创新驱动发展战略、建设数字中国、推进共建"一带一路"倡议等，都需要金融支持和服务；金融高质量发展可以为国家经济发展提供融资支持，促进投资和消费，推动经济增长。同时，金融高质量发展还可以提高金融服务的质量和效率，提高经济的整体竞争力，金融机构积极发挥融资功能，加大对实体经济的支持力度，为国家战略和政策提供资金支持。例如，支持制造业转型升级、推进科技创新、推动绿色发展以及提高金融国际化水平，促进金融市场的国际化和全球化，推动我国金融业与国际市场接轨，提升我国金融业在全球经济中的影响力和竞争力，从而为我国提供更广阔的发展空间，促进我国在全球经济中的地位提升。我国积极推进共建"一带一路"倡议，金融机构通过开展多种金融业务，支持和服务共建"一带一路"国家的经济发展，为国家"走出去"提供金融支持。另外，我国积极推动上海和深圳等城市建设国际金融中心，从而提高国际话语权和影响力，为我国在全球经济中的地位提升提供有力的支持。例如，"建行全球撮合家"平台已服务33个国家和地区、万余家境内外企业，助力全球产业链稳定与国际贸易畅通；创新跨境支付、"跨境快贷"、出口信用保险保单融资等产品；积极助力人民币国际化战略。

1.2.4.5 提供更好的区域金融服务

随着经济金融化和区域一体化的深入发展，金融服务已成为推动区域经济发展的重要力量之一。陈斐等（2024）认为金融不仅包括为个人、企业、机构等微观个体提供服务，还为宏观经济提供服务。金融服务不仅反映了金融主体的供给能力，更体现了金融系统的服务效率。在我国，金融服务除了指对微观个体的服务以外，还包括对宏观经济的调控作用。金融高质量发展可以为区域经济发展提供更好的金融服务，促进区域经济的发展和提高，支持区域一体化和城乡融合发展。第一，金融业可以提供资金支持实体经济的发展，银行可以提供贷款，证券市场可以为企业提供融资渠道，保险业可以提供风险保障等。资金支持可以帮助企业扩大生产规模，增加就业机会，促进地区经济的发展。第二，金融业可以通过风险管理来降低地区经济发展的风险。例如，银行可以对贷款进行风险评估和控制，证券市场可以为企业提供投资组合的多元化选择，保险业可以为企业提供风险保障等。这些风险管理措施可以减少企业的经营风险，增强地区经济的稳定性。第三，金融业可以通过技术创新促进地区经济的发展。例如，金融科技可以提高金融服务的效率和质量，促进金融业的创新和发展，进而带动实体经济的发展。第四，金融业可以建立健全的资本市场，为区域企业提供更广泛的融资渠道，促进地区经济的发展。同时，资本市场还可以提高企业的透明度和管理水平，改善企业治理，增强企业的竞争力。

1.2.4.6 加强风险防范和控制

从宏观层面来看，金融高质量发展主要通过着力于"稳"，牢牢守住不发生系统性风险的底线，助力经济高质量发展。防范化解金融风险是金融工作的永恒主题，金融高质量发展的核心内容就是通过加强金融风险防范和控制能力，维护金融市场的稳定和安全，为国家和地区的经济稳定和发展提供保障。其根本机制在于，第一，金融高质量发展加强了金融监管能力，从而实现保护金融市场的健康发展。第二，金融高质量发展通过建立健全的风险管理机制，能够及时发现、识别和控制各类风险，包括市场风险、信用风险、操作风险等，从而降低金融机构面临的风险。第三，金融高质量发展提高了金融机构在金融科技、数字金融等方面的应用水平，实现传统业务与大数据、大模型等技术的融合，推动金融机构完善风险评估模型，提高风险评估的准确性和科学性。例如，建立更为全面的评估指标，采用更加先进的评估方法和技术，对各种风险进行量化评估，从而为风险防范和控制提供更加有力的支撑。第四，金融高质量发展可以促使金融机构健全风险监测机制，实现对各类风险的动态监测和预警。例如通过运用大数据、人工智能等技术，及时掌握市场动态，发现风险隐患，及时采取措施，有效防范和控制风险。第五，金融高质量发展可以加强金融机构的合规管理，推动金融机构依法合规经营，从根本上减少违规行为的发生，降低金融机构面临的法律风险和声誉风险。

2 新疆金融发展现状与面临的挑战

2.1 新疆金融发展现状

2.1.1 新疆金融资源总量及分布现状

2.1.1.1 新疆金融资源总量现状

金融资源总量是指一个国家或地区在一定时期内拥有的金融资产的规模。金融资源总量可以用一些金融指标来衡量，如货币供应量、社会融资规模、银行存贷款余额、证券市场市值等。这些指标反映了一个国家或地区的金融储蓄和投资能力，以及金融体系的发展水平。

本书中金融资源总量的计算方法是将金融机构存贷款余额、证券交易数额、保费收入数据、实际利用外资额进行加总。采用金融机构存贷款余额、实际利用外资额、保费收入数据和证券交易额的总和来衡量金融资源总量，是因为它们是反映不同金融市场活力和金融资源配置的重要指标。具体来说，存贷款余额是金融机构所拥有的资金规模，它可以反映金融机构的资金来源和运用情况。证券交易数额则是衡量证券业规模的指标，反映股票市场的活跃程度和资金流动性，可以衡量证券业拥有的金融资源。保费收入数据是衡量保险市场规模的指标，可以衡量保险业拥有的金融资源。实际利用外资额是衡量外资对中国金融市场投资和参与程度的指标。对这些指标进行加总，可以更全面地了解金融资源总量的情况。

图 2-1 描述了 2012—2022 年新疆金融资源总量。2012 年以来，新疆金融体系逐步发展和完善，金融资源整体规模不断扩大。除 2016 年、2018 年和 2020 年，其余年份新疆金融资源总量不断上升。2016 年和 2018 年金融资源总量下降主要由证券交易额下降引起，2020 年金融资源总量下降受

新型冠状病毒感染疫情（以下简称新冠疫情）的影响。2016 年新疆金融资源总量下降有以下原因：第一，经济增速放缓导致金融资源总量下降。2015 年以来，政府推动供给侧结构性改革等，这些改革措施可能会导致经济增速的短期下降。2016 年全球经济增长放缓也影响到了中国的经济发展。第二，股市波动剧烈影响金融资源总量。2015 年，中国股市出现了大幅度的波动，投资者对于证券市场的信心下降，出现了恐慌性抛售行为，导致了证券交易额大幅下降，这种情况一直持续到 2016 年年底。第三，政府的限制性政策影响金融资源总量。中国政府在 2016 年加强外汇管制，央行和外汇管理局加强了对于银行的跨境资金流动监管，这对证券交易额造成了影响，最终降低了金融资源总量。2018 年新疆金融资源总量下降有以下原因：第一，政府的限制性政策影响金融资源总量。央行限制非贸易外汇业务、加强资本流入管控，金融资源总量下降。第二，中美贸易摩擦影响金融资源总量。中美贸易摩擦导致市场的不确定性和风险上升，影响投资者的投资信心和行为，从而导致证券交易额下降，金融资源总量下降。

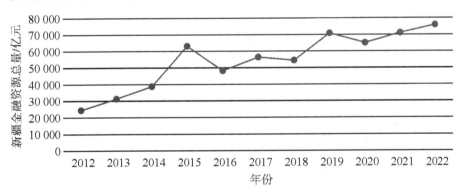

图 2-1　2012—2022 年新疆金融资源总量

数据来源：2012—2022 新疆国民经济与社会发展统计公报①。

2022 年新疆金融资源总量为 75 857.72 亿元，其中银行类金融机构存贷款余额为 58 262.04 亿元，约占金融资源总量的 76.80%，证券交易总额为 17 143.38 亿元，约占金融资源总量的 22.60%。保费收入为 682.75 亿元，实际利用外资额为 32.34 亿元，二者之和约占金融资源总量的 0.94%。

---

① 实际利用外资额根据每年美元平均汇率换算为人民币单位。金融资源总量由笔者加总计算得出。

由此可见，银行业和证券业占据了新疆几乎所有的金融资源，银行业和证券业的金融规模波动会对新疆金融资源总量的波动产生重要影响。保险业的金融资源总量占比虽然不大，但是保险业的发展可以为各类企业和个人提供风险保障服务，提高了整个社会的风险承受能力，为经济发展提供了保障。银行业、证券业和保险业的发展对新疆金融的高质量发展起到重要作用。

2.1.1.2 新疆银行业资源分布现状

2010 年以来，新疆银行业发展迅速。随着经济社会发展和金融市场开放的不断推进，新疆银行业的规模不断扩大，服务领域不断拓展，金融创新不断推进。同时，新疆银行业也积极响应国家政策，全面推进普惠金融和绿色金融发展，逐步扩大金融服务的覆盖面，提高金融服务的便捷性，为新疆经济社会发展做出了重要贡献，促进了新疆金融市场的健康有序发展。

衡量银行业资源分布现状的指标主要有存款余额、贷款余额、不良贷款率、资本充足率、利润、分支机构数等。本书选取存贷款余额作为衡量银行业资源分布的指标，原因有二：第一，存贷款余额是金融机构所拥有的资金规模，该指标可以反映金融机构的资金来源和运用情况，以及整个金融市场的活跃程度。第二，存贷款余额也是监管部门对银行业实行资本充足监管的重要依据之一。

图 2-2 描述了 2010—2022 年新疆存贷款余额。2010 年以来，新疆银行业发展迅速，存贷款余额不断扩大，除 2020 年受新冠疫情影响，存贷款余额有所下降外，其余年份存贷款余额在不断上升。2019 年新疆存贷款余额上升幅度较大的原因如下：第一，国家货币政策调控使得存贷款余额上升。2019 年我国的货币政策开始出现逆转，采取了一系列措施来加强对实体经济的支持，银行扩大贷款规模，从而推动存贷款余额上升。第二，政府投资加大使得存贷款余额上升。2019 年，我国政府大幅增加了基础设施等领域的投资，促使银行增加对这些领域的贷款，从而推动存贷款余额上升。第三，金融去杠杆政策缓解使得存贷款余额上升。2019 年，央行逐步放松监管，使得银行信贷规模逐渐恢复，存贷款余额上升。2020 年新疆存贷款余额下降的原因主要是受到新冠疫情及政策调控的影响。第一，新冠疫情对经济发展造成了冲击，企业经营压力增大，导致贷款需求下降，银行放贷压力加大。第二，为了稳定经济、控制金融风险，中国政府加大了金融监管力度，对银行的贷款审批、资产质量等方面加强了监管。

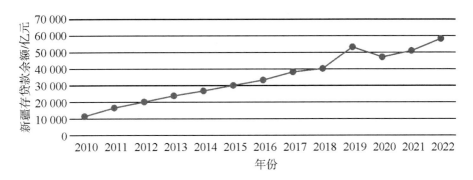

图 2-2　2010—2022 年新疆存贷款余额

数据来源：2010—2022 年新疆国民经济与社会发展统计公报。

2.1.1.3　新疆证券业资源分布现状

2012 年以来，新疆证券业呈现出不断发展的趋势。随着金融市场的逐步开放和新疆经济的快速发展，证券业的规模不断扩大，服务领域不断拓展，市场活力和创新能力不断提高。同时，新疆证券业也积极响应国家政策，不断推进证券市场的规范化、市场化和国际化发展，加强信息披露和风险管理，为新疆经济发展提供了多元化的金融支持和服务，促进了新疆金融市场的健康有序发展。

衡量证券业资源分布现状的指标主要有证券市场总市值、证券交易额、新股发行数量、投资者数量、证券公司数量、证券从业人员数量、证券投资基金规模等。本书选取每年证券交易额来反映证券业金融分布情况。证券交易额是指在一定时间内证券交易市场上的所有证券成交金额的总和，这包括股票、债券、基金等证券的买卖。证券交易额是衡量股票市场规模的指标，反映了股票市场的活跃程度和资金流动性。

图 2-3 描述了 2012—2022 年新疆证券交易额。2012 年以来，新疆证券业发展迅速，证券交易额不断增加。2015 年前后中国股市出现暴涨暴跌走势，新疆 2015 年证券交易额暴涨，2016 年暴跌，2018 年证券交易额也有所减少，其余年份证券交易额呈现上升趋势。2015 年证券交易额大幅增加的原因包括政策刺激、资金面宽松和投机情绪高涨。2015 年股市行情进一步升温暴露了许多问题，导致股市的大幅波动。2016 年新疆证券交易额的减少主要受股市波动影响。2015 年中国股市出现了大幅度的波动，投资者对于证券市场的信心下降，出现了恐慌性抛售行为，导致证券交易额大幅下降。这种情况一直持续到 2016 年，因此 2016 年新疆证券交易额也呈

现出了下降趋势。2018 年新疆证券交易额的减少主要受中美贸易摩擦影响，中美贸易摩擦导致市场的不确定性和风险增加，影响投资者的投资信心和行为，从而使得证券交易额下降。

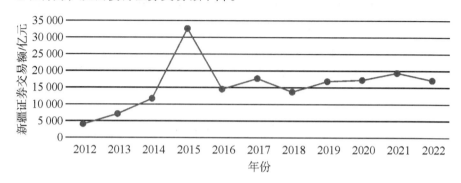

图 2-3　2012—2022 年新疆证券交易额

数据来源：2012—2022 年新疆国民经济与社会发展统计公报。

2.1.1.4　新疆保险业资源分布现状

新疆保险业是新疆金融体系的重要组成部分，随着新疆经济的快速发展，保险业规模不断扩大，服务领域不断拓展。同时，新疆保险业也积极响应国家政策，不断提升服务质量和创新能力，不断拓展保险业务的深度和广度，为新疆经济的可持续发展提供了坚实的保障和支持。

衡量保险业金融资源分布的指标主要有保险公司数量、保费收入、购买保险人数、保险产品种类和质量。其中，保费收入是指保险公司在一定时间内从保险合同中收到的全部保费收入总额，通常包括直接业务保费、再保险业务保费、分保业务保费等。由于保费收入在一定程度上代表了保险业经营业绩，反映保险产品的需求情况和保险市场的发展状况，因此不同地区的保费收入差距还能够进一步反映其在保险市场中所占据的位置和发展水平。基于上述原因，本书选取保费收入来衡量保险业的资源分布。

图 2-4 描述了 2010—2022 年新疆保费收入。2010 年以来，新疆保险业发展迅速，保费收入呈现不断上升的趋势。保险业的发展对新疆金融的高质量发展起到重要作用。首先，保险业的发展可以为企业提供多样化的风险保障，提高企业的生产经营能力和抗风险能力，从而促进企业的发展。其次，保险业可以促进资本市场的发展，为股票和债券等其他金融市场提供稳定的资金来源，有助于优化金融结构，提高金融市场的效率和透明度。最后，保险业还可以为居民提供全面的保障服务，提高居民的安全

感和福利水平。因此，保险业在新疆的发展对于实现新疆经济高质量发展具有重要的作用。

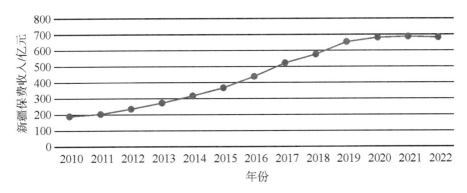

图 2-4　2010—2022 年新疆保费收入

数据来源：2010—2022 年新疆国民经济与社会发展统计公报。

保费收入分为财产险收入和人身险收入，它们对金融高质量发展的影响有所不同。财产险主要涉及财产损失的赔偿，包括财产损失保险和责任保险，主要服务企业和个人。在保障企业和个人财产安全方面，财产险的发展对于经济的稳定和发展有着重要作用，可以保障企业和个人的财产安全，减少不必要的经济损失，从而推动经济的发展。人身险主要涉及人身意外伤害、疾病和身故等风险的赔偿，主要服务个人和家庭。在保障人民生命安全和财产安全方面，人身险具有非常重要的作用。将保费收入细分为财产险和人身险的收入，分别分析它们对金融高质量发展的影响，可以更加全面地了解保险业对于新疆金融高质量发展的贡献。

图 2-5 描述了 2010—2022 年新疆财产险收入。2010 年以来，新疆保险业发展迅速，财产险收入呈现不断上升的趋势。2020 年财产险收入的大幅增加有以下两个原因：第一，新冠疫情暴发对部分行业造成了影响。部分地区因为疫情防控措施的实施，物流运输、农业生产等方面受到了影响，部分自然灾害的影响使一些企业和个人的财产受损，对财产险的需求也相应增加，从而推动了财产险保费收入的大幅提高。第二，国家加强了对财产险市场的监管，完善了保险公司的风险管理和防范措施，也对财产险收入的提高产生了积极的影响。

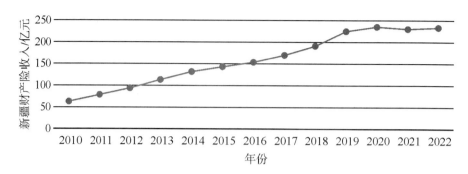

图 2-5 2010—2022 年新疆财产险收入

数据来源：2010—2022 年新疆国民经济与社会发展统计公报。

图 2-6 描述了 2010—2022 年新疆人身险收入。2010 年以来，新疆保险业发展迅速，人身险收入呈现不断上升的趋势。此外，中国人身险市场推出的产品，如健康险、长期护理险等新产品，呈现专业化、多元化、普惠化的趋势。

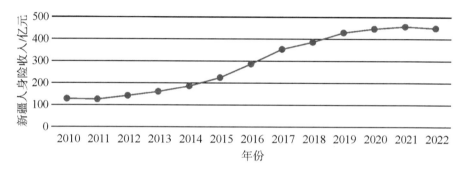

图 2-6 2010—2022 年新疆人身险收入

数据来源：2010—2022 年新疆国民经济与社会发展统计公报。

2.1.2 新疆金融科技发展现状

金融科技（FinTech）是指利用先进的科技手段和金融业务模式，以提高金融服务效率和降低金融服务成本为目的，通过互联网、大数据、人工智能、区块链等技术手段，创新和改进金融产品、服务和流程的一种新型业态。金融科技涉及多个金融领域，如支付、借贷、投资、保险等。衡量金融科技的指标主要有研发投入、专利申请量、高新技术应用覆盖率等，本书参考李春涛等（2020）的方法，通过百度新闻高级检索搜索"地区+

关键词"并选择具体年份来获得相应关键词的城市—年份的页面数量,用该数量来衡量地区金融科技的发展水平。运用百度新闻高级检索结果度量金融科技发展水平的逻辑在于,一个地区金融科技发展、企业设立、技术进步往往都会被媒体关注并报道,从而能在百度新闻检索到。百度作为领先的中文搜索引擎,通过百度新闻搜索金融科技相关热词所得到的页面数量,能够比较准确地反映相关地区金融科技的发展水平。

图 2-7 描述了 2010—2022 年新疆金融科技发展水平指数。2010 年以来,新疆金融科技发展迅速,金融科技发展水平指数不断上升,这说明新疆积极倡导由科带来的金融创新,促使金融科技创造新的业务模式、应用、流程或产品。金融科技的发展对新疆金融的高质量发展起到了重要作用。

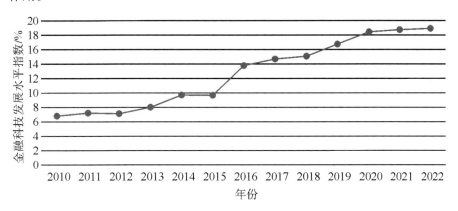

图 2-7 2010—2022 年新疆金融科技发展水平指数

数据来源:http://www.macrodatas.cn/article/1147467020.

新疆维吾尔自治区政府正在积极推动金融科技发展,并且为金融科技企业提供相应的政策和平台支持。新疆维吾尔自治区政府出台了《新疆维吾尔自治区数字经济发展行动计划（2019—2025 年）》,其中包括推进金融科技发展的相关政策措施。该计划提出,要积极发展数字金融和普惠金融,推进互联网金融和大数据金融创新,加强金融科技安全监管,促进金融与实体经济深度融合等。此外,新疆还建立了一些金融科技创新平台,例如新疆银行间同业拆借中心、新疆云计算大数据中心等,为金融科技企业提供技术支持和创新环境。

2.1.3　新疆金融支持新疆发展现状

近年来，新疆维吾尔自治区政府一直致力于通过金融手段来支持新疆的经济建设。金融对于新疆三大产业的发展都起到了重要的支持作用，并体现出不同的作用机制。在第一产业方面，新疆农村信用社等金融机构不断加大对农业的支持力度，推广现代农业保险和融资租赁等金融服务，帮助农民增加收入，提高生活水平；在第二产业方面，金融机构积极支持新疆重点产业和优势产业的发展，加大对新疆企业的贷款支持力度，为企业提供便捷的融资渠道；在第三产业方面，金融机构加强与旅游、文化、体育等服务业的合作，为服务业提供多元化的金融服务。同时，新疆不断完善金融服务体系，为新疆的经济发展提供强有力的支持。

2.1.3.1　金融支持新疆第一产业发展现状

从宏观上来看，金融对新疆第一产业的发展具有十分重要的战略支撑作用。新疆地处西北边疆，气候恶劣，地理条件相对较差，是一个典型的农牧区，第一产业占据了新疆经济的重要地位。新疆拥有丰富的耕地资源。2023 年新疆现有耕地面积 1.06 亿亩①，人均耕地面积超过 4 亩，是全国平均水平的 2 倍，96% 以上是水浇地，适宜规模化经营和先进生产技术、大型农机装备的推广应用；昼夜温差大，积温和无霜期在全国同纬度省级行政区中位居前列。2023 年新疆粮食种植面积达 4 237.2 万亩，占全国粮食面积增量的 61.4%，居全国第一，单产 500.1 公斤/亩，全国排名第二②。新疆畜牧业资源丰富，2023 年新疆肉羊新增出栏量占到全国增量的58%，肉牛出栏增量占到了全国的 26%③。新疆渔业资源丰富，2022 年新疆渔业总产量达 17.3 万吨，在西北五个省级行政区中排名第二，其中三文鱼总产量 4 554 吨，占全国内陆产量的 15%，新疆宜渔水域滩涂面积 4 600余万亩，水质优良，具备河流、湖泊、鱼塘、水库、滩涂、沟渠、沼泽等

---

① 1 亩≈666.67 平方米。

② 谢博韬. 全年粮食产量达 2 119.2 万吨 新疆成我国重要粮仓[EB/OL].（2024-01-07）[2024-06-12].https://news.cctv.com/2024/01/07/ARTImLcrk3fxXmf0vhNAMuHE240107. shtml.

③ 新疆维吾尔自治区人民政府网. 去年新疆畜牧业肉产量首次突破 200 万吨 增幅是全国增幅 2 倍多［EB/OL].（2024-02-23）[2024-06-12].https://www.xinjiang.gov.cn/xinjiang/bmdt/202402/38967289017b407b9faa406e1d6bd8d5. shtml.

水资源养殖条件，具有渔业高质量发展的良好资源禀赋①。新疆渔业发展初具规模，开发前景广阔。新疆第一产业发展具有优势，农业、畜牧业和渔业的产量和效益不断提高，是支撑新疆经济发展的重要支柱。虽然新疆牛羊肉的产量及产值不断提高，但畜牧业生产方式仍以农牧户散养为主，规模化养殖水平偏低，平均个体单产水平不高，牛羊肉存在供给偏紧现象。先进科学技术需要大量资金投入，牧民观念落后，先进技术在牧区落地实施难度较大，在牧区推广和实施难度大，难以发挥其作用，制约了新疆第一产业的发展。因此，金融对第一产业的支持显得尤为重要。首先，金融支持可以为农牧户提供资金，帮助他们扩大养殖规模，购置现代化设备和设施，提高生产效率和单产水平，从而缓解牛羊肉供给偏紧的现象。其次，第一产业的发展离不开先进科学技术的支持，金融支持第一产业发展可以促进先进技术的引进和应用。然而，先进技术的推广和实施需要大量的资金投入。金融支持可以为第一产业提供必要的资金，推动先进技术的落地和应用，提升新疆第一产业的整体技术水平。再次，金融支持第一产业发展可以改变落后的生产观念。农户观念的落后是制约第一产业现代化发展的一个重要因素。金融机构可以通过提供专项贷款、补贴和技术培训等方式，鼓励农户接受和采用新的生产方式和技术，逐步改变落后的生产观念，促进第一产业的发展实现现代化。最后，金融支持第一产业发展可以促进区域经济协调发展。金融支持可以引导更多的资本流向欠发达地区和薄弱环节，促进区域经济的平衡发展。金融通过支持新疆第一产业的发展，可以带动相关产业的发展，推动区域经济发展水平的整体提升，缩小城乡和区域间的经济差距。金融机构通过提供农业信贷、养殖信贷、产业升级贷款等金融产品，可以支持新疆农牧业的生产和发展，增强农牧民的融资能力，增加农牧业的产出和效益，促进新疆第一产业的发展。综上所述，金融支持对于推动新疆第一产业的发展具有重要作用。金融通过提供资金支持，可以提高农业生产效率和规模化水平，促进先进技术的引进和应用，改变落后的生产观念，增加农户收入，提高人们生活水平，最终

---

① 新疆维吾尔自治区人民政府网. 三文鱼产量占全国内陆产量约15% 新疆渔业总产量西北地区排名第二[EB/OL].（2023-09-05）[2024-06-12].https://www.xinjiang.gov.cn/xinjiang/bmdt/202309/cca3db709dd2434d8867aec558e4b2b3. shtml.

实现区域经济的协调发展和畜牧业的现代化转型①。

从政策导向上来看，新疆维吾尔自治区政府积极探索促进第一产业发展的途径。首先，新疆维吾尔自治区政府出台了一系列政策措施，鼓励金融机构加大对农业和农村经济的支持力度，提供低息贷款和风险担保等金融服务，为农民和农业企业提供资金支持。例如，新疆维吾尔自治区农村信用社联合社通过运用"活畜抵押或土地承包经营权抵押＋保证担保"模式，采用农机具和大棚设施、保单等抵质押方式，增加对新型农业经营主体的金融支持。其次，政府还积极推动农村金融改革和创新，鼓励金融机构采取差异化金融服务模式，满足农民和农村企业的融资需求。最后，政府还支持金融科技在农业领域的应用，鼓励金融机构开展农村电商、农业保险、农产品交易等业务，推动农村金融和互联网金融的融合发展，促进农业现代化。例如，新疆维吾尔自治区农村信用社上线"富民e贷"等普惠贷款系列线上产品，并持续优化"农贷通"产品，不断推动产品数字化转型。截至2023年年末，新疆维吾尔自治区农村信用社"农贷通"余额419.62亿元，较年初增加51.62亿元，增幅达14.02%②。

从市场层面来看，新疆的金融机构愈发积极响应政策号召，助力新疆第一产业的发展。中国农业银行新疆分行等多家银行已经成为农业领域的主要金融服务提供商，银行加大了对种植业、畜牧业、渔业等领域的金融支持力度，不断推动新疆农业发展。同时，金融机构也加强了对农村金融市场建设的支持，增加了农村金融机构的数量，扩大了金融机构整体的服务范围，为农村地区提供了更加便利的金融服务。

中国人民银行新疆分行充分发挥货币信贷政策导向作用，引导金融机构把更多信贷资源向乡村振兴领域倾斜，有力支持了新疆经济高质量发展。金融机构锚定农业强区建设，指导各地因地制宜打造"一地一品"金融服务，重点推动数字玉米、畜禽活体抵押等特色产品推广应用，其中，"活体畜禽"变"数字资产"模式获第四届"全球减贫案例征集活动"最佳案例。2023年12月末，全区涉农贷款余额1.37万亿元，同比增长

① 新疆维吾尔自治区发展和改革委员会. 推动新疆草原畜牧业高质量发展的相关建议[EB/OL].（2023-01-20）[2024-06-14].https://xjdrc.xinjiang.gov.cn/xjfgw/hgjj/202301/e870eb04fd55452a83cf86a76e7651db.shtml.

② 中国金融新闻网."守"与"进"中探路金融与产业转型的良性互动：访新疆维吾尔自治区农信联社党委书记郑育峰[EB/OL].（2024-03-21）[2024-06-12].https://www.financialnews.com.cn/ncjr/focus/202403/t20240321_289505.html.

16.2%，比全区各项贷款平均增速高出 5.5 个百分点；全年新增贷款 1 971.8亿元，同比多增 414.9 亿元，有效提升农业产业集群的融资可得性①。

总体而言，新疆金融支持第一产业的发展不仅能够促进农业现代化、提高农民收入，也能够增强新疆经济的稳定性和可持续性。金融机构可以通过提供各种金融产品和服务，支持新疆农业企业的发展。金融机构还可以利用现代技术手段，加强对农业信息化、智能化的支持，提高第一产业的效率和质量。这将有助于优化新疆的产业结构，提高经济的质量和效益，进而推动金融高质量发展。

2.1.3.2　金融支持新疆第二产业发展现状

从宏观上看，金融对新疆第二产业的发展具有十分重要的结构优化导向作用。在新疆，制造业、建筑业和采矿业等行业是第二产业的主要代表。新疆矿产种类全、储量大，能源资源丰富，开发前景广阔。区内发现的矿产有 153 种、占全国已发现矿种的 88.44%；查明有资源储量的矿种 103 种、占全国的 62.8%。据全疆矿产资源潜力评价，新疆石油预测资源量 230 亿吨、约占全国陆上石油资源量的 22%，天然气预测资源量 17.5 万亿立方米、约占全国陆上天然气资源量的 28%，煤炭预测资源量 2.19 万亿吨、约占全国煤炭预测储量的 40%，煤层气预测资源量 7.51 万亿立方米、约占全国煤层气资源量的 26%。铁、铜、铅、锌、金、铬、镍、稀有金属、盐类矿产、萤石等矿产蕴藏丰富②。新疆制造业发展前景广阔，2022 年，新疆装备制造业规模以上企业完成工业增加值 100 亿元以上，装备制造业企业建成国家级企业技术中心 2 家、自治区级企业技术中心 44 家，在中国机械工业 100 强中，新疆特变电工、新疆金风科技分别排名第 6 位、第 10 位。输变电装备形成以变压器、电线电缆、高中低压开关柜为主的输变电装备产业链，主要分布于乌鲁木齐、昌吉、伊犁。2022 年，生产变压器约 7 500 万千伏安，同比增长近 30%。新能源装备形成以塔筒、底座、机舱罩、叶片等零部件为一体的风电装备产业链，主要分布于乌鲁

① 新疆维吾尔自治区人民政府网. 新疆举行 2023 年金融运行情况新闻发布会［EB/OL］.（2024-02-08）［2024-06-12］.https://www.xinjiang.gov.cn/xinjiang/xwfb/202402/2e3f324bd74b45958abe5403980457f1.shtml.

② 新疆维吾尔自治区人民政府网. 新疆维吾尔自治区概况［EB/OL］.（2023-07-01）［2024-06-12］.https://www.xinjiang.gov.cn/xinjiang/xj-gk/202309/f937bdafa51b4f5da89dd1dd25691f1f.shtml.

木齐、昌吉、哈密，整机产能 1 000 千瓦。风电装备在国内市场占有率排名第一，全球风电市场排名第二。农牧机械装备主要以生产棉花、玉米、番茄、辣椒等农作物机械为主，棉花覆膜精量播种、动力驱动耙、节水滴灌等特色农机产品在全国已具有较强的影响力，基本形成了乌鲁木齐、昌吉、石河子、阿克苏为主的农牧机械制造格局。2022 年生产农业机械 2 万多台，新疆高端采棉机生产规模达到 1 000 台以上，稳居国内同行业之首。汽车制造以整车装配为主，均为国内汽车大企业、大集团在乌鲁木齐经济开发区设立的子公司或分公司。2023 年，乌鲁木齐经济开发区与楚胜汽车、湖北美标康盛动力等企业签订投资协议，加快推进罐车制造、农牧机械、汽车零配件等产业落地，进一步推动汽车制造业的补链强链①。

然而，新疆制造业发展的深层次问题和结构性矛盾仍然突出：一是产业协作生产配套能力弱，新疆市场需求的石油石化、煤矿机械、农业机械等装备制造产业的关键零配件和基础配套工艺本地生产能力低。二是创新能力不足，除了金风科技和特变电工等龙头企业，其他企业创新能力较弱，研发投入不足。三是开拓周边国家市场的能力有限，缺乏具有带动作用的龙头企业，受对方国家经济政治不稳定以及企业自身缺乏国际经验等原因影响，企业"走出去"数量较少。四是专业技术人才不足，缺乏专业、高层次、复合型人才以及普通的技术工人，制约制造业的进一步发展。

金融支持对于促进新疆第二产业发展主要可以通过以下三个方面来体现：第一，金融可以通过提供有针对性的资金支持，促进企业扩张和升级的同时，还能帮助企业增强技术研发和创新能力。资金的投入可以用于设立研发基地、引进先进技术和设备，通过培训提升员工技能，从而弥补企业在技术创新和生产工艺上的不足。第二，金融市场可以提供必要的风险管理工具，帮助企业降低风险并保护其利润。例如，金融可以为企业国际市场开拓提供资金支持和风险管理工具，通过出口信贷、跨境投资保障和外汇风险管理等服务，帮助企业规避国际市场的经济政治风险，同时鼓励企业更积极地参与全球价值链和国际市场竞争。第三，金融还能够支持建立和完善产业链上下游的配套服务体系，促进企业间的合作与协作，提升

---

① 新疆维吾尔自治区发展和改革委员会. 新疆装备制造业发展对策建议［EB/OL］.（2023-09-15）［2024-06-12］.https://xjdrc.xinjiang.gov.cn/xjfgw/hgjj/202309/0f2fb2506bfc4e6a843e9cd8531612ba.shtml.

整体产业链的效率和竞争力。综上所述，金融支持对于推动新疆第二产业的发展至关重要。金融机构通过有效的金融政策和服务，可以解决产业链关键配套能力不足、创新能力不足、国际市场拓展困难以及人才短缺等问题，进而促进新疆制造业的结构优化和经济可持续发展。这不仅有助于提升新疆地区的经济竞争力，也符合国家战略和区域发展的整体需求。

由此，从第二产业结构优化的需求来看，新疆政府在推进新疆产业转型升级方面加大了金融支持力度。一方面，政府通过政策引领，加强对重点行业的金融支持，鼓励企业进行技术研发和创新，提高产品质量和附加值，推动新疆第二产业向高端制造业和服务业转型，新能源、电子信息、装备制造等行业都不同程度获得了金融支持与金融服务；另一方面，政府还通过积极推进产业园区建设发挥金融对新疆第二产业的支持作用。政府通过建设产业园区等方式，为新疆第二产业提供更好的发展环境和支持条件。新疆政府创新发展模式，推动园区建设不断加快，发展质量稳步提高，整体实力持续增强。截至 2023 年 12 月，新疆培育自治区级及以上园区 84 家（不含兵团），其中国家级 21 家、自治区级 63 家。全区培育国家级高新技术产业开发区 4 个、自治区级高新技术产业开发区 15 个，创建自治区产业创新研究院 14 家，建设国家重点实验室 2 个、自治区重点实验室 54 个，认定自治区级以上企业技术中心 398 个（国家认定企业技术中心 15 个），培育高新技术企业 990 家。全区园区围绕装备制造、石油化工、电子信息、纺织、有色金属等产业，创建自治区级以上新型工业化产业示范基地 21 个，其中国家级 9 个；围绕生物医药、精细化工、风电装备制造、现代煤化工、油气生产加工、纺织服装、新材料等产业，创建自治区级以上中小企业特色产业集群 9 个，其中国家级 2 个。2023 年 1~10 月，新疆完成园区基础设施建设投资 477.65 亿元，园区企业完成固定资产投资 1 849.22 亿元；入驻企业 3.71 万家，其中规模以上企业 2 029 家，带动就业 69.74 万人，签约招商引资项目 2 114 个①。在这一过程中，金融也对产业园招商引资、发展建设起到了非常关键的支持作用。

金融机构对第二产业提供关键支撑主要体现在加大了对中小企业的支持力度。中小企业是新疆第二产业的重要组成部分，为了支持中小企业发

---

① 新疆维吾尔自治区人民政府网. 新疆建成 21 个产值百亿元以上园区［EB/OL］.（2023-12-11）［2024-06-12］. https://www.xinjiang.gov.cn/xinjiang/bmdt/202312/48edae1c5b5948c8ba1e76c28723a7b9.shtml.

展，各大银行和其他金融机构推出了一系列金融产品和服务，包括贷款、信用保证、融资租赁、股权投资等，帮助企业获得融资支持，提高生产力和竞争力。中国人民银行乌鲁木齐中心支行为个体工商户等市场主体纾困减负，截至 2023 年 3 月末，新疆支付手续费降费规模达 2.8 亿元，累计惠及小微企业和个体工商户 107 万户。中国人民银行乌鲁木齐中心支行引导金融机构主动运用动产融资统一登记公示系统和中征应收账款融资服务平台，提升企业动产融资便利度，企业通过平台实现融资 9 203 亿元，其中中小微企业融资占比高达 75%①。

综上所述，新疆金融支持第二产业的发展可以促进新疆经济结构的升级和优化，增强地区产业竞争力，进而推动金融高质量发展。随着新疆第二产业的不断发展壮大，其对金融支持的需求也在增加。金融机构的资金支持、风险管理、金融创新等方面对第二产业的发展起着重要的作用，同时也可以带动金融机构自身业务的增长和收益的提高，促进新疆金融高质量发展。

2.1.3.3　金融支持新疆第三产业发展现状

金融对新疆第三产业的发展活力具有十分显著的提振作用。新疆第三产业发展前景广阔。新疆文旅融合步伐快，江布拉克、赛里木湖成功创建国家 5A 级旅游景区，冰雪旅游快速发展，冬季旅游短板加快补齐，旅游承载能力持续提升，"新疆是个好地方"文旅融合品牌美誉度和影响力不断扩大，2023 年前三季度接待境内外游客达到 2.14 亿人次。生产性服务业提档升级快。霍尔果斯、库尔勒、哈密、喀什—红其拉甫列入国家物流枢纽重点建设名单，组建新疆商贸物流集团、中新建物流集团，乌鲁木齐、阿克苏、喀什入选国家骨干冷链物流基地建设名单，乌鲁木齐跨境电子商务综合试验区建设扎实推进，喀什地区、阿拉山口市、伊犁州跨境电子商务综合试验区获国务院批准建设，培育海外仓、口岸仓 29 个，跨境电商进出口额两年增长近 10 倍。生活性服务业提质扩容。新疆采取线上引流+实体消费等模式，推动电子商务与传统商贸服务融合发展，商贸服务加快转型升级。阿勒泰市举办奥林匹克冰雪赛事系列活动，可可托海滑雪场成功申报为国家体育旅游示范基地，冰雪运动持续升温。乌鲁木齐市、哈密市、巴音郭楞蒙古自治州率先实施全国居家和社区基本养老服务提升行动

---

① 吕佳珊. 新疆持续优化金融服务，全力支持经济高质量发展［EB/OL］.（2023-06-27）［2024-06-13］.https://xj.chinadaily.com.cn/a/202306/27/WS649acce3a310ba94c5613b83.html.

项目，健康、托育、文化体育、家政服务、社区服务等发展速度快①。

在现代经济发展中，第三产业不仅能够为第一、二产业提供必要的服务和支持，推动一、二产业的转型升级，而且还能够起到缓解第一、二产业就业压力，优化资源配置的重要作用。具体表现为：第一，随着产业结构的调整升级，一、二产业中可能会逐渐出现一些富余的劳动力，同时零售、餐饮、旅游等行业的逐步兴起，第三产业的发展又产生了新的劳动力需求，这类岗位入职门槛相对较低，能从一定程度上解决很大一部分从其他产业转移出来的劳动力。第二，第三产业的发展还促进了金融、教育、医疗等高端服务业的发展，又从另一个层面推动了就业结构的优化和就业质量的提升，为劳动力提供了更多就业机会。第三，第三产业的丰富与蓬勃促进了市场信息的流通和资源的优化配置。借助第三产业，企业能够更加准确地了解市场需求和资源供给情况，一方面，有助于企业做出合理的生产投资决策；另一方面，会促使消费者对产品和服务有更加丰富多样的需求。因此，第三产业的振兴会对资源配置效率提高起到重要的促进作用，能更有效地满足消费者的多样化需求。由此可知，金融对新疆第三产业发展具有非常强的提振作用，通过为第三产业提供各种贷款、融资等金融服务，能够不断增强新疆第三产业的吸引力和竞争力。

新疆政府以金融作为抓手积极促进第三产业的发展，主要体现在以下三个方面：第一，政府加大对第三产业的金融支持，包括加大对服务业、旅游业等领域的金融支持，鼓励金融机构开展服务业和旅游业信贷和投资。第二，政府优化金融生态环境，减轻第三产业企业负担，降低融资成本，提高金融服务效率。第三，政府拓宽融资渠道，支持第三产业企业发展。例如，支持符合条件的第三产业企业发行企业债券、私募债券等，引导银行等金融机构加大对第三产业企业的信贷支持。

新疆金融支持第三产业发展不仅能够促进当地经济的发展和稳定，还能够对整个新疆的金融高质量发展起到积极的推动作用。首先，第三产业是经济的重要组成部分，促进其发展有助于优化经济结构，提高经济效益，增强经济的竞争力和可持续性。其次，第三产业的发展需要金融服务的支持，如融资、保险、投资等，这有助于推动金融业的创新和发展，提

---

① 新疆维吾尔自治区发展和改革委员会."十四五"自治区现代服务业发展步入快车道[EB/OL].(2024-01-05)[2024-06-13].http://xjdrc.xinjiang.gov.cn/xjfgw/c108377/202401/fd9ec1c73baf42aa9279840b05ebd2d8.shtml.

高金融业服务实体经济的能力和水平。最后，第三产业的发展还能够吸引外来资本和人才的投资和就业，进一步推动地区经济的发展。因此，新疆金融支持第三产业的发展对于推动整个新疆金融高质量发展具有重要的作用。

2.1.4　新疆金融发展的多元化路径

新疆在经济发展过程中，其金融体系建设逐渐形成了多元化发展路径，基于信用体系建设、普惠金融、绿色金融以及风险管控四个主要渠道，共同发力，落实金融高质量发展内涵，并获得了一定的成效。

2.1.4.1　信用体系建设现状

新疆信用体系建设正处于不断推进的阶段，政府加强对信用体系建设的重视，大力加强对公民、企业和政府部门信用信息的收集和整合，并逐步实现跨部门、跨行业的信息共享和互通。此外，新疆还建立了多层次的信用评价体系，包括政府信用评价、企业信用评价、个人信用评价等，通过建设信用黑名单、红名单等机制，加强信用约束和激励，推动经济社会发展和文明进步。

新疆金融综合服务平台"信易贷"，通过整合归集政府扶持政策、政务涉企数据等信息，不断完善"线上平台+线下服务"模式，取得了良好的效果。例如，2023年以来，新疆生产建设兵团"信易贷"业务实现"零"的突破，兵团"信易贷"平台累计入驻银行94家、企业3 010家，发布金融产品98款，兵团企业通过平台成交49笔，成交金额6 990.5万元[①]。企业融资渠道有力拓宽，融资成本进一步降低，信用服务实体经济作用进一步显现。

2.1.4.2　普惠金融发展现状

党的十八大以来，在新疆维吾尔自治区党委、自治区人民政府的坚强领导下，自治区财政厅深入贯彻落实党中央、国务院关于发展普惠金融和支持小微企业、"三农"融资发展的决策部署，进一步健全完善财政支持普惠金融发展政策体系，落实统筹疫情防控和经济社会发展政策，提升财政资金使用效益，推动自治区普惠金融高质量发展，引导金融机构积极推

---

① 新疆生产建设兵团综合融资信用服务平台. 新疆兵团信易贷业务服务实体经济作用显现 [EB/OL]. (2023 - 08 - 29) [2024 - 06 - 13]. https://credit. xjbt. gov. cn/btxyd/tscp/6a4a031035e84 b5b9582786bc89abb45. jhtml.

进普惠小微贷款业务。

新疆普惠金融发展取得了一定的进展。新疆的金融机构有农村信用社、农村合作银行、城市商业银行、农村商业银行等，这些金融机构提供了包括小微企业贷款、农村信用社小额信贷、信用卡、消费信贷等在内的各类普惠金融服务。此外，新疆维吾尔自治区政府还实施了各种政策措施，如财政扶持、信贷风险补偿、贷款利率优惠等，以推进普惠金融的发展。截至 2023 年年底，全疆涉农贷款余额 1.39 万亿元，较年初增长 16.18%；普惠型涉农贷款余额 1 894.32 亿元，较年初增长 21.1%，各项贷款较年初增速提高 8.92 个百分点[①]。加快发展小额贷款公司，增加弱势群体的金融供给主体。新疆普惠金融虽然取得了一定的成果，但也面临着一些困难和挑战，如金融资源分布不均、金融服务覆盖面有限等问题。

2.1.4.3 绿色金融发展现状

2017 年以来，新疆作为首批绿色金融改革创新试验区，抓住哈密市、昌吉回族自治州和克拉玛依市绿色金融改革创新试验区建设机遇，因地制宜，点面结合，在绿色金融体制机制、组织体系、产品和服务等方面先行先试，积极探索绿色产融结合的有效路径。

新疆绿色金融发展取得了积极进展，政府出台了一系列支持政策，包括建立绿色金融政策体系，鼓励绿色信贷、债券、保险等金融产品的发行，促进可持续发展。目前，新疆绿色金融领域主要发展方向包括清洁能源、节能环保、生态农业等领域，也积极推动可持续基础设施投资和绿色债券市场发展。

2.1.4.4 金融安全与监管现状

新疆"十四五"规划指出要全面深化改革，增强经济发展的动力活力，深化财税金融体制改革，完善地方金融监管体系，健全金融风险防控机制，提高风险管理水平。

新疆金融安全得到了加强，监管现状得到了改善。新疆金融监管部门积极推进风险监测和评估，建立健全金融风险应急预案和处置机制，加强金融风险防控，维护金融稳定。同时，新疆维吾尔自治区政府不断加强金融立法建设，制定完善金融监管政策，规范金融市场秩序，增强监管的科学性和有效性。此外，新疆金融监管部门还积极推进跨境金融监管合作，

---

① 腾讯新闻. 2023 年末新疆涉农贷款余额达 1.39 万亿元［EB/OL］.（2024-01-28）［2024-06-13］.https://new.qq.com/rain/a/20240128A004M500.

与其他国家和地区的监管部门建立了合作机制，加强信息共享，提高监管水平。

2.2 新疆金融高质量发展水平测度

金融高质量水平的测度需要综合考虑多个指标，本书采取主成分分析法和构造全要素生产率模型来测度金融高质量发展水平。

2.2.1 主成分分析法下新疆金融高质量发展水平的测度

主成分分析法可以有效地从复杂数据中提取关键信息，实现变量维数的减少，可充分反映各基础指标对综合指数的贡献程度，最后生成指标权重，区分综合评价中的各指标的作用，有效避免主观因素的影响。在经济发展领域，主成分分析法可以用于测算不同经济指标之间的关联性和重要性，从而提供决策支持和经济预测。陈贵富和蒋娟（2021）从分析经济发展质量的内涵出发，从经济发展基本面、社会成果、资源与环境三个维度，采用主成分分析法构建了由15个基础指标构成的经济发展质量指数（QGI）。李川等（2022）运用主成分分析法从效益性、安全性和流动性三个维度对区域性农商行的经营绩效进行综合评价，进一步运用面板数据回归模型从内部、区域和宏观三个维度对区域性农商行的经营绩效影响因素进行实证分析。本书也采用同样的方法用于选取关键要素，用以构建指标体系，并测度新疆金融高质量发展水平。

2.2.1.1 新疆金融发展水平评价指标体系的构建及说明

本书参考杜思正等（2016）的研究，从金融深化和金融结构两个维度选取10个代表性指标来构造反映金融发展水平的指标体系。金融深化和金融结构为准则层；指标层是对准则层的细化，是具体的、可量化的指标，指标的具体说明如表2-1所示。

合理的金融深化能够促进区域金融的发展。为了进一步研究金融深化对新疆金融发展水平的具体作用，本书选取金融机构存贷款/GDP、人均存款额、人均贷款额、金融从业人员数量、上市公司数量5个二级指标来细化金融深化。金融机构存贷款/GDP指标反映了一个地区金融机构存贷款业务与地区GDP的关系。通常情况下，这个比例越高，表明该地区的金融活动在经济中的重要性越大，金融深化程度越高。因此，这个指标可以用来衡量金融市场的发展程度和活跃度。人均存款额和人均贷款额这两个指标直接反映了金融服务的普及程度和地区居民参与金融活动的情况。较高的人均存款额说明居民的财富在金融机构的积累较多，这通常意味着居民更倾向于将资金存入银行或其他金融机构，而不是用于非正规渠道或非生产性消费。同样，较高的人均贷款额说明金融机构对个人和企业的信贷服务较好，有助于推动地区经济的发展。金融从业人员数量指标反映了金融行业的发展规模和对专业人才的需求。一个地区金融从业人员数量越多，通常表明该地区的金融业务规模较大，金融业的发展较为活跃。上市公司数量反映了股票市场的规模和活跃度。更多上市公司意味着更发达的股票市场和更强的金融市场深度。这5个二级指标不仅体现了一个地区金融深化的程度，也可以全面、细致地评估一个地区的金融发展水平。

　　金融结构主要指金融机构、金融市场、金融工具等金融要素构成及它们之间的关系，使用结构比率分析法来对金融工具和金融机构的结构进行研究，研究各个部分之间的数量比例关系是金融结构分析的重点。合理的金融结构是金融发展的重要基础，金融结构决定金融功能。本书使用金融机构贷存比、股票筹资额/GDP、债券筹资额/GDP、保险深度、保险密度来衡量金融结构这个准则层，可以全面、准确地评价金融发展水平。这些指标涵盖了金融市场的主要组成部分，包括银行业、证券市场和保险业，因此能从复杂性和动态性方面评价金融发展水平。金融机构贷存比指标反映了金融机构的贷款和存款之间的比例关系。贷存比越高，说明金融机构将更多的资金用于贷款，支持实体经济的发展。这个指标可以用来衡量银行业为企业提供资金支持的能力。股票筹资额/GDP 和债券筹资额/GDP 这两个指标分别反映了通过股票市场和债券市场筹集的资金规模，可以评估金融市场为企业提供资金支持的能力。保险深度指标用保费收入占 GDP 的比重来衡量一个地区保险业的发展程度。保险深度越高，说明该地区的保险市场越发达，能够为居民和企业提供更全面的风险保障。保险密度指标用人均保费收入来衡量一个地区保险业的普及程度。保险密度越高，说明该地区居民的保险意识越强，保险市场的发展潜力越大。通过以上指标的选取，可以全面评估一个地区的金融结构和金融发展水平。

表 2-1 金融高质量发展水平测算的指标选取

准则层	指标层	单位
金融深化	金融机构存贷款/GDP	%
	人均存款额	亿元
	人均贷款额	亿元
	金融从业人员数量	人
	上市公司数量	个
金融结构	金融机构贷存比	%
	股票筹资额/GDP	%
	债券筹资额/GDP	%
	保险深度	%
	保险密度	元/人

在后续章节的定量分析和实证研究中，本书采用的数据是 2010—2022 年新疆省级数据，主要来自 2010—2022 年《新疆统计年鉴》以及 Wind 数据库。

2.2.1.2 主成分分析法下新疆金融发展水平的测度

主成分分析是否适用需要通过 Bartlett 球形度检验和 KMO 检验方法来验证。Bartlett 球形度检验首先需要判断相关矩阵是否为单位矩阵，而是否是单位矩阵需要通过显著性水平来判断，一般认为当显著性水平小于 0.05 时，原始变量间才会存在着某些关系，即相关矩阵不是单位矩阵，原有变量就适合建立主成分分析模型。

KMO 检验和 Bartlett 检验的结果如表 2-2 所示，KMO 统计量的值为 0.634，大于 0.60；并且巴特利球形检验的显著性水平小于 0.05，原假设为原始变量存在相关性，可以拒绝原假设。相关系数矩阵通过了 Bartlett 球形检验。同时 KMO 值大于 0.6，说明导入的原始变量可以使用主成分分析法来测算。

表 2-2 KMO 和 Bartlett 检验结果

KMO 取样适切性量数		0.634
Bartlett 球形度检验	近似卡方	225.209
	自由度	45
	显著性	0.000

根据特征值大于 1 的原则来提取公因子。表 2-3 是通过 SPSS 统计软件整理得到的每一个原始变量的方差表。

表 2-3　公因子方差

变量	初始	提取
金融机构存贷款/GDP	1.000	0.973
人均存款额	1.000	0.930
人均贷款额	1.000	0.959
金融从业人员数	1.000	0.773
上市公司数量	1.000	0.977
金融机构贷存比	1.000	0.975
股票筹资额/GDP	1.000	0.932
债券筹资额/GDP	1.000	0.970
保险深度	1.000	0.825
保险密度	1.000	0.994

公因子方差表示每个原始变量所代表的信息可以被提取出来的公因子所解释的程度。由公因子方差表可以看出，每一个原始变量的提取信息都不低于 70%。其中对原始变量解释度最高的是保险密度，高达 99.4%，上市公司数量为 97.7%、金融机构存贷比为 97.5%；对原始变量解释度最差的是金融从业人员数，为 77.3%。据此可知，提取出的公因子可以解释大多数变量。

基于公因子具体分析各因子的方差贡献率和累计方差贡献率，具体见表 2-4。根据结果可以看到各成分的特征值、方差贡献率和累计方差贡献率。该结果共有 10 个成分，其中第一个成分的初始特征值为 6.887，意味着该成分携带了 6.887 个原始变量的信息，并且可以看到第一个成分的方差贡献率最大，占所有主成分方差贡献率的 68.867%。第二个主成分的特征值为 1.293，携带了 1.293 个原始变量的信息，其方差贡献率占全部的 12.926%。第三个主成分的特征值为 1.129，携带了 1.129 个原始变量的信息，其方差贡献率占全部的 11.292%。前三个成分的特征值均大于 1，其累计方差贡献率达到所有主成分方差贡献率的 93.085%，可见前三个主成分能够代表原始变量 93.085% 的信息，足以描述新疆金融发展水平，因此提取前三个主成分作为公因子。

表 2-4　总方差解释

序号	总计	方差百分比/%	累积/%
1	6.887	68.867	68.867
2	1.293	12.926	81.792
3	1.129	11.292	93.084
4	0.373	3.727	96.811
5	0.244	2.445	99.256
6	0.047	0.471	99.728
7	0.021	0.205	99.933
8	0.006	0.062	99.995
9	0.000	0.004	99.998
10	0.000	0.002	100.000

　　为了更直观地反映各因子的特征值情况，本书借助 SPSS 统计软件绘制的碎石图将因子特征值默认按从大到小的顺序依次排列，更加直观地显示各因子的重要性，具体见图 2-8。碎石图的横轴为各因子序号，纵轴代表各因子特征值的大小。由图 2-8 可知，前三个因子的散点均位于陡坡上，且特征值均大于 1，处于较明显的因子地位，从第四个因子开始，各因子的特征值逐渐形成缓坡，直至趋于一条水平线，其差别越来越不明显并且特征值都小于 1。由此可见，选取前三个主成分作为公因子能够很好地解释和说明对原始数据进行因子分析是有效的，并且可以进行下一步分析。

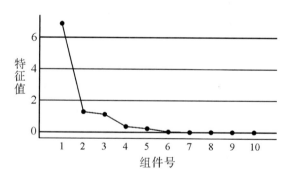

图 2-8　特征值碎石图

由表 2-5 成分得分系数矩阵可以得出每一个因子的计算公式，因子的计算公式如下：

$F1 = 0.040Z_{X1} + 0.053Z_{X2} + 0.054Z_{X3} + 0.043Z_{X4} + 0.054Z_{X5} - 0.018Z_{X6} - 0.027Z_{X7} + 0.053Z_{X8} + 0.046Z_{X9} + 0.055Z_{X10}$

$F2 = -0.449Z_{X1} - 0.001Z_{X2} - 0.067Z_{X3} + 0.075Z_{X4} - 0.069Z_{X5} + 0.049Z_{X6} + 0.295Z_{X7} - 0.080Z_{X8} + 0.215Z_{X9} - 0.052Z_{X10}$

$F3 = 0.107Z_{X1} + 0.030Z_{X2} + 0.024Z_{X3} + 0.343Z_{X4} + 0.092Z_{X5} - 0.467Z_{X6} + 0.616Z_{X7} - 0.140Z_{X8} - 0.152Z_{X9} - 0.068Z_{X10}$

以上三个公式是三个共同因子得分的具体计算公式。综合得分是以各因子所对应的方差贡献率比例为权重计算出来的，$Score = F = 68.867/93.084 \times F1 + 12.926/93.084 \times F2 + 11.292/93.084 \times F3 = 0.74 \times F1 + 0.139 \times F2 + 0.121 \times F3$，根据以上得出的因子得分模型，结合 2010—2022 年新疆省级数据可以算出每年度的各公因子得分和综合得分，并根据得分情况进行横向比较。综合得分大于零则说明该年度金融发展水平良好，综合得分小于零则说明该年度金融发展水平不是很理想，有待提升。

表 2-5　成分得分系数矩阵

成分	1	2	3
金融机构存贷款/GDP	0.040	0.449	0.107
人均存款额	0.053	−0.001	0.030
人均贷款额	0.054	−0.067	0.024
金融从业人员数	0.043	0.075	0.343
上市公司数量	0.053	−0.080	−0.140
金融机构贷存比	0.054	−0.069	0.092
股票筹资额/GDP	−0.018	0.490	−0.467
债券筹资额/GDP	−0.027	0.295	0.616
保险深度	0.046	0.215	−0.152
保险密度	0.055	−0.052	−0.068

表 2-6 是用主成分分析法计算的 2010—2022 年新疆金融发展水平得分。由该表可以看出，新疆金融发展水平在近年来呈现出一定的波动性。具体而言，2010 年的得分为 −0.73，表明该年的金融发展水平相对较低。

此后得分逐渐上升，至 2015 年达到 0.09。然而到了 2018 年，得分又下降至-0.04。此后，得分逐渐恢复并保持稳定，至 2022 年得分达到 0.28。

表 2-6　2010—2022 年新疆金融发展水平得分

年份	得分
2010 年	-0.73
2011 年	-0.42
2012 年	-0.27
2013 年	-0.09
2014 年	-0.01
2015 年	0.09
2016 年	0.37
2017 年	0.22
2018 年	-0.04
2019 年	0.16
2020 年	0.29
2021 年	0.16
2022 年	0.28

2.2.2　全要素生产率模型下新疆金融高质量发展水平的测度

数据包络分析（date envelopment analysis，DEA）是一种线形规划技术，是最常用的一种非参数前沿效率分析方法。在测算经济投入产出方面，DEA 模型可以用来评估不同经济单元（如企业、行业、国家等）之间的相对效率，从而确定如何最大化产出，或最小化投入。燕翔和冯兴元（2021）运用 DEA-BCC 模型对我国主要的农村中小银行效率水平进行了测度和评价。曹程和张目（2021）从金融资源被投入主体（企业）的角度出发，运用 DEA-BCC 模型测度了金融支持高新技术产业发展的效率。

2.2.2.1　模型选取

本书采用 DEA 模型测度新疆金融发展效率。作为一种相对效率的评价方法，DEA 模型采用多种指标直接构建生产函数而无需赋权，避开了主观影响因素，使运算结果更加科学可靠。其基本原理是在各项决策单元（decision making units，DMU）的输入输出均不变的情况下，将决策单元各相关数据投影到生产前沿面，然后比较各决策单元与生产前沿面的偏离程度，以此来评价在固定规模条件下，同一时期内各决策单元多项输入、输出之间的相对效率。根据模型的假定条件，可以将其分为两个经典模型：CCR 模型和 BCC 模型。BCC 模型是 Cooper 等对 CCR 模型的改进，由于 CCR 模型的假设是规模报酬不变，而不完全竞争和不完全市场的情况在现实经济社会中普遍存在，因此本书的研究进一步引入假设是规模报酬可变的 BCC 模型来测度新疆金融发展效率。BCC 模型对综合效率值（TE）进行测度后，还可将综合效率值（TE）拆分为纯技术效率值（PTE）和规模效率值（SE）。由此可见，该模型能够全面客观地评价不同规模水平下各决策单元的效率，在一定程度上弥补了 CCR 模型的缺陷。BCC 模型公式如下：

$$TE = PTE \times SE$$

$$\text{s.t.} \begin{cases} \min\left[\theta - \varepsilon\left(\sum_{i=1}^{n} S_i^- + \sum_{r=1}^{n} S_i^+\right)\right] \\ \sum_{m=1}^{n} x_{im} \lambda_m + S_i^- = \theta x_{im0}, \ i \in (1, 2, \cdots, x) \\ \sum_{m=1}^{n} y_{rm} \lambda_m - S_i^+ = \theta x_{rm0}, \ r \in (1, 2, \cdots, y) \\ S^-, \ S^+, \ \lambda_m = 1 \\ m \in (1, 2, \cdots, n) \end{cases} \quad (2\text{-}1)$$

设定每一年新疆作为一个决策单元，每个决策单元均有 x 项投入项，y 项产出项。其中，λ_m 表示权重向量，x_{im} 表示第 m 年第 i 项投入向量，y_{rm} 表示第 m 年第 r 项产出向量，S_i^- 和 S_i^+ 分别表示投入产出的松弛变量。

2.2.2.2 评价指标选取

本书参考霍远和王盛兰（2018）并根据新疆金融发展特征，构建新疆金融发展效率评价指标体系。

投入指标。本书选取金融从业人员数、金融机构贷款余额、股票交易总额、保险费收入作为投入变量。金融从业人员数指标反映了金融行业的发展规模和对专业人才的需求。金融从业人员数量较多，通常表明该地区的金融业务规模较大，金融机构数量较多，金融业的发展较为活跃。因此，这个指标可以用来衡量金融业的发展水平和金融市场的活跃程度。金融机构贷款余额指标反映了金融机构对实体经济的信贷支持力度。贷款余额越高，说明金融机构对企业的资金支持力度越大，有助于推动实体经济的发展。因此，这个指标可以用来衡量金融市场对实体经济的支持程度和金融服务的普及程度。股票交易总额指标反映了股票市场的交易活跃度和市场规模。股票交易总额越高，说明股票市场的交易活动越频繁，企业的融资需求得到满足的可能性越大。因此，这个指标可以用来衡量股票市场的发展水平和直接融资的规模。保险费收入指标反映了保险业的发展状况和市场规模。保险费收入越高，说明保险市场的规模越大，能够为社会提供更多的风险保障。因此，这个指标可以用来衡量保险市场的发展水平和保险业的竞争力。这些投入变量能够全面反映一个地区的金融发展状况，包括金融市场的活跃度、金融机构对实体经济的支持力度、股票市场的发展水平以及保险业的发展状况等。

产出指标。本书采取金融业增加值作为产出指标。金融业的增加值直接反映了该行业对整体经济的贡献。高质量的金融意味着金融业能够有效地促进资源配置、资本流动和投资，从而对国民经济的增长产生积极影响。此外，金融业增加值的增长通常伴随着就业机会的增加。高效的金融系统有助于提高金融机构的生产率，同时也为相关领域创造了更多的就业机会。把金融业增加值作为产出值进行测算可以评估金融体系的贡献和效率。指标的具体说明如表 2-7 所示。

表 2-7　新疆金融发展效率评价指标选择

变量类型	变量名称	单位	符号
投入变量	金融从业人员数	人	X1
	金融机构贷款余额	亿元	X2
	股票交易总额	亿元	X3
	保险费收入	亿元	X4
产出变量	金融业增加值	亿元	Y1

2.2.2.3　新疆金融发展效率测算与分析

本书采用 DEA-BCC 模型，将数据导入 DEAP2.1 模型中，可得到 2010—2022 年新疆金融发展效率，如表 2-8 所示。图 2-9 是 2010—2022 年新疆金融发展效率测算情况。从整体效率来看，效率的均值达到 0.915，其中 2012 年、2013 年、2019 年和 2022 年表现为整体效率有效，2010 年和 2011 年整体效率无效主要是受较低的规模效率影响。2014—2018 年、2020

年和 2021 年整体效率无效受技术效率下降影响更多。提升金融产业协调性、优化金融供给侧结构以及改善金融发展环境，可以促使新疆整体效率、技术效率和规模效率不断上升，有助于提升金融系统的运行效率，推动金融资源的优化配置，进而促进了新疆经济的健康发展。

表 2-8 2010—2022 年新疆金融发展效率测算情况

年份	整体效率	技术效率	规模效率
2010 年	0.875	1	0.875
2011 年	0.915	1	0.915
2012 年	1	1	1
2013 年	1	1	1
2014 年	0.978	0.981	0.997
2015 年	0.908	0.91	0.997
2016 年	0.8	0.801	0.998
2017 年	0.742	0.744	0.997
2018 年	0.744	0.745	0.998
2019 年	1	1	1
2020 年	0.966	0.975	0.991
2021 年	0.974	0.977	0.997
2022 年	1	1	1
均值	0.915	0.933	0.982

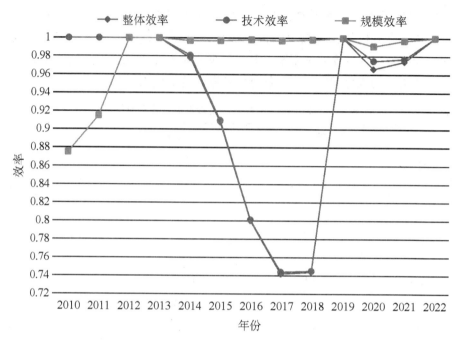

图 2-9　2010—2022 年新疆金融发展效率测算情况

2.3　新疆金融发展优势分析

新疆地理位置优越。新疆地处我国西北边陲，位于亚欧大陆腹地，与八国接壤。边境线总长 5 600 多千米，拥有 17 个国家一类口岸，是我国面积最大、陆地边境线最长、毗邻国家和陆路口岸最多的地区，是中国连接中亚、南亚、西亚和欧洲的重要陆路通道，新疆周边的南亚、西亚、俄罗斯及东欧，都是潜力很大的市场，发展外向型经济的优势非常突出。

新疆资源丰富。新疆水土光热资源丰富，牧草地总面积 7.7 亿亩，居全国第 3 位；人均占有耕地 3.12 亩，为全国的 2.1 倍；人均水资源占有量是全国平均值的 2.3 倍。矿产资源丰富，是 21 世纪我国重要的战略资源接替区和陆上能源大通道，现已探明矿种 138 种，占中国探明矿种的 82.1%，已探明储量的矿产 117 种。新疆石油预测资源量占全国陆上资源量的 30%，居全国第 2 位；天然气探明储量占全国预测资源量的 34%，居全国第 1 位；煤炭预测资源量占全国预测资源量的 40%，居全国之首；煤层气预测资源量占全国预测资源量的 26%，居全国第 3 位；风力发电可达 8 000 万千瓦以上，相当于 4 个三峡工程的装机容量。旅游资源种类丰富，在我国旅游资源 4 大类 68 种基本类型中至少有 56 种，人文旅游资源也很丰富。

综上所述，新疆是我国向西开放的陆上通道和发展外向型经济的前沿阵地。从地理位置来看，新疆是古丝绸之路的重要通道，现在是"亚欧大陆桥"的必经之地；从资源结构来看，新疆能够与中亚国家进行产能合作，这与我国的经济发展战略有很大的互补性，中亚国家经济正处于恢复与增长阶段，消费市场正待开发，也为国内产品向西出口提供了广阔的空间。

2.3.1 新疆金融发展的区位优势

经历了 40 多年改革开放的发展与积累，随着由经济发展阶段演进带来的区域之间要素禀赋、区位优势的变化，由中国社会整体产业梯度转移引发的国内统一大市场的逐渐形成。由国际政治经济局势变幻导致的中国地缘政治经济结构与布局的变化，中国社会已经开始了由东南沿海开放向西部内陆开放的战略性推进，并逐渐形成东南沿海开放与西部内陆开放同时并存、优势互补的促进全国统一大市场加速形成的发展大格局。

新疆凭借自身独特的地缘，以及其资源禀赋优势，不仅可以更有效地成为中国连接中亚、南亚、俄罗斯乃至欧洲的桥梁，成为实现国内国际双循环的便捷通道，而且还将迅速形成中国下一个"经济爆发点"与"增长极"，成为带动中国经济再度可持续高速发展的"新高地"与"区域战略新引擎"，成为对外交流的窗口。新疆特有的区位优势具体表现为以下三个方面：

2.3.1.1 地处"丝绸之路经济带"核心区

2013 年提出的"一带一路"是指"丝绸之路经济带"和"21 世纪海上丝绸之路"，它与传统的区域合作形式有所不同，其战略视角集中于跨境地区的合作，以点带面，从线到片。新疆基于区位优势、资源集聚优势、交通枢纽地位和国家政策帮扶等多种有利条件，于 2014 年提出建设丝绸之路经济带核心区"五大中心"的目标。

金融业对"五大中心"建设的支持，推动着丝绸之路经济带的建设，区域金融中心的建设能够带动和促进新疆地区金融行业的发展、为其提供金融支持并保障其稳步实施等。金融机构的加速聚集是建设区域性国际金融中心的直接体现。

自 2018 年至 2023 年年初，新疆积极融入共建"一带一路"大格局，在更大范围、更广领域、更深层次推进对外开放，于 2022 年 6 月出台了《关于强化科技创新支撑引领作用推动新疆经济社会高质量发展的意见》（以下简称"科技创新 26 条"）。新疆组织实施重大科技项目 194 个，克拉玛依国家高新技术产业开发区、昌吉国家农业高新技术产业示范区获批建设，高新技术企业净增 414 家、增长 43.4%，取得历史性突破。新疆充分发挥了金融对实体经济支撑作用，各项存贷款余额分别增长 12.5%、9%，其中制造业贷款、普惠型小微企业贷款余额分别增长 9.7%、23%，4 家企业实现首发上市。地区生产总值增长 3.2%，规模以上工业增加值增长 7.1%，固定资产投资增长 7.6%，社会消费品零售总额下降 9.6%，进出口总额增长 57%，一般公共预算收入增长 14.9%，城镇、农村居民人均可支配收入分别增长 2%、6.3%，居民消费价格指数控制在 2% 以内，一些主要经济指标增幅位居全国前列①。

新疆丝绸之路经济带核心区建设取得了积极进展。新疆于 2017 年出台了《丝绸之路经济带核心区区域金融中心建设规划（2016—2030 年）》，着力建设以乌鲁木齐为中央区的"一核两翼"核心区区域国际金融中心。2021 年自治区人民政府印发《2021 年自治区推进丝绸之路经济带核心区建设工作要点》，提出 7 部分 17 项工作任务，7 个部分即进一步完善核心区建设政策规划体系，进一步完善乌鲁木齐国际陆港区功能，用好喀什、霍尔果斯经济开发区特殊政策，推进"五大中心"项目建设，启动塔城重点开发开放试验区建设，推进口岸经济带产业发展，强化保障措施。

通过几年的建设，新疆在打造区域金融中心方面已经取得了显著成果，主要表现在已经形成银行、证券、保险、信托、资产管理等形式多样且功能齐全的金融机构组织体系，能够满足企业经营发展过程中对于贷款、融资等的基本需求，强化了区域金融中心的作用等。新疆目前已建成 3 个绿色金融改革创新试验区，有 11 个地州市建立绿色项目库，绿色金融组织体系已基本形成。2023 年 2 月 3 日，乌鲁木齐市推进丝绸之路经济带

---

① 艾尔肯·吐尼亚孜. 2023 年自治区政府工作报告 [EB/OL]. (2023-01-23) [2024-06-12]. https://www.xinjiang.gov.cn/xinjiang/c114868/202301/defda054551f1bc33c29fd51d1e8e.shtml.

核心区"一港五中心"① 高质量发展工作会议在新疆国际会展中心召开。会议描绘了丝绸之路经济带核心区"一港五中心"高质量发展的奋进蓝图和实现路径，聚力开启高质量发展的新征程。尤其是区域性国际金融中心的规划和建设令人振奋，会议的召开奏响了开局"拼经济"最强音。乌鲁木齐市陆续吸引巴基斯坦哈比银行等国内外知名金融机构、地方金融组织落户，不断丰富金融业态、服务功能，已初步形成以银行、证券、保险为主体，各类金融服务机构共同发展的现代金融服务体系。

2.3.1.2 推进共建"一带一路"倡议的核心区

2015 年 3 月 28 日，国家发展改革委、外交部、商务部联合发布《推动共建丝绸之路经济带和 21 世纪海上丝绸之路的愿景与行动》（简称"一带一路的愿景与行动"）。这给各省市带来了新的发展机遇和挑战，尤其为中国西部地区提供了对外交流的窗口。新疆作为丝绸之路经济带核心区、文化经济辐射桥头堡，自然资源丰富，交通便利，产业基础较好，经济发展势头良好，加强与周边国家的产能合作，对推动新疆高质量发展具有重要的现实意义。

新疆与周边国家产能合作以"中巴经济走廊"和"中国—中亚—西亚走廊"为基础，推进新疆与丝绸之路经济带合作伙伴次区域合作，建立睦邻友好关系，加强区域交流与合作，扩大开放合作的广度和深度，构建和平稳定、互利共赢的发展环境，促进各方繁荣与发展；坚持优势互补、务实互利、开放互动的原则，推动形成以产能合作项目带动合作、以合作促进发展的良好合作机制和共同发展模式；以科技教育、矿业、文化旅游和经贸合作为引领，充分发挥项目联动对各国产能部门的带动支撑作用，使新疆与周边国家产能合作不断向农业、纺织服装业、钢铁、水泥、建材、机电设备和新能源产业等多方面拓展和深化。

新疆乌鲁木齐地处亚欧大陆地理中心和亚欧大陆桥中间地带，是全疆政治、经济、文化中心，区位优势明显、战略地位重要，是丝绸之路经济带核心区中心城市。乌鲁木齐市积极融入共建"一带一路"大格局，推动丝绸之路经济带核心区"一港五中心"建设不断取得新成效。在加快推进丝绸之路经济带核心区建设中，乌鲁木齐将以国际陆港区（一港）为先

---

① 一港是指乌鲁木齐国际陆港，五中心是指交通枢纽中心、商贸物流中心、文化科教中心、医疗服务中心、区域金融中心。

导，以打造交通枢纽中心、商贸物流中心、文化科教中心、医疗服务中心、区域性国际金融中心（五中心）为重点，加快全方位对外开放，着力打造全国向西开放和对外经济文化交流重要门户。乌鲁木齐国际陆港区建设逐年推进，喀什、霍尔果斯经济开发区改革发展步入快车道，塔城重点开发开放试验区获批并全面加快建设，全区已获批设立 4 个综合保税区、4 个跨境电商综合试验区。中欧（中亚）班列货运通道能力稳步提升，累计过境 2.94 万列、年均增长 23.6%，累计始发 5 807 列、年均增长 9%。连通国内与中亚的油气运输大通道基本形成，基础设施互联互通水平明显提升，新疆正从相对封闭的内陆变成对外开放的前沿。

2023 年 1～2 月，中国新疆口岸对共建"一带一路"国家进出口总额 1 149.4 亿元，同比增长 50.7%，其中，出口总额 821.1 亿元，同比增长 70.5%；进口总额 328.3 亿元，同比增长 16.8%。2023 年以来，我国与共建"一带一路"国家贸易往来日益活跃，新疆口岸作为国家向西开放的重要通道，发挥着越来越重要作用。2023 年 1～2 月，中国新疆口岸对共建"一带一路"国家出口机电产品 420.2 亿元，同比增长 79%，占中国新疆口岸对共建"一带一路"国家出口总值的 51.2%；农产品、新能源汽车和成品油出口额分别同比增长 25.6%、309.7% 和 7.8%。中亚五国已成为共建"一带一路"倡议的重要合作伙伴，中国同中亚五国经贸往来越发密切。2023 年 1～2 月，中国新疆口岸对吉尔吉斯斯坦、哈萨克斯坦、塔吉克斯坦、乌兹别克斯坦、土库曼斯坦进出口额 706.1 亿元，同比增长 38.1%，占同期中国新疆口岸对共建"一带一路"国家进出口总额六成以上，其中出口值同比增长 57.2%，进口额同比增长 9.5%。2023 年 1～2 月，中国新疆口岸对中亚五国进出口值占全国对中亚五国进出口额的 90.8%。经营主体是外贸发展的重要支撑，经营主体有活力，外贸发展的内生动力自然就强。民营企业在中国新疆口岸对共建"一带一路"国家进出口中持续占据主导地位，2023 年 1～2 月，进出口额达 773.7 亿元，同比增长 82%，占全国进出口总额的 67.3%。

2.3.1.3 与中亚五国金融合作的比较优势区

新疆在中国与中亚国家金融合作中起着"地理桥梁"作用。中国与中亚国家的金融合作是区域经济一体化的必然要求，中国与中亚五国金融合作的长远目标是共同努力实现中亚地区经济一体化。在全球经济一体化的趋势下，中亚地区所有国家都面临着经济一体化和全球化的挑战。因此，中亚地区各国应该加强金融合作和经济合作，在区域经济合作迅速发展的前提下，为区域金融奠定坚实的基础。

对于我国与中亚国家形成金融合作共同体的可行性方面，虽然我国新疆与中亚各经济体在环境、经济进步、文化理念、宗教信仰等部分存在着特定的差距，经济发展水平也各不相同，但中亚各国政府在经济发展思路上，都把实施对外开放、吸收外资、扩展国际市场作为自身发展经济的关键规划；在文化背景上，中亚国家具有相似的历史背景，例如均以俄语为主要官方语言的独联体国家，都曾是苏联共和国的成员。由此，高度一致的政治主张以及文化共鸣，为中国与中亚国家形成长远合作奠定了坚实的社会基础。由于新疆的伊犁哈萨克自治州（以下简称伊犁州）、塔城地区和克孜勒苏柯尔克孜自治州（以下简称克州）与中亚国家之间更有着天然的地理亲缘关系，使得新疆在物理空间上与中亚国家保持长期频繁的经贸往来关系具有明显的比较优势。

新疆在区域金融协同发展体系建设上具有明显的比较优势。如果把我国视为中亚经济圈内圈以及核心圈，第二圈就是哈萨克斯坦、塔吉克斯坦等国家，第三圈是欧亚的其余国家。处于龙头地位的核心区是中国经济圈，该经济中心无论现在还是将来对周边国家都有着极大的吸引力和辐射力，以位于中亚腹地的新疆为支点，我国开始逐步探索与中亚五国的金融合作模式。我国新疆和中亚国家之间在资源上比较互补，为经济金融的合作奠定了良好的根基。中亚经济区需要全面合理地使用地区内部资源互补的优势，找到深入协作的机会，促进地区经济的持续发展。

以新疆为中心的中亚金融合作关系建设成果初显。中亚区域货币新疆交易市场建立、人民币对哈萨克坚戈汇率形成机制、国际金融交流与合作平台成功搭建。已正式成立的乌鲁木齐金融报价结算服务中心拥有了上海黄金交易所特别会员资格，助推新疆黄金产业发展并丰富了金融要素市场。2021年年底，喀什首贷金融服务中心成立，为各类市场主体提供智能化金融服务等。绿谷金融港成为新疆的金融新城，中亚五国金融投资服务中心于2022年建成并投入使用。

新疆持续培育开放合作新优势。在跨境电子商务综合试验区建设方面，2022年，喀什地区、阿拉山口市、伊犁州获批设立跨境电商综合试验区，跨境电商贸易额增长300%。扎实开展口岸保通保畅专项行动，13个陆路口岸恢复货运通关，非接触式货物交接模式不断丰富，口岸过货效能显著提升。新疆认真落实稳外贸稳外资各项政策措施，2022年，外贸进出口总额突破2 400亿元、创历史新高，其中对中亚五国进出口总额1 669亿元、增长率为67%。新疆着力优化营商环境，加大招商引资力度，2022年，引进区外到位资金7 234.8亿元、增长率为33.2%。新疆成功举办第七届中国—亚欧博览会，签约项目448个，签约总额1.17万亿元、创历届之最。

2.3.2　新疆金融与周边国家的合作优势

继共建"一带一路"倡议把新疆定位为丝绸之路经济带核心区后，新疆也明确提出打造区域性交通、商贸物流、金融、文化科教和医疗服务五大中心。新疆具有的比较优势主要体现在以下六个方面：

2.3.2.1　地缘优势

新疆地理位置优越。新疆地处我国西北边陲，是我国面积最大的省级行政区，与巴基斯坦、印度、阿富汗、塔吉克斯坦、吉尔吉斯斯坦、哈萨克斯坦、蒙古、俄罗斯8个国家相邻，边境线总长5 600多千米，共拥有29个对外口岸（17个国家一类口岸、12个二类口岸）。共建"一带一路"倡议的提出，使得新疆的地位发生了根本性改变，原本的西部经济发展洼地变成了我国连接中亚、南亚、西亚和欧洲的经济前沿通道。

2.3.2.2　资源优势

新疆地大物博，资源丰富。其拥有丰富的土地、矿产、光热、风能、水等资源，有近340万公顷①耕地，人均占有耕地面积高达3.2亩，是全国平均值的2倍以上，可利用的牧草地总面积有7.7亿亩，居全国第3位，此外还有广袤的未利用土地资源，为未来经济发展提供土地保障；新疆矿产资源种类较多，矿产资源储量在全国有优势的达数十种，九大流域、九大风区、四大太阳能资源带蕴藏着丰富的清洁能源，战略优势十分突出。新疆风能资源丰富，总储量8.9亿千瓦，约占全国的20%，位居全国第2位。年日辐射总量均值5 800兆焦/平方米，太阳能资源居全国第2位。全区电力装机规模达到10 903万千瓦，实现50千伏输变电工程全覆盖。其中，新能源发电装机达到3 718万千瓦，占装机总量的34%，新能源利用率达94%，区域能源结构转型成效显著。除此之外，新疆水资源较为丰

---

①　1公顷＝10 000平方米。

富，有近 600 条河流，100 多个湖泊，近 900 亿立方米地表水年径流量，近 300 亿立方米的地下水可用于淡水资源开采，人均水资源占有量是全国人均水资源占有量的 25 倍。

新疆拥有技术先进的企业，如特变电工、金风科技、神华能源。这些企业在能源、铁路、桥梁等基础设施建设中积累了丰富的经验，可以完成高难度的基础设施建设任务。在发展过程中，这些企业研发了具有自主知识产权的技术专利，大大降低了生产成本，使得参与周边国家基础设施建设具有成本优势。近年来，随着"三基地一通道"建设的全面推进，新疆大力发展新能源产业，积极促进新材料产业步入发展快车道，不断推动风电和光伏发电基地规模化开发建设，集中建成了哈密千万千瓦级新能源基地，并在哈密市、昌吉回族自治州、乌鲁木齐市、吐鲁番市等地建成了百万千瓦级新能源集聚区，初步实现了新能源规模化、集约化开发利用。

特色优势产业发展迅速。新疆持续优化种植区域布局和品种结构，实施棉花绿色高质高效行动；大力发展标准化规模养殖，畜产品生产保供能力持续提升；实施林果业提质增效工程，林果质量、效益实现双提升；加速发展南疆戈壁设施农业，"菜篮子"产品保供能力持续提升。新疆抢抓政策和市场机遇，及时出台促进硅基新材料、新型电力系统、石油化工和现代煤化工等产业加快发展的政策措施，建立重点产业链供应链企业"白名单"制度，狠抓重大工业项目建设，硅基电子材料、新能源等产业实现快速增长。

2.3.2.3 政策优势

国家给予新疆政策倾斜和照顾。新疆是西部大开发的重点省份，在经济社会发展的各方面国家都给予了重要的政策支持。2010 年，第一次中央新疆工作座谈会确立由全国 19 个省市承担起对口支援新疆的任务，在项目规划、资源配置、土地、水资源以及路、电、通信等要素供给方面对口支援新疆 12 个地州的 82 个县市、新疆生产建设兵团的 12 个师。2011 年起，已连续举办 19 届的乌鲁木齐对外经济贸易洽谈会升格为中国—亚欧博览会，这是我国加快把新疆建设成为中国向西开放桥头堡的重大战略举措，有利于发挥新疆在国家向西开放中的枢纽作用。2012 年，国家发展改革委出台的《关于支持新疆产业健康发展的若干意见》明确提出，国家根据新疆产业发展实际情况，对钢铁、水泥、火电、可再生能源、汽车、轻工纺织等 12 个产业实行差别化产业政策，有针对性地对重点产业实行政策支持和引导。2013 年，习近平主席提出共建"一带一路"重大倡议，开启了世界共同繁荣的新征程。2014 年 5 月，第二次中央新疆工作座谈会提出，要把新疆建设成丝绸之路经济带核心区。2015 年，国家发展改革委、外交部、商务部联合发布《推动共建丝绸之路经济带和 21 世纪海上丝绸之路的愿景与行动》，新疆因此获得了国内外高度关注，迎来快速发展的机遇期。2020 年 12 月，国务院批复同意设立新疆塔城重点开发开放试验区，以深化与周边国家全面合作，加快建设丝绸之路经济带核心区，推动共建"一带一路"高质量发展。在各类利好政策激励下，新疆的对外开放不断迈上新台阶，硕果累累。2023 年 10 月，国务院印发的《中国（新疆）自由贸易试验区总体方案》提出，充分发挥新疆"五口通八国、一路连欧亚"的区位优势，深入开展差别化探索，培育壮大新疆特色优势产业。经过三年至五年改革探索，努力建成营商环境优良、投资贸易便利、优势产业集聚、要素资源共享、管理协同高效、辐射带动作用突出的高标准高质量自由贸易园区。2023 年 11 月，新疆自由贸易试验区正式挂牌成立，这是我国第 22 个自由贸易试验区，也是在西北沿边地区设立的首个自由贸易试验区。

2.3.2.4　交通优势

新疆是对外交流的交通枢纽。互联互通是"一带一路"的重要着力点，是推进区域贸易自由化进程的重要基础。处在亚洲中心地带的新疆具有交通优势。目前，新疆共有 22 个支线机场，是全国支线机场数量最多的省份，拥有 100 多条国内航线，联结国内近 70 个大中城市和区内 12 个地州市。国际航线通达哈萨克斯坦、土耳其、阿塞拜疆、俄罗斯、巴基斯坦、阿联酋等国家。中吉乌铁路一旦建成，不仅会使新疆的地缘优势更加凸显，而且还将使中国经济的内外循环获得更加广阔的空间。

自共建"一带一路"倡议提出以来，新疆维吾尔自治区政府积极发挥有效投资的关键作用，着力补短板、强弱项，基础设施建设突飞猛进，城乡面貌发生显著变化。一大批交通、水利、能源等重大基础设施项目建成投运。"新增铁路营运里程 2 428 千米、总里程达到 9 092 千米，铁路通达所有地州市、覆盖 80% 以上县级行政区；新增高速（一级）公路近 5 000 千米、总里程达到 1.1 万千米，所有地州市和近 87% 的县市区迈入高速公路时代；新建成民用机场 6 个、总数达到 25 个。阿尔塔什、卡拉贝利等一批水利枢纽工程建成并发挥效益，新增水库库容 39.6 亿立方米；实施了一大批大中型灌区续建配套与节水改造工程，新增高效节水灌溉面积 1 365.4 万亩。新增电力装机 3 400 万千瓦、总容量达到 1.2 亿千瓦，电力外送能力超过 2 000 万千瓦，保障国家能源安全的能力显著提升。城镇供水普及率、燃气普及率分别达到 99.3%、97.9%，全区累计建成 5G 基站超 3 万个，所有具备条件的建制村通硬化路、通动力电、通宽带，城市、乡村基础设施条件持续改善，使各族群众过上了现代文明的美好生活。"①

2.3.2.5 平台优势

新疆具有战略平台优势。中国—亚欧博览会自 2011 年 9 月首次举办以来，在新疆维吾尔自治区及国内外各方面的努力和支持下，现已打造成为国际高水平的盛会。2018 年 9 月成功举办的第六届中国—亚欧博览会以"一带一路，共商共建共享"为主题，进一步提高了中国—亚欧博览会与"一带一路"建设的衔接效率。

中国—亚欧博览会不仅是我国与周边国家开展高层外交的重要平台、与周边国家开展多领域合作的重要渠道、展示新疆良好形象的重要窗口、丝绸之路经济带核心区建设的重要平台，更是新疆扩大高水平开放、展示良好形象的亮丽名片。2022 年 9 月，在第七届中国—亚欧博览会上，丝绸之路经济带核心区发展高峰论坛、区域全面经济伙伴关系与陆海新通道论坛、中哈企业家论坛、环阿尔泰山次区域经济合作论坛等接续举行。来自世界各地的专家学者通过"线下+线上"形式展开对话交流，进行思想碰撞，探讨前沿问题，分享成果经验，群策群力积极探索丝绸之路经济带核心区建设的新路径、新经验、新模式，为高质量发展建真言、谋良策、凝共识。

新疆的"文化桥梁"作用。早在 14 世纪，新疆就已成为联系东亚、中亚、西亚、南亚甚至欧洲的重要贸易中心和东西方文化交流中心。新疆作为"丝绸之路经济带"的核心部位，拥有悠久的文化交汇的历史，在文化、语言和经贸等方面保持了东西兼容的特点。

新疆的"资金桥梁"作用。新疆特殊的地理环境、文化背景使得新疆与中亚国家的经贸金融合作持续不断。随着新疆与中亚国家进出口贸易的大力发展，在边境贸易中人民币结算试点的开展、数量的增加及我国对中亚国家投资力度的加大，银行业打通了新疆与相关中亚国家金融、贸易和

---

① 摘自新疆维吾尔自治区 2023 年政府工作报告。

投资业务的大通道。目前很多中亚国家在新疆设立经贸办事机构，很多外贸企业在新疆设立分公司。他们利用新疆与中亚国家信息对接优势、人员交往优势开展与内地的贸易往来。新疆已成为中国通往中亚、西亚及欧洲市场的桥梁和通道，大量的资金以新疆为平台在中国与中亚国家之间流转。

新疆的"交流桥梁"作用。中亚国家在新疆单独或联合成立了不同类型的官方组织，如哈萨克斯坦领事馆、吉尔吉斯斯坦驻乌鲁木齐民航办事处等。除此之外，中国—亚欧博览会、上海合作组织以及亚洲开发银行等组织在促进新疆与中亚国家经贸合作中扮演着重要的后台角色，并在新疆构成了一个互联互通的网络平台，为中国与中亚国家扩大交流提供了切实的服务，同时也为提升金融合作提供了更加广阔的空间。

2.3.3 新疆金融发展的政策支持

2.3.3.1 金融援疆

大力开展对口援疆。金融是现代经济的核心，是实体经济的血脉，是推动经济社会发展的重要力量。金融援疆是对口援疆的重要组成部分。金融兴则经济兴，金融稳则经济稳。作为沿边民族地区，新疆金融发展相对落后，迫切需要调控市场失灵而导致的区域发展失衡状态，培育新的增长点，深化需求侧改革，在复杂的内外形势下赢得新疆金融改革、发展先机和竞争优势。

申万宏源先后选派年轻干部 7 人到自治区金融局、国资委等关键岗位挂职，助力当地经济和金融发展。申万宏源西部证券有限公司是申万宏源位于新疆的子公司，也是申万宏源扎根新疆、建设新疆、服务新疆的重要践行者。2015 年到 2021 年期间，申万宏源为新疆贡献税收超过 72 亿元。2022 年，申万宏源相关负责人介绍称，在债券业务方面，2021 年申万宏源债券业务服务覆盖 12 个地州市及新疆生产建设兵团 4 个师市，在新疆所有证券公司中排名第一。

以西北地区首单碳中和绿色公司债"21 乌铁 G1"为代表，申万宏源西部证券有限公司积极协助乌鲁木齐城市轨道集团有限公司与交易所进行沟通，选定绿色公司债作为申报品种，在承做过程中紧跟政策、市场热点，选择碳中和绿色公司债进行申报，最终顺利获得批复并成功发行。申万宏源投资 300 万元建设新疆（乌鲁木齐）投资教育基地，这也是目前西北地区最大的投资教育基地，弥补了新疆没有面向社会公众开放的投资者教育基地的空白，先后与新疆证监局和新疆证券期货业协会、新疆财经大学联合开展多场投资者教育活动。

2.3.3.2 "1+N"政策体系

"1+N"助力新疆金融高质量发展。2021年是"十四五"规划开局之年，中国人民银行乌鲁木齐中心支行联合自治区10余部门共同出台了多项政策性文件，为金融支持新疆重点、难点和亮点领域发展奠定了制度性框架基础，初步形成新疆金融支持经济高质量发展的"1+N"政策体系。其中，"1"是指聚焦贯彻落实第三次中央新疆工作座谈会精神而出台的《新疆金融系统贯彻落实第三次中央新疆工作座谈会精神行动方案》；"N"是指立足新疆产业布局和企业经营发展实际，出台的14份指导性文件，包括金融支持兵团发展、金融支持个体工商户发展、金融支持乡村振兴、金融支持新型农业经营主体发展、支持供应链金融发展、强化科技创新金融服务措施、金融外汇服务等。

政策出台以来，新疆辖区各金融机构按照政策要求努力调整信贷结构，推动信贷总量合理增长，取得初步成效。总体来看，2021年，新疆金融运行平稳，呈现贷款增速回升、结构优化、利率下降的良好态势，金融对重点领域和薄弱环节的支持力度不断加大，促进实体经济质效进一步提升。

从总量上看，各类资金保持稳定增长。一是信贷总量保持较快增长，增量创近十年新高。二是存款增长总体平稳。三是社会融资规模持续扩大。四是外汇市场运行平稳。从结构上看，信贷结构进一步优化。一是基础设施建设中长期贷款保持较快增长。二是制造业中长期贷款结构优化。三是涉农贷款保持较快增长。四是金融支持小微企业发展成效显著，普惠小微贷款保持高速增长。五是南疆四地州贷款稳步增长。

2.3.3.3 完善金融服务政策

金融服务扎实推进。在新疆，一些领域发展不充分、不平衡、不协调的问题还比较突出。在积极推进地方法人银行机构改革发展方面，金融监督管理局对新疆银行做强做优提供了支持，进一步细化了农村信用社改革方案，推进了自治区农合机构深化改革，更好地发挥了三个主力军（服务"三农"和乡村振兴战略的主力军、服务中小微企业的主力军、支持县域经济发展的主力军）作用。聚焦"碳达峰、碳中和"战略部署，金融业以昌吉回族自治州、哈密市、克拉玛依市三地绿色金融改革创新试验区（以下简称"三地绿金试验区"）为抓手，大力发展绿色金融，扎实做好绿色项目储备，加快绿色项目库更新扩容，做好融资对接，用好碳减排支持工具和支持煤炭清洁高效利用专项再贷款，推动碳减排贷款增量扩面。

2023 年 12 月，新疆维吾尔自治区人民政府、新疆生产建设兵团和中华全国供销合作总社共同设立国家级棉花棉纱交易中心，推动人民币向西走出去，加大对外向型实体经济支持力度，举办中国—亚欧博览会金融论坛，扩大新疆金融工作影响力。同时，新疆金融业积极开展防风险工作，重点工作包括强化金融监管协调，防范化解金融风险，加大打击非法金融活动力度，防止企业债务风险向金融体系传导。新疆已经建立了国务院金融委办公室地方协调机制（新疆维吾尔自治区）、自治区金融监管联席会议，成立了自治区金融风险化解委员会。下一步，各相关部门将在自治区党委、政府的坚强领导下，压实责任、细化举措、密切配合，坚决守住不发生区域性、系统性金融风险底线，为新疆经济高质量发展营造良好的金融环境。

2.3.3.4　降本纾困政策

加大助企纾困力度。中国人民银行乌鲁木齐中心支行等 9 家单位共同印发了《新疆金融服务小微企业和个体工商户暖心行动方案》，进一步提升对小微企业和个体工商户金融服务效能，助力市场主体稳产经营和健康发展，金融机构聚焦"六稳""六保"重大部署，促进了小微企业贷款增量扩面。

2022 年以来，中国人民银行乌鲁木齐中心支行注重政策传导和窗口指导，聚焦金融服务实体经济，有效发挥货币政策工具总量和结构双重功能，引导金融机构持续精准加大信贷投放力度。截至 2022 年年末，新疆社会融资规模存量为 42 954.9 亿元，全年新增 4 087.1 亿元，同比增长 10%，高于全国 0.4 个百分点。新疆本外币各项贷款余额 27 866.3 亿元，比年初增加 2 360.9 亿元，同比增长 9.2%，高于 GDP 增速 6 个百分点。其中，住户贷款余额 6 074.7 亿元，比年初增加 314.5 亿元，同比增长 5.5%；企事业单位贷款余额 21 335.7 亿元，比年初增加 2 016.8 亿元，同比增长 10.4%。政策性开发性金融工具及政策性开发性银行新增 8 000 亿信贷额度等金融政策的出台和快速落地，推动了地区基础设施贷款投放进一步加大。截至 2022 年年末，新疆基础设施建设贷款余额 7 090.8 亿元，比年初增加 857.8 亿元，同比增长 13.8%。

金融机构同步加大了助企纾困力度，强化对线下零售、住宿餐饮、对外贸易、旅游、交通运输等受新冠疫情持续影响企业的支持，对相关获贷小微企业实行优惠利率，不盲目压贷、抽贷、断贷，帮助其有效应对疫情形势。2022 年中国人民银行乌鲁木齐中心支行在进一步用好再贷款、再贴现等传统货币政策工具的基础上，加力实施了普惠小微贷款支持工具、延期还本付息、阶段性减息等政策，为扩大普惠小微贷款投放提供了重要支撑。

在财政税收方面，新疆积极落实国家特殊税收优惠政策，推动"两区"高质量发展，喀什和霍尔果斯经济开发区固定资产投资、进出口贸易额、招商引资到位资金分别增长 25%、220%、75% 和 26.5%、22%、36%。实行一系列优惠政策，对新疆困难地区符合条件的企业给予企业所得税"两免三减半"优惠。2022 年 1 月 29 日，新疆出台 13 条减税降费举措支持实体经济的发展，涉及用好税收优惠政策、降低企业用工成本、加强企业用电保障、降低企业运输成本、降低企业融资成本等五个方面 13 条具体举措，进一步加大对实体经济的支持力度，切实减轻中小企业税费负担，激发市场主体活力。

2.3.3.5 金融创新政策

扩大有效金融供给。基础设施建设是稳定投资的"压舱石"，对经济社会发展具有关键性、引领性、支撑性作用。2022 年 6 月，国务院常务会议决定调增政策性开发性银行机构 8 000 亿元信贷额度、设立政策性开发性金融工具，支持重大基础设施项目建设。中国人民银行乌鲁木齐中心支行紧抓政策机遇，提前布局、靠前发力，做好项目梳理、扩大金融供给、疏通政策梗阻，积极争取政策性金融工具对新疆的最大支持，助力新疆稳定经济大盘。

中国人民银行乌鲁木齐中心支行在推动政策性开发性银行建立重大项目投融资评审绿色通道，做好全流程金融服务，有效发挥政策性开发性金融工具主力军作用的同时，还注重发挥重大项目牵引带动作用，指导商业银行同步跟进项目配套融资，撬动项目上下游产业链企业信贷投放，提升投贷联动综合金融服务质效。

2.4 新疆金融发展面临的挑战

2.4.1 生态环境脆弱等多重因素制约

新疆严酷的自然条件和脆弱的生态环境造成城市分布不均，数量少、规模小。在新疆约166万平方千米的土地上，绿洲面积仅为8.3万平方千米，新疆的城市基本都分布在这些大大小小的绿洲之中，城市的经济活动深受绿洲大小的制约，绿洲边界便成了城市辐射的天然屏障，城市辐射仅能沿交通线方向进行，这种特殊的自然条件制约着城市的数量和人口规模，城市分布不平衡。此外，城市外部生态环境脆弱也是新疆城市分布不平衡的原因之一。新疆城市外部干旱少雨、水资源短缺，且时空分布严重不均；植被稀少，土地沙化、盐渍化严重，城市易受风沙侵蚀。因此，生态环境脆弱对新疆发展提出了一大挑战。另外，水资源问题同样是新疆发展进程中的重点问题。总之，未来新疆城市的发展必须考虑水资源与生态环境的约束，寻求城市布局和规模的最佳状态。此外，思想观念的落后同样阻碍着新疆城市化的进程。

2.4.2 经济结构和发展模式转型压力

中国本是个农业大国，新疆由于历史、自然的原因更是一个农业大省，农牧业是新疆经济的基础，至今仍具有巨大发展潜力。新疆绿洲经济的特点决定了各绿洲都是以农业为基础逐渐发展起来的，因此，绿洲的就业也就集中在第一产业。虽然经过多次生产关系变革，但生产力总体水平低下，绿洲农业始终处于小农经济状态，这样一来，绿洲农业便容纳了大量的农村劳动力。在绿洲经济现代化进程中，农业现代化要求农业劳动生产率不断提高，要求第一产业在生产总值中所占比重日益缩小。

新疆第二产业在整个国民经济中所占比例较低，再加上企业制度改革的深化，出现大批下岗工人，第二产业从业人员的比重降低。第二产业中，制造业、建筑业吸收劳动力的能力有所减弱，城市化建设中核心产业不能充分吸纳剩余劳动力，对新疆的发展不利。随着经济的发展，第三产业产值所占比例迅速提高，大大增强了第三产业对劳动力的吸收能力，出现了第三产业产值比例虽低于第二产业，但其吸收就业劳动力的比例及人数的年均增长率大大高于第二产业的现象。第三产业尤其是对劳动力素质要求较低的部门吸收了大量剩余劳动力，这些来自外省、大多文化水平较低或缺少技术培训的普通劳动力，大量流入新疆第三产业，尤其是批发、零售、贸易及餐饮业，促使新疆城市人口迅速增加，推动了新疆城市化进程，但新疆本土的农村劳动力转移问题还是未能得到很好的解决。因此，新疆要实现稳定发展，就必须调整好产业结构。

新旧动能转换更加困难。在经济范畴中，高质量发展的过程也是产业新旧动能不断转换的过程，衡量产业新动能的主要标志是"四新"，即新技术、新产业、新业态、新模式。新疆空间交往成本相对高昂、知识溢出效应相对薄弱、高端要素支撑力长期性不足，这些因素的相互作用进一步弱化了产业政策培育新动能的有效性。在传统增长动能衰减和转向高质量发展的"双碰头"阶段，多种不利因素造成了新疆传统产业优势弱化，新兴产业技术不强，市场主体缺乏活力。

2.4.3　金融科技创新和信息化建设相对滞后

2.4.3.1　政策统筹推进合力不强，科技金融发展进程缓慢

2011年以来，全国相继开展促进科技和金融结合及投贷联动试点。相较试点区域创新实践，西部欠发达地区总体发展进程较慢，科技与金融结合度较低，在一定程度上影响了政策执行实效。如新疆科技金融政策多由金融监管及政府部门分别牵头制定，政策落实统筹力度不强，合力作用发挥不够，实践中存在政策传导不通畅、信息交流不全面等问题，导致各方资源不能充分耦合利用。据调查，部分中小微企业不清楚金融政策，未将知识产权纳入企业资产经营管理范畴，没有利用知识产权质押模式进行融资的意识。金融机构从管理部门得到的共享信息多为科技企业基本情况，单凭自身现有能力，很难判断、确定科技企业真实技术水平及覆盖贷款风险的价值，支持科技企业的顾虑较多。新疆科技金融服务平台虽然2019年已经上线，但缺乏足够科技金融信息资源支撑，至今未实现银企线上对接相关服务功能。

2.4.3.2　发展科技金融的基础较薄弱

目前，中国的经济和金融面临着一些深层次的问题和挑战，需要进一步的改革和创新，提高经济和金融的质量和效率，以适应国内外的变化和需求。

落后于全国的综合科技创新水平。《中国区域科技创新评价报告》从

科技创新环境、科技活动投入、科技活动产出、高新技术产业化和科技促进经济社会发展五个方面，对全国31个省（区、市）科技创新水平进行测度和评价。结果显示，新疆近5年的综合科技创新指数均居全国30位（倒数第二），创新能力持续偏弱。同时，地方财政科技资金支持力度不强，创新驱动发展的基本保障较薄弱。

新疆除了要发展经济之外，还承担着维持社会稳定和长治久安的重任，民生基础设施需求大使得新疆地区的资金缺口大、财政负担重，进而导致其对区域金融中心的支持力度不足，影响区域金融中心的建设进程。2021年中国内地省市金融竞争力排行榜对31个省（区、市）及多个城市的金融竞争力进行了综合评估。乌鲁木齐相比西部地区其他5个金融中心城市而言，资本市场活力排名居中，但在经济竞争力、金融机构实力及金融发展潜力这3个维度中的排名较为靠后。虽然在新疆，乌鲁木齐的经济发展水平名列第一，但与其他区域金融中心的经济实力还存在一定的差距。

2.4.3.3 风险识别分担能力不足影响金融机构积极性

当前，科技企业创新发展中存在诸多无法识别的不确定性风险，这与金融机构放贷偏好"确定性"的价值发现、风险定价和资源配置存在较大差异，导致金融机构积极性不高。一是识别评估较难。科技企业技术性强，在传统风控模式下，银行机构无法有效掌握科技企业财务、资信等真实经营情况，又严重缺乏科技金融复合型人才，很难精准评估科技企业专利技术的市场价值，没有充分的放贷凭据，抑制了金融机构更大范围支持科技创新的积极性。二是风险补偿较难。虽然政府在风险补偿基金管理办法中列明了补偿流程，但真正要启动风险补偿，合作银行还要与政府相关部门反复协商操作细则，导致风险补偿难以及时落实到位。

2.4.3.4 供求不匹配难以满足科技企业融资服务需求

总体上看，新疆金融支持科技企业力度不够、服务不足。具体体现为：第一，创新金融产品针对性不强。地方法人银行科创信贷产品开发能力偏弱，基本没有专属产品。全国性银行在新疆的分支机构仅部分推出了总行专属产品，授信标准是面向全国科技企业的，而新疆属于西部欠发达地区，综合科技创新水平落后，有实力的高新技术企业较少，科技型企业抗风险能力偏弱，导致符合授信条件的科技企业很少。第二，科技金融服务模式较为单一。银行机构表示纯知识产权质押贷款被业内普遍视为信用贷款，而"轻资产"科技企业很难达到传统风控授信条件，加上知识产权评估、处置及变现难，金融机构大多不敢发放该类贷款。对于全国试点开展的投贷联动，新疆不在试点示范区内，国家开发银行、中国银行、北京银行等作为试点银行在疆分支机构均未开展业务，其余银行机构大多不了解相关政策，辖区种子期、初创期及成长期的科技型中小微企业融资难问题较为突出。第三，直接融资及参保数量占比过低。新疆大部分科技企业自身条件很难达到直接上市融资的要求，目前疆内的高新技术企业在主板、科创板等 A 股上市融资的占比，高新企业上市融资占比[①]不足 0.8%。在疆人保财险、平安产险、推向市场的专利执行保险和专利被侵权损失保险，因知识产权维权举证难、周期长及成本高等原因，科技企业投保意愿不强，试点参保企业占比[②]不足 0.3%。

---

① 高新企业上市融资占比＝在 A 股上市融资的高新企业数量/科技型企业数量×100

② 试点参保企业占比＝试点参保企业数/科技型企业数量×100

3 新疆信用体系建设现状与面临的挑战

3.1 社会信用体系的概念与内涵

3.1.1 社会信用体系的概念

所谓社会信用体系，是指由政府、企业和个人组成的信用主体共同构成的信用环境及其运作机制的总和。从理论上讲，社会信用体系由信用理念层、信用制度层以及信用行为层构成，它们共同作用于整个信用环境。从社会学意义上讲，信用就是指人与人之间进行一切社会交往所应遵循的道德规范与行为准则，是建立在各类契约以及社会伦理基础之上的信任关系。从经济学角度上讲，信用更关注的是人与人之间通过经济合同建立起来的信任关系。市场经济作为一种制度安排和运行机制，具有一定的"自我强化"特性，它要求以诚实守信为核心价值观来约束个人与企业间的交易行为，促进经济效率的提高。我们从治理基础工具角度看，社会信用体系建设通过提升信息共享度和执行效果，促使博弈走向高信用度的均衡状态，使履约践诺成为社会各类主体的理性选择。以金融市场为典型，由于参与主体的复杂性和广泛性、交易行为的自由性和频繁性，市场更加需要引进非人格化社会信用以降低成本，形成互惠性合作。由此，构建并不断完善信用体系在经济高质量发展的宏观背景下，其重要意义和社会价值更是达到历史性高度。

社会信用体系由于涉及经济活动过程中所有参与主体的行为和结果导向，因此根据主体划分依据的不同，其具体表现也有所不同。根据主体之间的关系来看，信用通常可以划分为政治信用、经济信用与伦理信用；从信用主体的角色来看，可以划分为政府信用、企业信用与消费者个人信用。

根据我国《社会信用体系建设规划纲要（2014—2020年）》文件精神，社会信用体系是一个定位于社会主义市场经济体制的概念，代表了我国社会治理体制中的一项重要内容，它是经济社会治理的有效工具。由此，在经济高质量发展的背景下，信用关系必然贯穿于经济运行的整个过程，而鉴于金融在现代经济中的中心地位，本书认为金融信用在社会信用中具有更加关键的作用。

3.1.2　社会信用体系建设的内涵

社会信用体系建设的本质就是依据现有的法律、法规、标准与契约，在不断完善覆盖社会成员信用记录、建立信用基础设施网络的基础上，实现对信用信息的合规应用，并形成信用服务体系。我国社会信用体系建设模式迥异于美国或日本模式，逐渐形成独具特色的"政府主导、社会共建"模式，社会信用体系建设是具有中国特色的社会实践，是国家发挥集中力量办大事的优势，将各方面力量联合起来，对政务诚信、商务诚信、社会诚信和司法公信进行全系统建设的一种特殊实践。因此，我国的信用体系建设具有更加广泛的内涵。从宏观层面上看，社会信用体系建设就是通过制度设计来促进社会主体诚实守信，从而降低交易成本，提高资源配置效率。结合我国经济发展内在要求，可将社会信用体系从内到外划分为三个等级：内核为金融信用体系，中部为市场交易信用体系，外层为社会诚信体系。

社会信用体系建设的思路是：第一，明确建设目标和原则，以建立健全覆盖全社会的征信系统为核心，形成完善的信用法律法规体系，并确保政务诚信、商务诚信、社会诚信和司法公信建设取得明显进展。第二，建立健全信用信息采集和共享机制。这包括建立全国信用信息数据库，整合各部门的信用信息资源，实现信息共享和互通；建立信用信息采集和更新机制，确保信息的及时性和准确性；建立信用信息公开平台，向社会公开信用信息，增强社会监督和公众参与。第三，完善信用评价体系。通过建立多维度、多层次的信用评价体系，包括个人信用、企业信用、行业信用等，加强信用评价标准的研究和制定，确保评价的客观公正性。同时，建立信用评价结果的动态更新机制，及时反映信用状况的变化。在推进过程中，注重政府推动和社会共建。政府负责制定实施发展规划，健全法规和标准，培育和监管信用服务市场。同时，鼓励社会各界广泛参与，共同推进社会信用体系建设。第四，强化法律法规和标准体系的建设，为信用体系提供坚实的法律保障。同时，加强信用信息共享和应用，推动信用信息在重点领域的应用，营造守信光荣、失信可耻的社会氛围。第五，提升信用监管效能。通过建立健全统一规范、协同共享、科学高效的信用修复机制，加强对违法违规收集、篡改及泄露公共信用信息行为的监控和打击，确保信用体系健康有序发展。

社会信用体系建设功能体现在：首先，记录与保存功能。社会信用体系能够全面、准确地记录社会主体的信用状况，包括个人、企业、政府等各个层面的信用信息，并长期保存这些记录。这种功能使得社会主体的信用历史可追溯，为信用评价和监管提供了基础数据。其次，揭示与扬善惩恶功能。社会信用体系能够揭示社会主体的信用优劣，通过信用评价等方式，让守信者受到褒扬和激励，让失信者受到警示和惩戒。这种功能有助于弘扬诚信文化，提升全社会的诚信意识，营造诚实守信的社会氛围。再次，预警与防范功能。社会信用体系能够通过对信用数据的分析和挖掘，及时发现潜在的信用风险和问题，并采取相应的措施进行预警和防范。这种功能有助于降低经济社会运行中的风险，保障经济社会的稳定发展。最后，整合与促进功能。社会信用体系能够整合全社会的力量，推动政务诚信、商务诚信、社会诚信和司法公信建设，形成全社会共同参与、共同推进的良好局面。同时，社会信用体系还能够促进信用服务市场的发展，推动信用产品创新和服务模式升级，为经济社会发展提供有力支撑。

社会信用体系的建设是一个系统性工程。构建社会信用体系的根本逻辑，在于通过信用建设提升社会信任，增强社会理性；通过政府职能的转变，促进国家治理体系与治理能力现代化。

社会信用体系建设应遵循以下两个原则：一是政府推进与社会共建相结合。通过发挥政府组织、引导及示范作用，不断培育并规范信用服务市场。要重视市场机制的作用，鼓励并动员社会力量广泛参与、共同促进，形成构建社会信用体系的合力，逐步完善法规与标准。二是完善法制和规范，尤其是对信用法律法规体系、信用标准体系的完善。鉴于社会信用体系建设具有长期性、系统性与复杂性的特点，社会信用体系建设离不开完善的顶层设计，需要立足当前、放眼长远，全局性、系统性、有层次地推进信用建设。

社会信用体系建设的目标和任务：一方面，是为社会活动构建信用约束框架，形成完善的社会信用体系制度；另一方面，随着社会经济发展与技术进步，不断解决经济活动中存在的信用问题，并预防发生新的信用风险。

社会信用体系建设在具体实践中可以进一步划分为不同类别：根据建设目标划分，社会信用体系建设包括对社会信用制度的建设和社会信用文化的建设。前者主要指社会征信体系和社会信用监管体系的建设，后者则主要涉及社会信用法律法规建设。根据信用约束内容划分，社会信用体系则包括金融交易信用体系建设与非金融交易信用体系建设。其中，金融交易信用是社会信用体系建设最核心的内容之一，也是构建和谐社会的关键要素，反映的是社会主体在广泛的经济活动中履行法定义务、约定义务的状态，以及经济能力状况的社会评价。

社会信用体系建设主要围绕四大体系开展建设工作，包括：信用工具体系、信用中介体系、信用规范体系以及信用教育体系。其中，信用工具体系包括了建立企业和个人的信用数据库；信用中介体系主要是发展信用征信中介机构组织，它是信用工具的重要载体；信用规范体系主要是指从道德、法律规范层面建立和完善企业内部信用管理制度，强化行业信用管理、建立信用奖惩机制等；而信用教育体系则是为了保障信用行为进一步开展的宣传、教育等活动。要在全社会范围内构建信用体系，这四大系统需要形成一个有机整体。由此社会信用体系建设不仅涉及制定交易过程中的标准，还涉及规范市场主体与政府行为等问题；不仅需要以诚信为道德规范，还需要一套管理市场主体间信用关系的法律规范，形成以信用为有效约束抓手的市场机制。

3.1.3 社会信用体系建设的意义

推动社会信用体系纵深发展是助力构建新发展格局、推动高质量发展的必要前提和应有之义。社会信用体系建设的意义深远且广泛，它不仅是现代市场经济的重要基石，更是社会和谐稳定的关键保障。社会信用体系建设对强化信用信息一体化、提升社会治理效能具有重要的意义。

首先，通过建设社会信用体系，实现社会信用信息的共享，有助于降低交易成本和交易费用。社会信用信息的共享可以极大地提高交易双方的透明度，在交易过程中，信息的对称性是降低交易成本的关键，当买家和卖家都能轻松获取对方的信用信息时，他们可以更准确地评估对方的可靠性，减少因信息不对称而引发的误解和纠纷，从而降低因解决这些问题而产生的额外成本。信用信息的共享可以优化市场资源配置，在一个信息透明的市场中，信用良好的企业和个人更容易获得资源，如贷款、投资等。这种优化资源配置的过程有助于降低整个社会的交易成本，因为资源会流向那些能够更高效利用它们的主体。社会信用体系的建设可以强化失信惩戒机制，当一个人的失信行为被记录并共享后，他可能会面临来自社会各方面的压力和惩罚，这包括但不限于声誉损失、经济处罚等。这种惩戒机制的存在会促使人们更加珍视自己的信用，减少失信行为的发生，从而降低因失信行为而产生的交易成本和费用。社会信用信息的共享还有助于提高市场的运行效率，在一个信息流通顺畅的市场中，买家和卖家可以更快地找到对方，完成交易。这种高效的市场运行方式不仅可以降低寻找交易对象的时间成本，还可以减少因交易延迟而产生的其他费用。

其次，通过建设社会信用体系，有助于推进数字化转型。社会信用体系的建设涉及大量数据的收集、整合和处理。这些数据不仅用于评估社会主体的信用状况，还可以为数字化转型提供丰富的数据资源。社会信用体系有助于政府实现更精准、高效的监管，特别是在数字经济领域，政府可以更有效地打击违法违规行为。基于社会信用体系的数据分析，政府可以制定更加科学合理的政策，促进数字经济的健康发展。随着全社会迈进数字经济时代，社会信用体系能够以信息融合的方式镶嵌其中，以资源引导功能作为介入方式推进数字产业化、产业数字化发展，加快推进数字经济和实体经济的深度融合。

最后，通过建设社会信用体系，社会治理手段得到强化与创新，对增强国家整体竞争力，推动社会的发展和文明的进步影响深远。倡导诚信文化，弘扬诚信精神，社会信用体系有助于提升社会的道德水平，形成文明、和谐、诚信的社会风尚。同时，信用信息的共享也有助于促进社会公平正义，保护消费者权益，提高社会公共服务水平，推动社会全面进步。一个健全的社会信用体系可以提高市场主体的信任度，降低交易成本，增强国际竞争力。同时，信用信息的共享也有助于发现和防范市场风险，维护金融稳定，为国家的经济发展提供坚实保障。

当前，我国已把社会信用建设上升到了战略高度，成为经济社会领域一项长期而艰巨的任务。2023年12月召开的中央经济工作会议指出，要深入贯彻习近平新时代中国特色社会主义思想和党的二十大精神，强调完善社会信用体系，推进信用法治化、规范化建设，以信用为基础，优化资源配置，激发市场活力，增强企业内生动力，畅通市场交易机制，形成高效规范、公平竞争的统一市场。2024年6月发布的《2024—2025年社会信用体系建设行动计划》指出，要深入贯彻落实党中央、国务院关于推进社会信用体系建设的决策部署，进一步推动社会信用体系建设的高质量发展。各项政策的陆续出台有助于建立健全社会信用体系，为经济社会发展提供有力支撑。

3.2　新疆信用体系建设现状

3.2.1　新疆信用体系建设工作基础

新疆社会信用体系建设主要由新疆维吾尔自治区发展改革委财政金融与信用建设处全面负责。根据《关于自治区能源发展信息中心更名的批复》（新党编委〔2020〕31号），2020年1月，新疆公共信用信息中心成立，承办全疆信用信息交换平台建设、运行与维护工作，以及公共信用信息的归集，跨地区、跨部门的守信联合激励和失信联合惩戒，实现信息共享等。同时自治区建立了信用信息系统，为社会公众提供信用服务及相关产品。截至2019年3月，新疆维吾尔自治区社会信用信息共享平台（一期一阶段）已经完成了43家委办厅局的数据采集前置机安装部署调试工作，并且和国家平台进行了数据的顺利对接，已建立全区统一的信用信息交换平台，形成全地区信用信息交换机制，实现了对各行业、各县区、各单位、各级各类市场主体及社会公众的信用信息查询服务。建成后的"新疆维吾尔自治区社会信用信息共享交流平台"由四个子系统组成：信用中国（新疆）、国家信用信息共享平台（新疆）、信用数据中心管理平台、地州环境支撑系统等。

自治区发展改革委从2022年开始根据国家关于深化"放管服"改革，积极建立基于信用的监管新机制，分别从信用制度与信用文化两方面持续推进社会信用体系建设。

信用制度建设主要体现在：一是新疆维吾尔自治区政府高度重视社会

信用立法工作，结合自治区实际，针对问题立法，立法解决问题。2024 年 3 月，新疆维吾尔自治区十四届人大常委会第九次会议审议通过了《新疆维吾尔自治区社会信用条例》，条例共分为七章五十一条，主要规范了社会信用体系建设、社会信用信息管理、社会信用信息应用、社会信用主体权益保护等内容。《新疆维吾尔自治区社会信用条例》于 2024 年 10 月 1 日起施行，充分发挥地方立法对社会信用体系建设的引领、规范和保障作用，弘扬社会主义核心价值观，进一步健全新疆社会信用体系，提高社会信用水平，维护信用主体合法权益，创新社会治理机制，优化营商环境，促进经济社会高质量发展。二是中国人民银行新疆维吾尔自治区分行系统依托企业、个人征信系统，建设并应用全国统一的企业和个人征信系统，先后与住房公积金中心、劳动保障、环保、法院等部门共同发文或者订立信息共享协议，增加非银行信息的收集，建立健全信用奖惩机制。三是在中国人民银行乌鲁木齐中心支行开展了中小企业信用体系建设试点工作，通过使用中国人民银行开设基本账户系统、工商管理部门中小企业注册登记系统等，收集第一批中小企业信息，并入企业征信系统。通过积极推行动产融资登记系统，指导商业银行强化中小企业信用档案信息利用与风险管理，扶持中小企业融资。四是培育和规范征信市场，推进信用担保机构的信用评级，印发《新疆信用担保机构信用评级工作实施方案》以及拟订自治区银行机构征信考核办法。2023 年 12 月 27 日，由新疆维吾尔自治区人民政府办公厅发布的《自治区推进社会信用体系建设高质量发展三年行动方案（2023—2025 年）》明确提出打造诚信消费环境，完善生态环保信用制度，维护社会保障领域秩序，到 2025 年信用法规制度初步形成体系，信用基础设施基本完善的目标。方案和考核办法强调完善以信用为基础的新型监管机制，提升信用服务社会经济发展水平。

信用文化建设主要体现在：一是构建金融系统与政府联动机制，建设农村信用体系，组织开展以农户为对象的信用及有关金融知识的宣传工作、教育和普及工作，促进农村地区金融机构为农民建立电子信用档案，加大信用户、信用村和信用乡镇建设力度，逐步把企业、个人征信系统的运营范围延伸到广大农村。2024 年 6 月，新疆维吾尔自治区人民政府办公厅发布的《全面推进自治区农村信用工程建设的实施意见》要求坚决打击逃废涉农金融机构债务的不法行为，加大清收力度，减少不良资产。建立农村信用担保体系，扩大农村有效担保物范围，发展多种形式担保的信贷产品。加大宣传力度，提高全社会对农村信用体系建设的认识和支持。2024年6月，中国农业银行新疆分行助推农村信用体系建设，广泛开展农村信用体系建设宣传，加强农村诚信宣传教育；积极打造农村信用体系建设新模式，结合本地农业产业特色，建立针对新型经营主体的信用信息数据库；创新信用融资服务和产品，如推出"惠农e贷"等，满足广大农户多层次、多样化的金融需求。通过以上措施的实施，新疆逐步建立起一个完善的农村信用体系，为农村经济发展提供有力支持。二是开展征信宣传教育活动。新疆开展征信宣传教育活动采取了多种措施，旨在提高公众对征信的认识和了解，营造诚信的文化氛围。中国人民银行新疆分行系统开展"普及征信知识 共建诚信社会"系列宣传活动，通过制作手绘漫画、长图、短视频、动漫等宣传作品，通过微信公众号、抖音、电视台、广播、报纸等媒体平台开展线上线下宣传。中国银联新疆分公司、中国建设银行新疆分行、新疆银行、华夏银行乌鲁木齐分行等也参与了宣传活动，通过线上答题、抖音直播等形式进行。中国农业发展银行喀什地区分行"3·15"征信宣传活动利用全辖网点优势，在营业网点滚动播放宣传口号和视频，设置宣传角，提供宣传折页。招商银行乌鲁木齐分行2020年"6·14信用记录关爱日"征信宣传围绕"征信助力脱贫攻坚与复工复产"主题开展宣传活动。具体活动包括征信知识讲座、宣传材料发放等。中国人民银行新疆分行构建"云端宣传+阵地宣传+活动宣传"三位一体的征信宣传矩阵，围绕"征信权益 你我共同维护"主题，开展广泛的征信教育活动。通过以上措施，新疆在征信宣传教育活动方面取得了显著成效，有效提升了社会公众的征信知识素养和诚信意识。

3.2.2　新疆信用联动场景应用现状

为加快信用在行政领域、社会领域和市场领域的应用，新疆推出"信用+"联动场景应用，其中"信用+金融"的场景应用模式使社会信用体系在金融高质量发展路径上起到了重要的作用。

"信易贷"是社会信用体系在融资领域的应用，是缓解中小微企业融资难、融资贵的重要抓手。各级"信易贷"平台是我国社会信用体系建设的重要基础设施，是推动"信易贷"落地的重要载体，兼具公共属性和市场化属性。我们应从平台入驻、主体活动、运营机制三大维度加快构建治理体系及机制，着力"扩流量""融信息""创产品""强政策""重考核",努力推动"信易贷"蓬勃发展。"信易贷"平台按照"市场导向、联动导向",统筹信用数据资源,着力解决中小企业信用信息不对称、碎片化等痛点、难点,探索形成以信用为纽带的新型综合金融服务机制,以信用撬动金融资源,有效破解中小企业融资难问题。新疆生产建设兵团"信易贷"平台于 2021 年 9 月 23 日正式上线,截至 2024 年 6 月,新疆融资信用平台累计服务用户 8 308 家,发布需求数 18 703 笔,用信笔数 7 481 笔,累计产品服务 738 个,服务金融机构 966 家①。"十四五"规划以来,新疆生产建设兵团发展改革委牵头组织兵团社会信用体系建设联席会议各成员单位不断完善信用建设顶层设计,制定出台《兵团关于加快推进社会信用体系建设构建以信用为基础的新型监管机制的实施意见》,建立健全贯穿市场主体全生命周期,衔接事前、事中、事后全监管环节的新型监管机制,强化信用分级分类监管,降低制度性交易成本,有力防范化解金融风险;制定出台政务诚信、个人诚信、联合惩戒等实施意见;建成兵团信用信息共享平台和信用兵团网站,形成覆盖兵团各级各领域的一体化信用平台,实现信用信息跨部门、跨行业、跨领域的互联互通;制定出台《兵团公共信用信息目录》,加强信用信息归集共享,完善兵团信用数据报送机制,推进信用信息归集共享工作。

3.2.3 新疆征信机构现状

征信机构是指依法经营的征信服务机构,主要为金融机构和其他信贷机构提供借贷者的信用信息查询、收集、整理、分析和评估服务,促进金融信贷市场的稳定发展。目前,我国征信行业主要由中国人民银行征信中心、百行征信、中智信用等机构组成。其中,中国人民银行征信中心是最大的征信机构,其信息数据量占据了征信市场的绝大部分。除此之外,有多家在中国人民银行征信业务管理系统中注册的征信机构,例如百行征信、星联、中智诚、平安征信以及一些地方性的征信机构也在新疆运营。截至 2020 年年底,新疆地区共有 41 家信用服务机构,其中 29 家为企业级机构,12 家为个人征信机构②。

从地域分布上看,新疆的征信机构主要集中在乌鲁木齐等经济较为发达的城市。例如,中国人民银行征信中心新疆维吾尔自治区分中心就位于

---

① 数据来源:新疆兵团"信易贷"公开数据库整理。
② 数据来源:新疆征信机构公开数据整理。

乌鲁木齐市天山区。在机构类型与业务方面，新疆的征信机构类型多样，包括国有控股的征信有限责任公司，如新疆征信有限责任公司，以及提供企业信用征信及评定服务的机构，如新疆金信征信有限公司（现已注销）。业务范围上，新疆征信机构主要提供企业征信业务、企业信用管理咨询服务、企业信用评级服务、企业信用调查和评估等服务。此外，还涉及信息技术咨询服务、软件开发、互联网安全服务等多个领域。在监管与政策支持方面，新疆征信机构受到中国人民银行等相关部门的监管，以确保征信业务的合规性和数据的准确性。政策上，新疆地区也积极鼓励征信机构的发展，以推动社会信用体系建设和营商环境优化。在服务效能与影响方面，新疆征信机构通过提供高质量的征信服务，有效促进了新疆地区企业间的信用交易和合作。同时，征信机构在防范金融风险、保障消费者权益方面也发挥了积极作用。在发展趋势与挑战方面，随着新疆地区经济的不断发展和金融市场的日益成熟，征信机构将面临更大的发展机遇，然而，如何确保征信数据的准确性和安全性、如何有效应对征信市场的竞争和变化等挑战也将是新疆征信机构需要面对的问题。

3.2.4 新疆信用体系建设水平

地级市信用指数（以下简称指数）是一个衡量中国各地级市信用环境的量化指标，该指数由国家信息中心商务所发布，旨在反映当地企业在商业活动中所面临的信用环境和商业氛围。指数包含了一系列经济指标，具体包括：企业开办、资本市场、财政金融、信用体系、人力资源等。指标综合反映当地商业环境的整体信用状况。

地级市信用指数受到多种因素的影响，包括当地经济发展水平、政府政策、法律法规、市场环境等。不同地级市之间的信用指数可以进行比较和排名，从而了解各城市在商业信用环境方面的优势和劣势。表3-1为全国各地级市信用指数排名前50名的数据。

表3-1 地级市综合信用指数前50名

排名	城市名称	综合指数	省份
1	威海市	91.49	山东
2	包头市	91.42	内蒙古
3	廊坊市	91.11	河北

表3-1（续）

排名	城市名称	综合指数	省份
4	唐山市	90.54	河北
5	南通市	90.32	江苏
6	安庆市	90.13	安徽
7	淮南市	90.01	安徽
8	邯郸市	89.97	河北
9	烟台市	89.78	山东
10	马鞍山市	89.66	安徽
11	漯河市	89.62	河南
12	潍坊市	89.58	山东
13	嘉峪关市	89.53	甘肃
14	嘉兴市	89.52	浙江
15	淄博市	89.44	山东
16	日照市	89.39	山东
17	无锡市	89.38	江苏
18	泰州市	89.36	江苏
19	扬州市	89.35	江苏
20	南阳市	89.34	河南
21	张家口市	89.32	河北
22	苏州市	89.28	江苏
23	淮安市	89.22	江苏
24	中山市	89.14	广东
25	临沂市	89.11	山东
26	衢州市	89.11	浙江
27	宣城市	89.10	安徽
28	常州市	89.10	江苏
29	吉林市	89.08	吉林
30	聊城市	89.04	山东

表3-1(续)

排名	城市名称	综合指数	省份
31	张掖市	88.91	甘肃
32	枣庄市	88.91	山东
33	连云港市	88.90	江苏
34	泉州市	88.85	福建
35	芜湖市	88.85	安徽
36	承德市	88.84	河北
37	德州市	88.82	山东
38	黄山市	88.76	安徽
39	盐城市	88.75	江苏
40	三亚市	88.75	海南
41	铜陵市	88.75	安徽
42	宿州市	88.73	安徽
43	惠州市	88.71	广东
44	镇江市	88.70	江苏
45	秦皇岛市	88.69	河北
46	滨州市	88.65	山东
47	淮北市	88.63	安徽
48	邢台市	88.62	河北
49	庆阳市	88.62	甘肃
50	保定市	88.56	河北

数据来源："信用中国"网站。

由表3-1可以看出，从全国范围来看，东部、中部、西部和东北地区的城市在综合信用指数上各有表现，但是新疆并未位列其中，新疆下设的地级市在推动社会信用体系建设方面可能面临一些特殊挑战，如地域差异、文化差异等，但这些城市也在积极应对这些挑战，努力提升信用水平。全国地级市信用指数排名前50名的城市在推动社会信用体系建设方面取得了积极成效，为新疆完善自身信用体系建设提供了有益的经验。

3.3 新疆社会信用体系建设面临的挑战

3.3.1 新疆社会信用体系一体化建设不足

虽然新疆社会信用体系在信用信息基础设施建设和应用、促进经济和社会发展方面取得了一定成效，但也存在诸如信用建设法治化滞后、信用信息归集和共享不完善、守信激励和失信惩戒、信用服务市场不健全以及信用主体权益保障不够等问题。面对新形势新要求，新疆应主动服务新发展格局，提升监管效能，通过新技术新产业助力信用体系发展，在高质量发展阶段稳步推进社会信用体系建设。社会信用信息一体化是指将各个领域的信用信息整合在一起，形成一个全面的信用信息数据库。这些领域包括但不限于政府部门、金融机构、企业和个人等。通过整合这些信用信息，可以实现各方的信息共享，提高信息的可靠性和准确性，从而更好地维护社会稳定和促进经济发展。党中央、国务院高度重视社会信用体系建设，对信用一体化建设等做出重要决策部署。加快研究信用一体化建设，在各地方探索推进信用信息共享平台、信用门户网站等系统一体化建设对于破解各地方信用体系建设发展难题，推进信用高质量发展，进一步助力经济社会发展具有重要意义。然而，当前新疆社会信用信息一体化仍存在一些问题，主要包括以下几个方面：

①信息共享水平不高，区域之间信用信息出现壁垒。较我国社会诚信体系建设工作开展总体情况来看，新疆社会诚信体系建设工作相对滞后。其中乌鲁木齐市较全国其他城市而言，社会信用建设工作仍较落后，主要问题体现在：信用信息采集和共享水平不高，区域部门之间的信用信息出现分割，信息联系存在障碍，导致信用信息的片面性和主观性，信用信息质量偏低。新疆社会信用信息一体化建设需要各个部门和单位共同参与和协作。由于信息共享机制不畅通，部门之间信息孤岛、信息壁垒现象较为严重，导致信息采集和整合效率低下，信息利用价值难以充分发挥。

②信息来源不全。当前新疆社会信用信息一体化的信息来源主要是政府部门和金融机构等，其他行业和个人的信用信息还比较匮乏。新疆社会信用信息一体化建设需要依赖各个部门和单位提供信用信息，但是有些部门和单位的信息系统并不完善，数据来源也不够充分，导致部分信息不够

准确、及时、全面。这就导致了信用信息的完整性和准确性不足，难以满足社会治理和经济发展的需要。

③信息不对称。在信息的采集、整合和应用过程中，可能存在信息不对称的情况。有些企业或个人可能有更多的信息，而其他人则缺乏信息，这样会导致信息不公平，影响信用体系的公正性和可靠性。

④信息共享机制不健全。新疆社会信用信息一体化的信息共享机制不健全。由于各部门之间存在信息孤岛和信息壁垒，信息共享的难度较大，难以实现信息共享的全面化和深度化。

⑤信息安全风险较大。随着信息技术的不断发展，信息安全问题也日益凸显。新疆社会信用信息一体化涉及大量个人和企业的敏感信息，信息泄露或滥用可能会对个人隐私、企业利益和社会稳定造成不良影响。新疆社会信用信息一体化涉及大量的个人和企业的隐私信息，信息安全风险较大。如果信息安全措施不足，很容易造成个人和企业的信息泄露，对社会稳定和经济发展带来不良影响。随着社会信用信息一体化建设的不断推进，个人信息的采集和应用将会越来越广泛。在此过程中，如何保护个人信息安全，避免个人信息被滥用和泄露，是新疆社会信用信息一体化建设面临的重要问题和挑战。

⑥信息管理能力亟待提升。当前新疆社会信用信息一体化的信息管理能力亟待提升，信息的采集、整合、存储、分析和应用等方面还存在不少问题，需要加强信息管理和信息技术支持方面的建设。另外，信息采集和整合难度大。由于新疆地区少数民族比例较高，语言、民族文化等方面的差异较大，社会信用信息的采集和整合难度较大，在信息采集和整合过程中，需要加强对少数民族语言和文化的考虑，提高信息采集和整合的质量和效率。

⑦社会信用意识相对较弱。新疆地区的历史和文化背景不同于内地地区，社会信用意识相对较弱。在推进社会信用信息一体化建设的过程中，需要加强宣传和教育，提高公众对社会信用的认识和重视，促进社会信用建设的深入开展。

⑧缺乏权威的信用评估机构。目前，新疆地区缺乏权威的信用评估机构。在推进社会信用信息一体化建设的过程中，需要加强信用评估机构的建设和培育，提高信用评估的准确性和公正性，为企业诚信建设和社会信用体系的不断完善提供支持。

⑨隐私保护问题。新疆社会信用信息一体化涉及大量个人和企业的敏感信息，因此需要加强隐私保护措施，确保个人和企业的合法权益不受侵害。

⑩地域差异和文化差异。新疆面积较大，经济、社会、文化等方面的差异明显。在建设社会信用信息一体化管理体系时，需要考虑不同地区、不同群体的实际情况，避免信息采集和应用过程中出现文化差异、信任差距等问题。

3.3.2 新疆"信用+"联动场景应用不足

如今，我国社会信用体系建设已迎来全面发力、全面渗透、全面提升、组合推动的新阶段，信用建设的核心在于应用，让信用融入民众的生活场景中去，让信用帮助其节约成本，提升守信主体社会地位和获得感。对比其他省份，新疆缺乏一定的信用场景服务，缺乏信用服务事前、事中、事后的监管和处置能力。新疆缺乏信用联动场景应用可能受多个因素影响。

①信用信息共享和安全性。信用联动场景应用需要各方之间共享信用信息，新疆可能在信用信息共享方面存在一些限制。例如，有些企业可能缺乏足够的信用记录，或者政府在信用信息共享方面存在一些局限。在信用联动场景应用中，各方需要共享一定的信息，因此信息安全和隐私保护也是一个重要的问题。新疆地区涉及民族和宗教等问题，可能会对信息安全和隐私保护提出更高的要求。在信用联动场景应用中，安全性问题是一个非常重要的问题。由于新疆地区的技术水平较低，安全性问题也相应比较突出，这给信用联动场景应用的推广带来了很大的难度，也增加了信用联动场景应用的风险。

②政策和法规。政策和法规也可能对信用联动场景应用的发展造成限制。例如，缺乏有力的信用体系建设政策，或者法规对个人和企业信息共享的限制。信用联动场景应用需要有完善的法律法规和监管机制来保护消费者隐私和数据安全，但新疆地区的法律法规和监管机制还不够健全，缺乏对信用联动场景应用的明确规定和监管。在信用联动方面，政策的支持非常重要。与其他发达地区相比，新疆地区的政策支持较少，这给信用联动场景应用的发展带来了不利影响。政策的支持可以促进新疆地区信用联动的落地，加快信用联动的应用步伐。

③人口结构的复杂性和流动性。新疆地区的人口结构和流动性也可能影响信用联动场景应用的发展。该地区的少数民族人口占大多数，并且人口流动性较大，这可能增加信用信息共享的难度，限制信用联动场景应用的发展。

④技术基础设施。信用联动场景应用需要依赖先进的技术基础设施，如互联网、云计算、人工智能等。如果该地区的技术基础设施不完善，将会限制信用联动场景应用的发展。在信用联动场景应用中，技术的支持非常重要，技术水平较低意味着信用联动场景应用的推广难度更大，技术人才的匮乏也限制了信用联动场景应用的技术支持。而新疆地区在技术方面相对滞后，缺乏高水平的科研机构和技术人才，限制了信用联动场景应用的发展。

⑤金融市场发展程度。金融市场的发展程度也对信用联动场景应用的发展有影响。新疆地区的金融市场比较落后，这可能限制了金融机构对信用联动场景应用的投入和创新。新疆地区由于经济和文化等方面的特殊性，可能会对信用联动场景应用的市场需求和发展方向提出一定的要求和限制。

⑥市场规模和需求。新疆地区的市场规模相对较小，这也限制了信用联动场景应用的发展。市场规模较小意味着信用联动场景应用的收益相对较低，投资者的投入也相应较少，这使得新疆地区信用联动场景应用的发展面临一定的困难。信用联动场景应用的推广还需要考虑当地的需求，如果当地需求不足，信用联动场景应用的推广也会受到很大的限制。由于新疆地区经济和文化等方面的差异，信用联动场景应用的需求也存在差异，这给信用联动场景应用的推广带来了很大的困难。

⑦产业结构。产业结构对信用联动场景应用的发展也有重要的影响。新疆的地理位置和经济发展水平等因素可能会对产业结构产生一定的影响，从而对信用联动场景应用的发展产生影响。产业结构反映了一个地区经济发展的综合情况，新疆的第一产业所占比重过大，第二产业的发展过于缓慢，第三产结构不合理。新疆产业结构不合理，信用联动场景的应用很难得到发展。

⑧宣传和推广。信用联动场景应用的发展需要大量的宣传和推广，新疆对信用联动场景应用宣传和推广工作相对较少，限制了信用联动场景应用的发展。如果没有足够的宣传和推广，信用联动场景应用就无法被广泛

认知和接受，也就无法在新疆地区普及。

面对信用联动场景发展问题，新疆应该围绕行政管理、政务服务、公共服务和社会治理，研究提出涵盖全区的一体化"信易+"守信激励措施及应用场景，切实增强群众信用获得感。以信用惠民为抓手，持续探索创新各类"信易+"守信激励场景，进一步推动信用体系建设，努力营造"守信受益、信用有价"的浓厚氛围，将企业信用风险分类结果与"双随机、一公开"监管有机结合，扩大企业信用风险分类结果运用场景，让居民自主评价、参与监管。

3.3.3 新疆征信机构力量总体薄弱

在新疆地区，市场化个人征信机构尚属空白，征信机构力量总体薄弱，整体征信发展水平相对滞后。由于征信系统在防范和化解金融风险、维护金融稳定方面发挥着重要作用，因此治理征信市场乱象是当前征信市场面临的一项紧迫任务。新疆地区应采取强化征信宣传，树立正确的信贷观、诚信观，深化跨部门、跨市场的监管联动，完善征信体系制度建设等措施，对征信市场乱象进行源头治理和风险防范。目前，新疆地区的征信机构主要为人行征信中心和一些小型的地方性征信机构。而这些征信机构的信息数据量、数据更新速度和数据质量均存在一定的问题。与此同时，缺乏完整的信用信息数据和科学的风险评估模型也成为新疆地区征信机构的一大瓶颈。

通过进一步深入分析，本书认为新疆征信机构力量薄弱的原因主要体现在以下几个方面：

①征信力量单薄，征信系统发展不足。征信机构的人才队伍对于其发展至关重要。在新疆地区，由于经济相对滞后和地理位置偏远，人才资源匮乏，征信机构难以招聘到优秀的人才，信用人才队伍力量薄弱，征信机构力量疲软。此外，相比于其他省份，新疆征信系统覆盖范围还不够全面，新疆地区的社会信用体系还相对不够完善，公众对于信用意识和信用风险的认知还有待提高，征信机构的服务对象较少，服务对象对于征信服务的需求也相对较低，使得征信机构发展受到一定的阻碍。

②政策支持力度不足。从征信市场供给侧来看，我国政府虽然加强了对征信机构的监管，然而对征信行业的准入门槛的管制上，政策约束相对较为宽松，征信机构的准入门槛也较低，涌现了一些小型征信机构，影响

了征信市场的整体水平。从征信市场需求侧来看，在征信业务的开展过程中，金融机构是征信机构最主要的客户之一。新疆地区的金融机构发展水平相对较低，对于征信机构的支持不足，也限制了征信机构的发展。

③信息采集与分析能力不足。信息采集和分析能力是征信机构的核心竞争力，新疆地区的征信机构在这方面存在不足。一方面，由于新疆地广人稀，人口分布分散，一些人口信息并没有被完整纳入国家征信系统，征信机构难以全面覆盖，信息采集面相对狭窄，因此在征信数据来源方面存在一定的局限性，缺乏高质量的征信数据源；另一方面，新疆地区的信息化水平相对落后，征信机构不仅在数据收集和整理方面存在一定的困难，一些数据质量也无法满足征信机构的需求，同时在信息分析和挖掘方面也相对困难。受上述两方面的影响，最终导致相对于人口数量和经济规模，新疆地区目前的征信机构数量较少，业务能力及水平有限。

④资金和技术支持不足。征信机构需要投入大量的资金和技术支持才能运营，完成收集、整理和管理庞大的个人信用信息的工作。然而，新疆的经济相对不发达，这使得投资者和技术公司不愿意在该地区投入大量资金和资源。

⑤地理因素导致过高的信用建设成本。新疆地处西北边陲，地理位置偏远，对于跨省的征信机构来说，前往新疆地区收集信息和进行业务推广的成本较高，导致新疆地区征信机构缺乏实力和竞争力。新疆地广人稀，人口分散，地理条件复杂，征信机构想要全面获取信用信息面临较高的信息收集成本。因此较高的建设成本成为影响征信机构快速成长的制约因素之一。

⑥缺乏征信意识。由于征信机构在过去一段时间内存在数据泄露、信息不透明等问题，公众对征信机构的信任度相对较低，导致公众对征信机构的需求较少，也限制了征信机构的发展。相对于其他地区，新疆地区的一些民众对征信系统的了解和接受程度还相对较低，这使得征信机构面临一定的挑战，需要加强宣传和普及征信知识。

⑦缺乏行业标准和监管。首先，征信机构缺乏行业标准和监管是一个系统性的复杂问题，广泛存在于我国信用体系建设工作中。新疆征信行业标准的缺失主要表现为标准制定的滞后和标准覆盖范围的不全。具体而言，随着行业快速发展，新的业务模式和技术不断涌现，会出现相关行业标准的制定可能无法完全同步跟进行业发展步伐，导致在一段时间内缺乏

统一、明确的标准来规范征信机构的运营；虽然已有部分行业标准出台，但是对于某些新型业务或特定领域的征信活动可能尚未被纳入现有标准范围内，出现覆盖范围不足的问题。由于征信机构市场仍然处于成长阶段，不同监管部门根据各自职责范围对征信机构进行监管，由此可能会产生较为复杂的协调问题或存在监管空白，以及监管力度存在差异。此外，随着大数据、人工智能等技术的广泛应用，征信机构也在不断强化自身在数据处理和分析等方面的专业能力，这也对监管部门提出了更高的要求，监管部门在技术手段方面相对滞后，难以对征信机构进行全面有效的监管。

4 新疆普惠金融发展现状与面临的挑战

4.1 新疆普惠金融发展现状

4.1.1 普惠金融的概念

普惠金融是联合国在 2005 年推广"国际小额信贷年"时正式提出的，国内最早引进这个概念的是中国小额信贷联盟，为了开展 2005 年"国际小额信贷年"的推广活动，他们决定利用这个概念进行宣传。《建设普惠金融体系》蓝皮书将普惠金融定义为"能以可负担的成本，平等、有效、全方位地为所有社会阶层和群体成员提供金融服务，尤其为小微经济体提供一种与其他客户平等享受现代金融服务的机会和权利"。狭义的普惠金融是针对特定群体即弱势金融需求主体的金融服务，广义的普惠金融则是针对所有群体，也就是全部金融需求主体的金融服务。狭义的普惠金融更能体现既有定义的本质内涵，更具有操作性。国际组织和我国官方对普惠金融的定义则采用了广义和狭义相结合的概念界定方法。即普惠金融是指以可负担的成本为有金融服务需求的社会各阶层和群体提供适当、有效的金融服务，小微企业、农民、城镇低收入人群等弱势群体是其重点服务对象。普惠金融虽然重视消除贫困、实现社会公平，但这并不意味着普惠金融就是面向低收入人群的公益活动。普惠金融需要讲究市场性原则，在发展普惠金融过程中，既要满足更多群体的需求，也要让供给方合理受益。普惠金融之所以强调金融的普遍惠及，是因为存在金融排斥的现实问题，而金融普遍惠及的直接目的是消除金融排斥，根本目的是实现包容性增长。普惠金融是由传统的金融体系逐步发展而来，传统的金融体系主要指金融机构能够开展储蓄投资、信用贷款、理财保险等多种类型业务，为社会居民提供便利并承担促进社会经济发展的重任。然而，传统的金融体系中存在信息不对称、高门槛等问题，对弱势群体及资金受限的中小微企业具有排斥性。为缓解金融排斥现象，为各主体提供快捷方便、多元化、高质量的金融服务，普惠金融在商业可持续发展的前提下，打通阶层屏障，为社会居民提供平等机会，以获得可负担的、方便快捷的金融服务和多元化金融产品。

从现实情况来看，普惠金融的概念直接产生于人类"消除极度贫困和饥饿"，实现包容性增长，在增长中解决好差距扩大，尤其是收入、财富、消费和效用差距扩大问题的现实背景。受"小额信贷"和"微型金融"成功实践的影响，我们一般认为普惠金融的提出是因为现实中"普通金融"存在金融排斥，所以普惠金融就是消除金融排斥的金融。事实上，在包容性增长成为经济发展主题的背景下，金融排斥问题才更加凸显。普惠金融不是为了服务极少数人的金融需求，普惠金融是对所有人金融需求的有效满足。普惠金融的产生和发展与促进经济的发展、推进社会的变革相一致。每一个历史时期，金融服务的目标都有所不同，普惠金融的终极目标在于促进人类社会与经济的发展，其坚守的基础，应该是最广泛的社会大众。普惠金融中的"普惠"重要的不是金融"普遍惠及"，而是金融促使经济增长的"普遍惠及"。不管什么金融，也不管金融怎么做，只要实现了"经济增长的普遍惠及"就是"普惠金融"。因此，理解"普惠金融"的关键在"普惠"，实现"普惠金融"的关键在"金融"。消除"金融排斥"仅仅是普惠金融的直接目的，其根本目的或最终目的是现实包容性增长，而包容性增长的关键是确保增长的好处惠及社会大众。事实上，不仅普惠金融的概念产生于人类追求包容性增长的现实需求，而且消除"金融排斥"并不必然导致"包容性增长"的现象非常普遍。因此，普惠金融更本源的内涵是实现"包容性增长"的金融，对照发展经济学中"经济增长"与"经济发展"概念的演进，"普惠金融"应该对应于"经济发展"概念的"金融发展"范畴。

在中国特色社会主义理论框架下，在共同富裕话语体系中，普惠金融可以理解为中国特色社会主义金融，一切有利于实现共同富裕的金融。我国人口众多，区域经济发展不平衡，特别是农村金融缺口大，中小微企业融资难问题凸显，普惠金融对于我国经济改革具有深远的战略意义。党的十八届三中全会将"发展普惠金融"作为重要任务来抓，全面落实"创新、协调、绿色、开发、共享"理念，推进普惠金融成为金融体制改革的重要目标之一。党的十八届三中全会将"发展普惠金融"这一概念正式载入政府决策，并陆续在 2014 年至 2022 年的政府工作报告中着重提及。2016 年，国务院办公厅正式发布了《推进普惠金融发展规划（2016—2020年）》，首次从国家层面上明确了我国普惠金融的发展战略。在 2017 年的金融工作会议中，习近平总书记提出，要加大对中小型企业、"三农"和边陲地带农民的服务，逐步建立新型农村普惠金融机构。2018 年，中国人民银行释放超 4 500 亿元的政府投资用于支持普惠金融服务。2019 年，党的十九届四中全会中提出要打造更具普惠性的现代金融机构。2020 年 10月，党的十九届五中全会上明确提出要完善金融服务普惠性。2021 年，财政部下达的普惠金融发展专项资金 92.15 亿元，比上年增加了 31.2%，较2016 年的 52.32 亿元增长 76.1%[①]。2022 年《政府工作报告》中提到：普惠金融贷款将继续面扩、量增、价降。货币政策重心依然在托底，要求引导资金流向重点领域和薄弱环节，扩大普惠金融覆盖面，同时要求综合融资成本率继续下降，包括实际贷款利率的降低、收费的降低。政策上，国家加大对普惠金融的支持力度，根据中国普惠金融政策发展沿革，推动出台一系列货币信贷、差异化监管和财税政策，激励各类金融机构和市场主体加大普惠金融服务力度，从体制机制上推动了商业银行敢贷、愿贷、能贷；业务规模上，普惠金融领域贷款保持较快增速，消费领域助学贷款、创业担保贷款持续增加，金融机构对中小微企业信贷投放和银行业扶贫贷款的投入力度不断加大；利率趋势上，普惠金融贷款不仅是量增、面扩，更是价降，普惠小微企业贷款利率持续下行。

　　本书将普惠金融分解为普和惠两个方面进行解读。"普"是普及、普遍，与金融相结合就是普及的金融，普遍的金融，这意味着要不断扩大金融服务的覆盖范围，金融服务应当普及所有地区，普及到所有人，不是只向经济发达地区、社会高收入群体提供金融服务，也要对经济欠发达地区、低收入人群、社会弱势群体提供服务。"惠"，优惠、实惠，与金融相

---

　　① 新疆维吾尔自治区财政厅. 关于下达 2021 年度普惠金融发展专项资金预算的通知[EB/OL].（2021-06-15）[2024-06-12].http://jrs.mof.gov.cn/zxzyzf/phjrfzzxzj/202105/t20210525_3708353.htm.

结合就是优惠的金融，实惠的金融。这意味着普惠金融要真正能够为社会各个阶层和群体带来优惠、实惠。金融若是长期不平衡发展，会加剧金融的风险性，想要金融长期稳定发展，就要以人为本，使金融惠及人人。

在大数据时代，互联网和云计算的广泛应用为普惠金融发展提供了便利，为地区普惠金融发展奠定了坚实基础，明显缩小了区域收入差距。数字金融是指通过计算机程序和算法引导的现代创新技术提供金融服务，这种新兴技术的诞生让人们更容易获取金融服务，给普惠金融的发展带来了前所未有的机遇。首先，数字金融能够包容被传统金融排斥的群体，能够为他们提供正规金融服务，帮助他们管理收入和支出的不平衡；其次，通过嵌入数字交易平台本身的支付、转账和价值存储服务，以及在其内部生成的数据，可以根据客户的需求和财务状况提供额外的金融服务；最后，它还通过促进资产积累，特别是增加妇女的经济参与和福利，促进经济赋权，让我国的金融系统更具有包容性。

中央全面深化改革委员会第二十四次会议指出，数字金融可以有效促进全球经济的绿色和普惠转型。2016 年 G20 杭州峰会通过的《G20 数字普惠金融高级原则》表明，在官方的重视和指导下，数字化必将成为普惠金融发展的重要方向。数字普惠金融泛指一切通过使用数字金融服务以促进普惠金融的正规金融服务行动。数字普惠金融的具体内容涵盖各类金融产品和服务，通过数字化或电子化技术进行交易。数字普惠金融的目的是解决金融需求问题和商业可持续问题，数字普惠金融是对传统普惠金融的继承和发展，是普惠金融的持续深化。结合互联网金融背景下普惠金融的发展现状来看，为了进一步推进普惠金融的发展和进步，需要结合实际情况，对普惠金融发展中存在的问题和不足做有针对性的处理，以推进普惠金融的长远发展和进步。具备普惠金融效应的数字金融提高自身发展水平，可以大幅度提高普惠金融服务水平，欠发达地区人群和弱势群体使用数字金融可以有效减少由于自身知识储备不足而导致的自我排斥效应。数字惠普金融通过使用大数据和云计算技术，可以将金融服务以最快的速度供给全部用户，使大多数用户获取相应金融服务的可能性得到保障，也能有效拓展金融服务的宽度。普惠金融与数字金融，就社会效应而言，在很大程度上具有一致性。普惠金融依托互联网、大数据技术，一定程度上降低了偏远地区风险评估成本，使不发达地区也能享有便捷的金融服务，减少信息不对称，降低小微企业风险评估成本，拓宽融资渠道，跨越资金约束门槛，健全金融基础设施，为创新创业提供基础。

党的二十大对未来一个时期全面建设社会主义现代化国家进行了战略擘画、做出了总体安排，明确提出高质量发展是全面建设社会主义现代化国家的首要任务。高质量发展是站在我国新时代新的历史方位上，基于不平衡、不充分发展的主要矛盾提出的，推动高质量发展是国家现代化建设的重要支撑。金融与实体经济发展相辅相成，二者协调发展能有效提升整体效能。传统金融体系中，金融发展处于低迷状态时，注重规模和数量的金融服务能够使社会闲散资金快速集聚，促进实物资本积累并加快经济增长速度；金融发展处于繁荣时期时，注重质量和效率的金融服务能够使金融资源合理配置，为社会群体提供便利并推动经济发展趋向"高质量"水平。然而，现阶段我国存在金融排斥现象，金融资源配置效率较低、金融风险急剧膨胀，导致传统金融体系演变所带来的益处无法普及，这严重阻碍了经济发展和社会进步。因此，推动普惠金融发展是优化金融发展的必由之路。普惠金融是在坚持商业可持续发展的前提下，加快金融政策、金融体系、金融基础设施等方面的建设与健全，为社会成员提供平等的机会。普惠金融拓宽了金融边界，打破了地理空间限制，致使金融服务能够在更广范围内共享，从而缩小城乡以及区域发展差距；同时能够倒逼金融体系和金融机构改革，使更多居民和企业享有金融产品和服务，从而成为推动实体经济高效发展的新生力量。

党的二十大报告提出，要坚持把发展经济的着力点放在实体经济上，要防范金融风险，要深化金融体制改革，守住不发生系统性风险底线。"推进新型工业化，加快建设制造强国、质量强国""支持专精特新企业发展，推动制造业高端化、智能化、绿色化发展""坚持农业农村优先发展，加快建设农业强国"。国家对新发展格局的要求正是普惠金融发展聚焦的方向。作为实体经济的重要一环，小微企业连接着千家万户，关系着国计民生，服务好小微企业是普惠金融的使命与担当。金融应充分发挥其对经济的促进作用，加强普惠金融业务推广，精准滴灌小微企业，及时为企业供养输血，支持小微企业发展壮大。党的二十大报告深刻阐述中国式现代化的科学内涵、中国特色和本质要求，对普惠金融工作具有重要指导意义。中国式现代化为普惠金融工作指明了方向，我们要立足于全面建设社会主义现代化国家开局起步的关键时期，紧密围绕构建新发展格局、建设现代化经济体系的要求，坚持以人民为中心的发展思想，深化金融供给侧结构性改革，加强和完善现代金融监管，加快建设与全面建设社会主义现代化国家相适应的中国特色普惠金融体系，更好满足人民群众和实体经济的金融需求。我们要坚持金融服务实体经济的定位，补齐小微市场主体金融服务短板，更好支持中小微企业创新发展，助力经济转型和产业升级。

4.1.2　普惠金融的内涵

普惠金融的内涵主要包括六个方面。一是政策向往。普惠金融作为政策性表达，首先是建立在不违背市场规律的基础上，由政策导向营造温和、建设性的金融环境。二是创新金融。普惠金融是对所有阶层、所有金融需求者金融需求的满足，体现了对所有人金融权利的关照，通过制度、措施、产品等的创新来满足不同群体的金融需求。三是关注弱势群体。普惠金融的本质在于面向所有人，但更多的是将弱势群体作为普惠对象。相比而言，大型企业、富裕人群，其获得金融服务的途径更多，而绝大多数弱势群体，往往被现有传统金融机构所排斥。四是强调有效的金融服务。普惠金融致力于对所有人金融需求的满足，更重要的是有效金融服务。五是体现相对平等。对于需要金融服务的所有人，现有的普惠金融，难以满足所有人的金融需求，也做不到绝对平等，但致力于追求相对平等。六是考虑成本可担。虽然普惠金融的推进具有政策导向，但并非不计成本。对于一些群体、企业，在没有金融服务需求时，不必花费代价为其提供金融服务，要把握好金融服务供给的有效性、可持续性。普惠金融可以分为广泛的包容性、特定化配比程度和商业可持续性三个维度。广泛的包容性是普惠金融的基本要求，也是国际组织所界定的普惠金融的主要组成部分。它指的是金融服务在地理空间与人群两个方面的覆盖程度，反映了企业或居民获得金融服务的可能性。特定化配比程度是中国现阶段发展普惠金融的关键，它指的是为受金融排斥的群体提供更加倾斜的金融支持，反映了普惠金融发展的阶段性目标。商业可持续性是我国普惠金融的特色所在，指普惠金融服务参与主体双方都应是成本收益相匹配的，服务关系可以长期维持，它反映了普惠金融发展的本质是一种政府引导下的市场化行为。

4.1.3　新疆普惠金融业务发展现状

在自治区党委、自治区人民政府的坚强领导下，自治区财政厅深入贯彻落实党中央、国务院关于发展普惠金融和支持小微企业、"三农"融资发展的决策部署，进一步健全完善财政支持普惠金融发展政策体系，落实经济社会发展政策，提升财政资金使用效益，推动自治区普惠金融高质量发展，引导金融机构积极推进普惠小微贷款业务。

4.1.3.1 多层次普惠金融组织体系基本建立

大力建设村镇银行，增加农村金融供给主体。在新疆，村镇银行经过多年的摸索和发展，已逐步成为支持"三农"发展的主力军之一。2022年6月末，全疆涉农贷款余额10 852.7亿元，同比增长21.4%，高于上年同期10.8个百分点，增速自2022年以来始终保持在20%以上；小微企业贷款余额5 501.5亿元，同比增长22.7%，高于上年同期15.1个百分点[①]。加大发展小额贷款公司，增加弱势群体的金融供给主体。自2009年6月新疆第一家小额贷款公司（以下简称小贷公司）开业起，截至2021年，通过年审的新疆小贷公司已增至88家。引进全国性股份制商业银行，满足中小企业多层次、多元化的金融服务需求。目前新疆已经形成农民（户）资金互助社、中国农业发展银行、中国邮政储蓄银行以及小额贷款公司等多种金融机构并存的格局，成功构建出多元化发展的普惠金融体系。

4.1.3.2 利用金融创新助推小微企业和弱势产业加快发展

新疆充分发挥再贷款、再贴现等货币政策工具作用，充分发挥金融市场的杠杆效应，支持"三农"、中小企业等薄弱领域发展。中国人民银行乌鲁木齐中心支行按照"地方政府大力支持+收单机构具体承办+人民银行积极推动"的模式，加大新疆银行卡助农取款服务宣传工作力度，加强对涉农银行机构的指导，将银行机构的市场拓展、中间业务发展与银行卡助农取款服务有机结合起来，进一步调动辖区银行机构特别是地方性银行机构参与助农取款服务的积极性。

4.1.3.3 发挥普惠金融发展专项资金作用，引导撬动金融资源服务薄弱地区和重点领域

新疆积极落实农村金融机构定向费用补贴政策，对符合条件的农村商业银行和农村信用社基层网点、村镇银行等给予一定的费用补贴，降低农村金融机构运营成本，健全农村金融组织体系，鼓励和引导更多的信贷资金投向"三农"。用好创业担保贷款政策，持续助力"大众创业、万众创新"。中央和自治区财政安排专项资金给予自主创业和从事种养业的农民、

---

① 新疆维吾尔自治区人民政府. 新疆持续加大涉农领域金融资源投入[EB/OL].（2022-07-15）[2024-06-12].https://www.xinjiang.gov.cn/xinjiang/index.shtml.

城镇登记失业人员、就业困难人员等个体和符合政策规定条件的小微企业创业担保贷款一定贴息，支持重点群体就业创业，减轻创业者和用人单位负担。2021 年自治区全年新发放创业担保贷款 9.56 亿元，累计发放创业担保贷款 30.44 亿元，自治区各级财政部门提供贴息资金 1.55 亿元，惠及 2.67 万人以及 519 家小微企业[①]。

4.1.3.4 扎实做好财政支持深化民营和小微企业金融服务综合改革试点城市以及普惠金融发展示范区工作

2019—2021 年，新疆支持乌鲁木齐市高新区、巴音郭楞蒙古自治州、克拉玛依市、博州 4 个地区成功申报财政支持深化民营和小微企业金融服务综合改革试点城市，共获得中央财政奖励资金 3 亿元，推动试点地区民营和小微企业融资环境不断改善。自 2022 年起，在总结财政支持深化民营和小微企业金融服务综合改革试点城市工作经验的基础上，自治区财政厅会同中国人民银行乌鲁木齐中心支行、新疆银保监局、地方金融监管局加强部门协同，形成政策合力，共同研究推进普惠金融发展示范区工作，通过绩效考核择优选择了伊犁州霍尔果斯市、乌鲁木齐市天山区、阿克苏地区为 2022 年中央财政支持普惠金融发展示范区，并指导督促伊犁州霍尔果斯市、乌鲁木齐市天山区、阿克苏地区因地制宜打造各具特色的普惠金融发展示范区，探索财政支持普惠金融发展有效模式，切实引导普惠金融服务增量、扩面、降本、增效。

4.1.3.5 用好降低融资担保费率政策，增强融资担保增信作用

新疆通过拨付风险补偿资金、降费奖补资金及强化绩效评价等方式，支持融资担保机构做大做强，鼓励政府性融资担保机构积极落实降费至 1% 以下政策。为切实降低企业融资成本，改善中小微企业融资难、融资贵问题，进一步加大对实体经济的支持力度，自治区 2022 年继续实施降低融资担保费率政策，自治区政府性担保机构对中小微企业和农业适度规模经营主体实施的担保业务，担保费率降至 1% 以下，自治区各级财政在此基础上按担保额的 1% 给予补助。2022 年 1~4 月，自治区累计享受降低融资担保费率政策的中小微企业、农业适度规模经营主体及"三农"主体户数为 12 174 户，共落实担保贷款 59.58 亿元，降低担保 4 854.85 万元[②]。

---

① 新疆维吾尔自治区财政厅. 关于下达 2021 年度普惠金融发展专项资金预算的通知 [EB/OL]. (2021-11-01) [2024-06-12]. https://czt.xinjiang.gov.cn.

② 数据来源：新疆维吾尔自治区财政厅官网。

4.1.3.6 通过国有金融资本管理，引导地方国有金融企业支持市场主体纾困发展

自治区财政厅以推进完善国有金融资本管理工作为抓手，引导自治区地方国有金融机构胸怀"两个大局"，牢记"国之大者"，提升金融服务实体经济效率和水平。自治区农信联社和新疆银行设立了普惠金融部，特色化开展和下沉普惠小微金融服务，不断创新金融服务，推出手续简便、审批快捷的信贷产品，提升了小微企业和个体工商户获取金融服务的便利性，有效解决了民营小微企业融资难题。自治区融资性担保公司坚守政府性融资担保机构职能定位，聚焦支小支微支农，持续提升服务质量，坚持降费让利，认真落实融资担保费率降至1%以下政策，积极与国家融资担保基金对接沟通，提升自治区政府性担保机构的担保增信能力，更好助力中小微企业融资发展。

4.1.4 新疆普惠金融业务主要特点

新疆维吾尔自治区地广人稀，经济发展水平相对落后。在经济新常态背景之下，摸索出一套适合自治区自身实情并能有效促进自身发展的金融普惠体系，最大限度地发挥普惠金融的减贫效应，能够有效提升金融对中低收入者的服务功能，能够加快提高中低收入者的收入水平，改善他们的经济状况，使得农牧民过上更高质量水平的生活，进一步稳定民族地区的发展。

4.1.4.1 普惠金融参与主体日益多元，服务日益丰富

普惠金融发展最初只有大型银行和农村信用社等少数机构参与，提供的服务主要是小额信贷服务。经过多年发展，国有商业银行、股份制商业银行、村镇银行、小额信贷公司、消费金融公司等机构陆续加入普惠金融服务，服务产品扩展到信贷、投资理财、保险、汇兑和养老金等领域。随着互联网技术突飞猛进，数字技术运用在提升金融可得性过程中发挥越来越重要的作用。新疆人民生活水平的提升，普惠金融技术和商业模式也日益多样化，很多金融新业态、新模式不断出现，网上办理业务越来越方便，给传统信贷模式发展带来新的挑战和冲击。

4.1.4.2 地区差异明显

新疆基本形成了包含大型商业银行、全国性股份制银行、农商行、村镇银行以及农信社等在内的多家金融机构协同共进的良好局面。北疆地区

的金融机构密度远高于南疆地区，尤其是贫困的南疆三地州地区密度更低；克孜勒苏柯尔克孜自治州等一些地州，由于自然环境原因，其中的不少乡镇还存在较为严重的金融空白问题。南疆少数民族聚居区地处偏远、经济发展落后，同时受少数民族群众消费习惯、民风习俗、网络知识较欠缺的影响，非现金支付业务推广困难，且政府以及相关机构在农村支付环境建设方面力度有限，导致一些地区非现金支付工具使用率不高，特别是新型支付结算工具推广难度大，南疆地区成为新疆农村支付环境和非现金支付业务推广工作难点。

普惠金融主旨是要广泛为弱势地区、群体和产业提供各种金融服务，让这些原本排斥在正规金融体系之外的客户充分享受金融服务，体现出金融的普惠性。经济欠发达地区、贫困农户以及农产业、民族产业都属于普惠金融惠及的主要对象。新疆作为经济欠发达的民族自治区，区域本身以及生活在本区域里的农户、困难人员在享受普惠金融方面存在明显的不对称性，这种不对称不仅体现在贫困区域拥有金融机构数量、金融服务品种较少与普惠金融需求高的不对称，还体现在普惠金融覆盖面的不对称，越贫困的地区，普惠金融覆盖面越低。不同地区在金融机构的覆盖情况和存贷款情况方面也存在着相当大的差异。

4.1.5 新疆普惠金融水平的测度与影响因素

4.1.5.1 新疆普惠金融水平测度

党的二十大报告中指出，建设现代化产业体系，坚持把发展经济的着力点放在实体经济上，将"普惠"与"稳健"基因深植血脉，引导金融活水切实惠及实体经济，发展可持续的普惠金融。普惠金融突出了金融的公平性，使农户、低收入人口和小微企业成为金融业的服务对象，享受贷款、融资和投资等金融活动的优惠政策。加强普惠性民生建设，让发展成果更多更公平地惠及全体人民也是"十四五"时期主要目标任务中强调的要点。普惠金融立足机会平等要求和商业可持续性原则，以可负担的成本为有金融服务需求的社会各阶层和群体提供适当、有效的金融服务。大力发展普惠金融是推动共享发展、增进社会公平和谐的必然要求，是实现新疆社会稳定和长治久安、全面建成小康社会的重要内容。准确衡量普惠金融发展水平，并有针对性地采取措施，对推进普惠金融发展意义重大。

①普惠金融水平测度方法

具体测量普惠金融的发展水平以及影响该水平的因素，单靠定性分析难以得出结论，大多学者是在定性分析的基础上深入进行定量分析来测度普惠金融水平。Beck（2007）最先提出用每千平方千米金融机构网点数、每千平方千米 ATM 机数、每十万人 ATM 机数、每十万人金融机构网点数、人均贷款额/人均 GDP、人均储蓄额/人均 GDP、每千人拥有贷款账户数、每千人拥有储蓄账户数这 8 个指标来分析评价普惠金融发展情况，之后很多学者的分析参考了 Beck 的指标体系，在此体系上删去或者加入指标成立新的指标体系。Sarma（2008）认为，上述 8 个指标繁杂，没有分类，不便于去理解，指标不同，所得出的最后的结果也不同。因此 Sarma 在 Beck 研究指标的基础上对其进行了完善，构建了普惠金融指数（IFI），即测量普惠金融发展水平的综合性指标，Sarma 将指标体系进行了细分以便更好地去理解，指标体系主要分为三部分，一为银行渗透性，测量银行产品的使用情况；二为银行服务的可利用性，测量银行硬件设施的分布情况；三为使用情况。Arora（2010）也将指标分为三个角度来进行描述，一为银行的服务范围，这与 Sarma 指标分类中的银行服务的可利用性类似，是将网点数量从地理上以及人口数量上进行分配；二为便利性，测量生活中获取金融服务的便利程度，如开支票账户的最低金额、需要的文件数量等；三为使用成本，用来测量获取金融服务的成本大小，如存款账户年费、交易手续费等指标。随后 Gupte 等（2012）在 Sarma 和 Arora 的指标研究基础上，进一步拓宽了 IFI 的涵盖范围，使得测量普惠金融水平的指标所覆盖的范围更加全面，测量结果在国别间进行对比时也更有参考性。Chakravarty 等（2013）基于 Sarma 的研究，对各维度平均赋权处理，这种方式进一步完善了普惠金融指数的测度方法。

普惠金融发展的影响因素方面，多数学者着眼于对普惠金融发展制约因素的研究，如章林、何晓夏（2013）从金融排斥态势方面对地区普惠金融发展机制构建进行了研究。也有一些学者对普惠金融发展进行了综合评价与定量分析，张彩云（2016）采用因子分析方法对我国普惠金融发展程度进行了测算和比较；翟帅（2015）测算了江苏省普惠金融指数，并对其影响因素进行了实证分析；焦瑾璞等（2015）采用层次分析法确定指标权重，运用欧式距离计算了我国普惠金融发展指数。林春（2019）等研究对普惠金融指数的测算进行了计算方法上的创新，构建出以金融服务渗透性、服务可得性、使用效用性为维度的中国普惠金融评价指标体系，同时考虑到不同维度对普惠金融的影响效应，运用变异系数法以及欧式空间距离法对普惠金融指数进行测度。随着普惠金融研究的深入，我国学者也开始从微观的视角展开对普惠金融指标体系构建的研究。齐红倩和李志创（2019）所构建的普惠金融指标体系便是从微观视角出发，同时将现阶段的数字普惠金融纳入指标体系，借此来研究普惠金融在不同群体中的使用效用差异。

2018年中国人民银行首次发布了普惠金融相关的分析报告——《2017年中国普惠金融指标分析报告》。在该报告中，中国人民银行设计了一套指标体系，与目前的可得性、使用性和服务质量的三维度划分基本一致。在可得性方面，主要考虑了网点可得性、具有融资功能非金融机构可得性、ATM和POS机可得性、助农取款点可得性等指标；在使用情况方面，主要考虑了账户和银行卡使用情况、电子支付使用情况、个人投资理财情况、个人信贷使用情况、小微企业贷款使用情况、民生贷款使用情况、农户生产经营贷款使用情况、贫困人口贷款使用情况、保险使用情况等指标；在服务质量方面，主要考虑了金融知识和金融行为、金融服务投诉、银行卡授信额度、信用贷款情况、信用建设等指标。《中华人民共和国国民经济和社会发展第十四个五年规划和2035年远景目标纲要》强调，要健全具有高度适应性、竞争力、普惠性的现代金融体系，构建金融有效支持实体经济的体制机制，增强金融普惠性。

②IFI测度指标的确定及选取原则

测量普惠金融发展水平时，会选取一些测量普惠金融发展水平的指标，通过指标的不同数据间接反映普惠金融发展的水平，在此过程中选取的指标不同，则测量出的最终结果也有所不同。在学习各学者关于测量普惠金融发展水平的研究成果后，本书的研究在学者已有研究的基础上，结合新疆普惠金融发展的实际情况，选取相应的指标。

为了更加全面准确地评价新疆普惠金融的发展水平，在选取指标时应遵循几个原则：

科学性。选择指标时应秉承科学性原则，各类指标的设置选取应做到有据可循，内容详实客观，能够准确反映指标代表的客观事实，确保指标体系的可信度。

全面性。指标选取应该具有全面性，能充分有效地反映接触、获取以及使用金融服务等方面的相关情况。构建指标体系应该能够全面反映一地区普惠金融的实际发展水平。

可获得性。在选择测度普惠金融的指标时，应该充分考虑相关数据的获取难度，避免出现选择的指标无效和难以获得所需数据的情况。

可行性。构建普惠金融指标体系过程中所需要的数据应该确保计算过程可行，确保处理后的数据符合客观逻辑，同时具有现实意义，在系统中能正常运行出结果。

结合2018年中国人民银行的报告总体指标，构建出测量普惠金融水平的指标及权重，如表4-1所示，包括三个维度共九个指标，用以测度新疆普惠金融指数。

表4-1　测量普惠金融水平的指标及权重

指标维度	指标	变量	指标性质	权重
渗透性	每万平方千米银行业金融机构数	X_1	+	0.025
	每万平方千米银行业金融机构从业人员数	X_2	+	0.060
	每万人拥有银行业金融机构数	X_3	+	0.059
	每万人拥有银行业金融机构从业人员数	X_4	+	0.021
可得性	人均存款余额	X_5	+	0.216
	人均贷款余额	X_6	+	0.301
使用性	存款余额/GDP	X_7	+	0.066
	贷款余额/GDP	X_8	+	0.100
	保险深度	X_9	+	0.149

维度一：渗透性。普惠金融的基础是在供给层面上尽可能地为更多的城乡居民提供更加便捷有效的金融服务，渗透性维度上的指标便是从供给层面出发对普惠金融的发展程度进行衡量，并进一步从金融机构、金融机构从业人员在地区和人均的安排上开展普惠金融发展水平的测度，具体包括每万平方千米银行业金融机构数、每万平方千米银行业金融机构从业人员数、每万人拥有银行业金融机构数、每万人拥有银行业金融机构从业人员数四个指标。金融服务供给方的基础设施越丰富，城乡居民在使用上就越便利，金融服务的渗透性就越强，因而普惠金融发展水平就越高。

维度二：可得性。普惠金融应该尽力让更多人更容易得到金融产品以满足其金融需求。可得性从人们对金融产品的参与度出发，反映地区经济主体与金融机构所提供的产品和服务的可得程度以衡量地区普惠金融发展水平。本书主要参考人均存款余额、人均贷款余额两个指标。民众使用相关金融产品的程度越高，则该地区普惠金融的发展水平也就越高。

维度三：使用性。普惠金融必须做到让更多人更加有效地享受金融服务，满足其金融需求，因此普惠金融的发展还需要通过金融服务使用的效用程度加以衡量，此为普惠金融的核心所在。该维度从存款余额/GDP、贷款余额/GDP、保险深度三个方面展开，反映了地区金融机构对于当地经济发展的贡献情况。地区普惠金融最终是为了地区经济发展服务的，现有学者的研究已经表明，普惠金融的发展水平越高，则当地的经济发展速度就越快。

③各项指标权重的确定

本书的研究选用客观赋权法——变异系数法来建立计算普惠金融发展指数的评价模型，变异系数能够消除单位和平均数不同对于指标变异程度比较的影响，变异系数法根据各个指标在所有观测值上的变异程度大小来对其进行赋权，如果显示一项指标的变异系数较大，则说明该指标对于指数具有较大的影响，就应对该指标赋予更大的权重，因此变异系数法更适合用于编制普惠金融指数。具体做法：由于各指标所代表的数据都有自身的计量单位和经济含义，不能单纯地进行比较，因此在编制普惠金融指数之前，需要先将收集到的数据进行无量纲化处理，以消除因为量纲指标不同而产生的问题，然后计算指标的变异系数，即标准差与平均数的比值，变异系数为：

$$CV_i = S_i / \bar{X}_i (i = 1, 2, \cdots, n) \qquad (4-1)$$

其中，CV_i 为第 i 个指标的变异系数，S_i 为第 i 项指标的标准差，$\bar{X}_i$ 为第 i 项指标的平均数；然后，将变异系数求和得出：$\sum\limits_{i=1}^{n} CV_i (i = 1, 2, \cdots, n)$，最后求出各指标的权重：$W_i = CV_i / \sum\limits_{i=1}^{n} CV_i (i = 1, 2, \cdots, n)$，以各指标权重为基础构建普惠金融指数对各指标进行无量纲化处理，得到普惠金融指数（IFI）中第 i 个指标 D_i 的计算公式：

$$D_i = W_i \cdot \frac{(X_i - X_{\min})}{(X_{\max} - X_{\min})}, \quad (i = 1, 2, \cdots, n) \tag{4-2}$$

其中，D_i 表示第 i 个维度的普惠金融包容性指数，W_i 为各指标经过变异系数法求出的权重，X_i 为实际观测值，$X_{\min}$ 为评价指标观测值中的最小值，$X_{\max}$ 为评价指标观测值中的最大值。由于 $(X_i - X_{\min})/(X_{\max} - X_{\min})$ 的取值范围处于 0 到 1 之间，因此 $0 \le D_i \le W_i$，且该数值越大则表示该指标在体系中占有越大的权重，对普惠金融的发展具有更大的贡献，金融的普惠程度就越高。根据王婧和胡国晖（2013）的计算方法，普惠金融发展指数（IFI）可以由上面得到的各指标指数 D_i，根据归一化的反向欧几里得距离计算公式得出，其公式表示为：

$$\text{IFI} = 1 - \frac{\sqrt{\sum_{i=1}^{n} (W_i - D_i)^2}}{\sqrt{W_1^2 + W_2^2 + \cdots + W_n^2}}, \quad (i = 1, 2, \cdots, n) \tag{4-3}$$

此公式表明，IFI 数值越高，就代表普惠金融程度越高。根据综合指标的范围，$0 \le \text{IFI} \le 0.3$ 时，表示该地区的普惠金融程度较低，为低金融普惠性阶段；$0.3 \le \text{IFI} \le 0.5$ 时，表示该地区的普惠金融处于中等水平，为中金融普惠性阶段；$0.5 \le \text{IFI} \le 1$ 时，则表示该地区的普惠金融发展程度很高，为高金融普惠性阶段。

④数据来源及各指标描述性分析

根据新疆维吾尔自治区数据的可获得性，本书的研究选取 2013—2022 年新疆维吾尔自治区面板数据进行实证分析，数据来自《新疆统计年鉴》、中国人民银行新疆分行数据。各指标描述性分析如表 4-2 所示。

表 4-2　各指标描述性分析

指标	样本量	平均值	标准差	最小值	最大值
X_1	10	21.43	0.51	20.78	22.01
X_2	10	374.82	21.60	333.70	395.03
X_3	10	1.45	0.08	1.34	1.55
X_4	10	25.21	0.50	24.31	26.08
X_5	10	8.57	1.76	6.17	11.88
X_6	10	7.15	2.05	4.31	10.60

表4-2(续)

指标	样本量	平均值	标准差	最小值	最大值
X_7	10	1.76	0.11	1.63	1.95
X_8	10	1.44	0.14	1.17	1.62
X_9	10	4.26	0.61	3.27	4.94

数据来源：2013—2022年新疆统计年鉴、中国人民银行新疆分行数据。

从表4-2可知，每万平方千米银行业金融机构从业人员数、人均存款余额和人均贷款余额的差异性较大，每万平方千米银行业金融机构从业人员数最大值与最小值的差异太大，主要是因为新疆地理面积大，有些地方没有居民居住，金融机构网点少进一步导致金融服务的从业人员较少。人均存款余额与人均贷款余额差异大，说明新疆金融服务的可得性在不同区域之间存在较大差距，在金融服务结构方面亟待升级优化。

⑤测度结果与分析

根据变异系数法算出各指标的权重结果（如表4-1所示），通过表4-2进一步确定各指标的最大值、最小值，经过公式（4-1）（4-2）算出各个指标的 D_i，最后运用公式（4-3）计算出新疆每个年份的普惠金融指数（IFI），结果如表4-3所示。

表4-3 2013—2022年新疆普惠金融测算结果

年份	D_1	D_2	D_3	D_4	D_5	D_6	D_7	D_8	D_9	IFI
2013	0.003	0.000	0.053	0.000	0.000	0.000	0.011	0.000	0.000	0.014
2014	0.018	0.018	0.060	0.010	0.012	0.034	0.000	0.019	0.013	0.110
2015	0.024	0.024	0.055	0.008	0.038	0.056	0.044	0.051	0.060	0.244
2016	0.017	0.030	0.040	0.008	0.059	0.081	0.066	0.075	0.116	0.352
2017	0.023	0.050	0.038	0.017	0.091	0.120	0.058	0.076	0.137	0.476
2018	0.025	0.060	0.033	0.021	0.097	0.140	0.019	0.055	0.128	0.500
2019	0.020	0.046	0.022	0.005	0.111	0.167	0.018	0.066	0.137	0.565
2020	0.002	0.059	0.002	0.011	0.129	0.208	0.036	0.100	0.150	0.658
2021	0.000	0.059	0.000	0.012	0.155	0.258	0.001	0.081	0.091	0.686
2022	0.002	0.061	0.002	0.013	0.216	0.301	0.022	0.083	0.051	0.705

从表 4-3 可知，D_1 从 2013 年到 2018 年大致处于上升趋势，但 2019 年到 2022 年出现了很大的波动，从 0.020 下降到 0.002，然后到了 0，最后又缓慢上升到 0.002，这期间由于经历了新冠疫情，金融机构对于扩大市场占有率的需求在下降，因此每万平方千米银行业金融机构数也随之波动。D_2 与 D_1 的变化不同，从 2013 年到 2018 年是稳步上涨的，2019 年有所下降，但 2020 年又涨了回去，说明新冠疫情虽然对金融业有影响，但是金融业仍然保持稳定就业。D_3 与 D_4 的变化情况大多和 D_1、D_2 差不多，产生这种变化的原因也是一样的。D_5 和 D_6 的波动情况是同步的，而且对普惠金融的发展贡献较大，说明新疆居民对于存贷款的可获得性提高，金融机构覆盖率提高。D_7、D_8 的波动反映了新疆居民的收入与新疆经济发展的变化关系，新冠疫情期间经济处于下行趋势，居民对于贷款的需求增大。D_9 从 2013 年至 2020 年处于稳步上升的状态，但是在 2021 年出现急剧的下降，说明这期间出现不利于经济发展的因素。

从表 4-3 中同样可以了解到，2013 年到 2022 年新疆的普惠金融指数逐年提高，从 2013 年的 0.014 到了 2016 年的 0.352，最后提升到了 2022 年的 0.705，说明新疆普惠金融程度从较低到中等，最后发展到了很高的程度，说明自治区政府、银行以及保险机构对于我国经济发展的总体战略规划有很好的理解与执行。

4.1.5.2 新疆普惠金融水平影响因素研究

该部分将结合普惠金融的理论研究和新疆普惠金融的发展现状，利用多元回归模型进一步探究影响新疆维吾尔自治区普惠金融发展水平的因素。

①指标选取

被解释变量。普惠金融指数（IFI），将前文计算出的新疆普惠金融发展指数作为被解释变量，普惠金融指数越大，则地区的普惠金融水平越高。

解释变量。根据国内外学者的相关研究，普惠金融的影响因素主要可以分为个人特征因素、制度环境因素以及社会环境因素三个。其中，个人特征因素主要体现在个人的年龄、性别、受教育水平、个人收入等，这些都能一定程度上影响个体对金融服务的获取；制度环境因素主要包括财政政策、风险管理、政府管制、社会救助政策等，这些与普惠金融都有一定的相关性；社会环境因素主要包括交通、信息化程度、城市化水平、市场化程度、劳动力结构等，这些也与普惠金融有着显著的相关性。本书关于新疆普惠金融发展水平影响因素的实证研究是从宏观角度出发，因此在变量选择中未考虑个人特征情况，仅从地区的制度环境因素和社会环境因素两方面进行研究。本书结合国内外学者的相关研究，考虑到数据的可获得性，并根据新疆地区普惠金融的具体发展情况，在对影响地区普惠金融发展的因素进行综合考虑之后，选择如下六个指标作为解释变量对普惠金融发展的影响因素进行衡量。

人均 GDP（X_1）。本书选取人均 GDP 来表示新疆经济发展水平，运用新疆 2013—2022 年国内生产总值（GDP）除以年末常住人口数来计算人均 GDP，数据源于国家统计局官网。

金融发展效率（X_2）。本书选用地区贷款总额与存款总额的比重来表示这一指标。该指标实际上表明一个地区对于存款的利用效率，也就是该地区的金融机构将其吸纳的存款转化为贷款的能力及效率。当金融发展效率较高时，则表明当地的金融机构有较强的提供贷款的能力，进而越有利于普惠金融水平的提高。数据源于 2013—2022 年新疆统计年鉴。

人均受教育程度（X_3）。居民受教育水平在一定程度上能够反映其对金融知识的了解程度，对金融产品的接受程度。居民受教育程度越高，其金融意识越强，对金融服务的需求越大，金融机构也更愿意为受过高等教育的人群服务。本指标用新疆高中及以上的在校生人数与年末常住人口数量比值来表示。数据源于 2013—2022 年新疆统计年鉴。

互联网普及率（X_4）。"十四五"时期，我国数字经济转向深化应用、规范发展、普惠共享的新阶段，信息化成为时代主流，互联网金融也蓬勃发展，电子化交易、手机银行越来越被大众接受，居民几乎能够随时随地地享受金融服务。本书用新疆互联网用户数除以年常住人口数来表示互联网普及率。

城镇化水平（X_5）。此变量反映一个地区城镇化的程度。在城镇化的过程中，更多的农村居民进入城市，农民收入来源更趋多元化，同时农民接触并获得金融服务的机会增加，这些都一定程度上会影响普惠金融的发展。

城乡收入差距（X_6）。城乡居民收入差距越大，则金融资源分配越不均衡，金融机构就会向城市转移，金融资源分配不均，不利于普惠金融的发展。本书用城镇居民人均可支配收入与农村居民人均可支配收入的比值来衡量该指标。这个变量的描述性统计如表4-4所示。

表4-4 变量的描述性统计

变量	样本量	均值	标准差	最小值	最大值
IFI	10	0.431 0	0.243 7	0.013 8	0.704 8
X_1	10	4.994 0	1.550 9	3.244 1	7.764 3
X_2	10	0.822 6	0.075 5	0.698 5	0.944 1
X_3	10	0.046 4	0.003 8	0.041 8	0.053 5
X_4	10	0.750 6	0.167 5	0.451 7	0.951 8
X_5	10	0.505 9	0.050 3	0.440 7	0.579 0
X_6	10	2.631 2	0.168 7	2.320 9	2.795 1

数据来源：2013—2022年新疆统计年鉴和中国人民银行新疆分行数据。

如表4-4所示，人均GDP与城乡收入差距的均值、标准差、最小值和最大值都较大，主要是因为这两个指标数据本身就比较大，新疆的经济发展也处于良好的水平，居民的收入在提高，城乡之间的收入差距在逐步缩小，普惠金融政策的实施有非常好的效果。金融发展效率的均值接近1，但最大值与最小值差距不大，说明新疆的金融发展效率在这十年中有所提升，但是提升幅度不大。人均受教育程度在这六个指标中都处于较低的水平，说明新疆的受教育水平处于较低的状态，应提高新疆人民的受教育水平，增强他们对金融知识的理解与运用，更好地享受国家带来的金融便利。互联网普及率的均值为0.750 6，说明新疆的互联网普及率处于一个较好的水平，而且最小值与最大值的差距较大，说明从2013年到2022年新疆的互联网宽带接入户数增长较快，人们获取金融知识，享受相关政策和办理业务的方式更加多元快捷，能很好地促进普惠金融的发展。城镇化水平的均值、最小值与最大值的差异较小，说明新疆农村居民到城市生活的人口较少，同时他们获取金融信息的难度较大，享受普惠金融的可能性也在减小，由此可见，新疆维吾尔自治区政府应该加快城镇化的进程。

②构建模型

$$\text{IFI} = \alpha + \sum \beta_i \cdot X_i + \varepsilon \tag{4-4}$$

其中，IFI为新疆普惠金融指数，α、β_i、ε分别为截距项、解释变量系数和误差项，选取2013—2022年的相关数据，进行相关的回归分析。

③实证结果与分析

根据上述的理论描述与模型的建立，利用 Stata. 17 进行多元回归分析，得到的实证结果如表 4-5 所示。

表 4-5　回归结果

Variable	Coefficient	Std. err.	T-Statistic	Prob
IFI	−1. 536 7	0. 830 5	−1. 85	0. 161
X_1	0. 023 7	0. 029 7	0. 8	0. 484
X_2	−0. 763 5*	0. 321 5	−2. 37	0. 098
X_3	2. 726 8	6. 673 2	0. 41	0. 71
X_4	1. 255 2**	0. 351 9	3. 57	0. 038
X_5	0. 970 5	0. 907 6	1. 07	0. 363
X_6	0. 348 8*	0. 114 5	3. 05	0. 056
R^2	0. 998 4	F-statistic	305. 8	
Adj-R^2	0. 995 1	Prob（F-statistic）	0. 000 3	

注：***、**、* 分别表示指标在 1%、5%、10%的水平上显著。

由表 4-5 可知，人均 GDP、人均受教育程度和城镇化水平在 5%的显著性水平下是没有通过的，说明这些指标与 IFI 可能不存在明显的相关性，对新疆普惠金融的发展没有太大的影响。金融发展效率的截距项和 T 统计量为负数，但通过了显著性，说明了可能存在负向的关系，对新疆普惠金融的发展带来不好的影响。互联网普及率、城乡收入差距的 T 统计量为正，也通过了显著性水平，说明这两个变量是对新疆普惠金融的发展是存在正向影响的，这两个变量的提高会带动新疆普惠金融的发展。

由于本书提到了 1 个被解释变量和 6 个解释变量，但是这些变量之间可能存在一定的相关关系，经济意义上可能会相互影响，也就是说某种程度上存在多重共线性，会影响某个变量对总体的显著性。因此，本书对这 7 个变量进行相关检验，结果如表 4-6 所示。

表 4-6　相关分析

	IFI	X_1	X_2	X_3	X_4	X_5	X_6
IFI	1						

表4-6（续）

	IFI	X_1	X_2	X_3	X_4	X_5	X_6
X_1	0.986 2	1					
X_2	0.925 3	0.915 1	1				
X_3	0.926 7	0.902 2	−0.947 4	1			
X_4	0.990 8	0.982 8	−0.899 8	0.923 7	1		
X_5	0.932 9	0.916 6	−0.899 1	0.935 7	0.955 5	1	
X_6	0.632 9	0.618	0.703 4	−0.779 1	−0.692 3	−0.852 9	1

由表 4-6 可以看出，个别解释变量之间的相关性较大，有的变量之间又存在负的相关性，存在较为严重的多重共线性。因此，运用逐步回归法对变量进行检验和剔除，选出最好的解释变量进行回归分析。

根据逐步回归法，互联网普及率、金融发展效率和城乡收入差距这三个变量拟合度最高，得以保留。逐步回归结果如表 4-7 所示。

表4-7　逐步回归结果

	R^2	Adj-R^2	T 值	P 值
X_4	0.981 7	0.979 5	20.75	0.000
X_4	0.987 7	0.984 2	8.66	0.000
X_2			−1.84	0.108
X_4	0.997 0	0.995 6	16.86	0.000
X_2			−4.47	0.004
X_6			4.34	0.005

通过多重共线性和逐步回归法，将存在严重多重共线性的变量予以剔除，得出最后的回归结果，如表 4-8 所示。

表4-8　最终回归结果

Variable	Coefficient	Std. err.	t-Statistic	Prob.
IFI	−0.424 4	0.210 2	−2.02	0.09
X_2	−0.760 5	0.170 0	−4.47	0.004

表4-8(续)

Variable	Coefficient	Std. err.	t-Statistic	Prob.
X_4	1.272 3	0.075 5	16.86	0.000
X_6	0.199 9	0.046 0	4.34	0.005
R-squared	0.997	F-statistic	673.3	
Adjusted R-squared	0.995 6	Prob（F-statistic）	0.000	

由表4-8的最终回归结果，可得模型的回归方程：

$$IFI = -0.424\ 37 - 0.760\ 5 X_2 + 1.272\ 3 X_4 + 0.199\ 9 X_6$$

根据最终回归结果可知，金融发展效率的回归系数为-0.760 5，在5%的显著性水平通过了T检验，说明新疆金融发展效率与新疆普惠金融指数呈负相关关系，即金融发展效率正向变动一个百分点，普惠金融指数负向变动0.760 5个百分点。即金融发展效率越低，新疆普惠金融指数越高。

互联网普及率的回归系数为1.272 3，在1%的显著性水平下通过T检验，说明新疆互联网普及率与新疆普惠金融指数呈现显著的正相关关系，即互联网普及率正向变动一个百分点，普惠金融指数正向变动1.272 3个百分点。即互联网普及率越高，新疆普惠金融指数越高。

城乡收入差距的回归系数为0.199 9，在5%的显著性水平下通过T检验，说明新疆城乡收入差距与新疆普惠金融指数呈显著的正相关关系。即城乡差距正向变动一个百分点，普惠金融指数也正向变动0.199 9个百分点。即新疆城乡收入差距越大，新疆普惠金融水平越高。

④实证结论

根据上述实证结果可得出以下结论：

金融发展效率对普惠金融的发展存在显著的负向影响。金融发展效率反映出新疆的存款资源运用水平，也即金融机构把所吸引的存款转化为贷款的效率；效率越高，金融机构服务广大居民以及中小微企业的贷款性需求的能力也越强，越能使普惠金融更好更快的发展。与此同时，金融发展效率的提高，能够刺激金融机构对该地区金融服务供给的积极性，进一步提高该地区的普惠金融水平。然而，新疆维吾尔自治区的金融发展效率与普惠金融存在显著的负相关关系，说明新疆金融机构对于存贷款的利用效率有待提高，提高金融发展效率会降低普惠金融的水平，很可能是金融机构运用存贷款时对符合普惠金融的居民没有提供更好的服务。

互联网普及率与普惠金融的发展存在显著的正相关关系。互联网普及率的提高使新疆维吾尔自治区居民获取金融信息和政策的渠道越来越广，越来越多元化，从而能更便捷地满足个人的金融需求。随着科技的进步，普惠金融日益凸显网络化、数字化的特点，许多新疆金融机构开发科技金融产品，开展金融科技大赛，激发金融从业人员的创新意识。居民购买、使用普惠金融产品可以通过互联网这一信息化手段来达成，居民无需前往实体网点便能够便捷高效地办理金融业务。由实证结果可知，互联网普及率对普惠金融的影响十分明显。因此，发展普惠金融尤其需要互联网的普及与运用。

城乡收入差距与普惠金融的发展存在显著的正相关关系。即城乡收入差距越大，普惠金融指数也越大，这说明对于城乡发展失衡严重的地区，大力发展普惠金融，其政策效果会更加明显。从测算结果来看，其与国家发展方针有矛盾，收入差距随着普惠金融发展水平提高应该是下降，但目前测算出来的结果是正相关，有一种可能就是收入差距不是普惠金融带来的，而是其他资产收入、财政转移支付或者其他原因造成的收入差距扩大。新疆维吾尔自治区的城乡收入差距由城镇居民人均可支配收入和农村居民人均纯收入的比值表示，这一指标从 2013 年的 2.687 9 下降到 2022 年的 2.320 8，说明新疆维吾尔自治区的城乡收入差距在缩小，农村居民这十年获得收入的渠道拓宽、收入增加。2022 年新疆维吾尔自治区城镇居民人均转移净收入比上年上涨 12.2%，增速比上年加快 4.8 个百分点；农村居民人均转移净收入上涨 8.7%，增速比上年加快 12.7 个百分点。其中，城镇和农村居民人均养老金或离退休金收入分别比上年增长 5.9% 和 6.0%，城镇和农村居民人均社会救济和补助收入分别增长 15.3% 和 13.0%①。土地流转规模在南北疆持续扩大，农村土地流转质量提升，土地流转收入已成为新疆农村居民一大净收入来源，居民存款规模增加带动财产净收入快速增长。由于其他收入水平提升速度快于普惠金融速度，导致随着普惠金融水平提升收入差距却在扩大的"假象"，进而说明普惠金融发展不够，需加快发展。

人均 GDP、人均受教育程度与普惠金融发展存在正相关关系，只是显

① 新疆维吾尔自治区统计局. 2022 年新疆维吾尔自治区国民经济运行情况［EB/OL］.（2023-02-21）［2024-06-12］. http://tjj.xinjiang.gov.cn/tjj/xwfb/202301/8c46ac05afa847f5b08aba05e139acab.shtml.

著性没有通过。在其他学者的文章里都是正向显著的，主要原因可能是因为收集的数据太少，人均受教育程度是用高中及以上在校生人数占总人口数的比重表示，没有将新疆维吾尔自治区这一教育阶段的毕业生人数加上，导致数据不具有代表性，造成结果不显著。

城镇化水平与普惠金融发展存在正相关关系，首次回归系数为0.9705，但没有通过显著性检验，城镇化水平用新疆维吾尔自治区的城镇人口数与农村人口数的比值表示，新疆维吾尔自治区城镇化水平与普惠金融发展虽然没有明显的正相关关系，但还是会影响普惠金融的发展。新疆维吾尔自治区的城镇化水平从2013年的44.07%提高到2022年的57.9%，新疆维吾尔自治区大量农村居民逐渐向城镇集聚，导致农村的有效劳动力越来越少，但与此同时，也使得农业生产效率不断提升，从而增加了农村居民的劳动收入。除此之外，城镇化水平的日益提高，促进第二、第三产业的发展，会进一步实质性地提高城镇居民的收入。人们收入的提高会增加其对金融产品和服务的需求，从而促使金融机构增加金融产品和服务的供给，加快金融基础设施的建设，进一步推动普惠金融的发展。

4.2 新疆普惠金融发展面临的挑战

4.2.1 地理条件和市场规模等因素限制

4.2.1.1 地理条件

新疆位于我国西北边陲地区、亚欧大陆腹地，首府乌鲁木齐，是中国五个少数民族自治区之一，也是中国陆地面积最大的省级行政区，面积166万平方千米，占我国国土总面积的六分之一，相当于陕西、甘肃、宁夏、青海这4个省级行政区面积的总和。新疆东南部连接甘肃、青海，南部连接西藏，其余均与邻国交界；新疆地处亚欧大陆腹地，陆地边境线5 600多千米，是我国边境线最长的省级行政区，周边与俄罗斯、哈萨克斯坦、吉尔吉斯斯坦、塔吉克斯坦、巴基斯坦、蒙古、印度、阿富汗八国接壤，在历史上是古丝绸之路的重要通道，现在是"第二亚欧大陆桥"的必经之地，战略位置十分重要。其地形特点是山脉与盆地相间排列，盆地被高山环抱，俗喻"三山夹两盆"。新疆北有阿尔泰山，南有昆仑山，天山横亘中部，把新疆分为自然景色各异、风貌迥然不同的南北两个部分。习惯上称天山以南为南疆，天山以北为北疆。天山南麓，有我国最大的盆地——塔里木盆地，盆地中央是我国最大的沙漠——塔克拉玛干大沙漠。天山北麓有孕育克拉玛依油田的准噶尔盆地和宽阔富饶的伊犁河谷地。此外，在天山东端有我国夏季气温最高、陆地上海拔最低的吐鲁番盆地。新疆各族人民大多居于水土丰沃的绿洲和山地草原，新疆人口密度较小，平均每平方千米有9.2人，地广人稀。

新疆地广人稀的特点导致每平方千米的金融机构数量较少，各个网点距离较远且分布不均衡，同时金融机构网点的到客率和运营效率低，部分机构为了降低运营成本，许多基层和农村营业网点被金融机构裁减关停，同时由于不良资产的产生，总行还逐渐收回了部分存贷款批复权限，导致偏远地区的金融服务资源减少，对普惠金融的发展产生了不利影响。

2015年年底，依托纵横驰骋的中欧班列，乌鲁木齐国际陆港区启动建设，成为新疆推进丝绸之路经济带核心区建设的重点工程。现在全国八成以上的中欧班列都经由乌鲁木齐国际陆港区，从阿拉山口口岸、霍尔果斯口岸出境，驶向中亚和欧洲，这里也成为乌鲁木齐乃至新疆对外开放和经济发展的重要增长极。

自共建"一带一路"倡议提出以来，新疆加强与共建"一带一路"国家经贸交流合作，同多个国家和国际组织签署合作协议，与一百多个国家和地区建立了经贸关系。2022年成功举办的第七届中国—亚欧博览会吸引了864家企业参展，21家世界及中国500强、跨国企业参展参会，还有来自亚洲、欧洲、非洲、美洲32个国家（地区）的3 597家企业线上参展参会，签订合作项目448个，金额达1.171 3万亿元①，创历届之最。这届博览会的成功举办有力促进了我国与亚欧各国的经贸合作交流，也为新疆积极服务和融入新发展格局创造了宝贵机遇。

新疆靠近祖国边境，有许多边境贸易，由于地势的影响，在交通运输方面，持续提升与共建"一带一路"各国的设施联通水平，开通了双边国际运输道路，新疆至欧洲高速公路全线贯通，公路、铁路、民航、管网、通信"五位一体"的互联互通网络体系初步建成。边境贸易会加大贸易的成本，而且每个国家的结算方式不同，要进行外汇的兑换，需要修建外汇银行以便于交易。

---

① 中国日报. 第七届中国—亚欧博览会［N/OL］.（2022-08-29）［2024-06-12］.https://baijia-hao.baidu.com/s? id=1744727350761300231&wfr=spider&for=pc.

4.2.1.2 市场规模

由新疆统计局统计数据可知，截至 2020 年年底，新疆金融机构有
3 103家，其中全国性大型银行 1 350 家，全国性中小型银行 259 家，区域
性中小型银行 893 家，农村信用社 589 家，外资银行 2 家，财务公司 3 家，
信托投资公司 2 家，金融租赁公司 1 家，资产管理公司 3 家，民心资金互
助社 1 家，金融机构从业人员 62 459 人。金融机构的支行和网点规模相比
于其他省份还是较少的。2020 年移动电话用户2 846.6万人、固定宽带接
入用户883.9 万户、固定电话年末用户403.3 万户。2022 年年末全区人口
为 2 587 万，其中 16~59 岁以上人口为 1 693 万，占比65.4%。全区电话
用户总数 3 282.7 万户，其中：固定电话用户 410.1 万户，移动电话用户
2 872.6万户。固定电话普及率 15.8 部/百人，移动电话普及率 111.0 部/
百人。互联网宽带接入用户 1 174.8 万户，比上年末增长 10.4%。移动互
联网用户 2 435.4 万户。由此可以看出，普惠金融的潜在客户有很多，但
是从移动电话用户、固定宽带接入用户和固定电话年末用户看，普惠金融
的可获得性较低、覆盖面较小。

新疆金融服务虽已实现全覆盖，但许多乡镇处于偏僻地区，路途遥
远，金融服务需求低，业务量偏小，经营成本高，特别是部分金融流动服
务站转为固定网点，营业费用进一步增加，农村信用社、邮储银行等难以
长期承担金融服务成本。

4.2.2 金融科技创新和服务创新不足

4.2.2.1 金融科技创新

建立中国特色的金融体系是新时代、新常态带给我国金融难得的机
遇，也是金融数字化转型的出发点和落脚点。金融天然就具有科技的属
性，金融业本身也是对数字极其敏感的行业，发展以数据技术为核心的金
融科技是实现金融数字化转型的前提，是促进普惠金融快速惠及全体社会
成员的重要举措。金融数字化同时也是金融科技发展的驱动力，金融科技
创新对于新疆普惠金融的发展具有非常大的作用，安全高效的数字化、智
能化平台是金融机构科技创新的重要基础设施。为了推动数字化、智能化
平台的健康发展，国家有关部门和新疆维吾尔自治区政府正在大力推进科
技赋能与金融科技创新，举办大量的金融科技创新活动，制定相关的政策
措施，引进高素质人才，以促进新疆金融的高质量发展。新疆的银保监

会、证监会也在强化金融科技创新监管。

2011 年以来，全国相继开展促进科技和金融结合及投贷联动试点。相较试点区域创新实践，西部欠发达地区总体发展进程较慢，科技与金融结合度较低，一定程度上影响了政策执行实效。新疆科技金融政策多由金融监管部门及政府部门分别牵头制定，政策落实统筹力度不大，合力作用发挥不够，实践中存在政策传导不通畅、信息交流不全面等问题，导致各方资源不能充分耦合利用。据调查，部分中小微企业不清楚金融政策，未将知识产权纳入企业资产经营管理范畴，没有利用知识产权质押模式进行融资的意识。金融机构从管理部门共享得到的信息多为科技企业基本情况，单凭自身现有能力很难判断、确定科技企业真实技术水平及覆盖贷款风险的价值，支持科技企业的顾虑较多。新疆科技金融服务平台虽然 2019 年已上线，但缺乏足够的科技金融信息资源的支撑，至今未实现银企线上对接相关服务功能。

发展科技金融的基础设施薄弱，落后于全国综合科技创新水平。《中国区域科技创新评价报告》公布数据显示，新疆综合科技创新指数排名处于全国倒数，创新能力持续偏弱。同时，地方财政科技资金支持力度不强，创新驱动发展的基本保障较薄弱。《2020 年中国统计年鉴》数据显示，2019 年新疆科学技术支出占地方财政支出比例仅为 0.63%，较全国平均水平低 4.05 个百分点，较引领西部地区科技创新的陕西低 0.62 个百分点。二是 R&D 经费投入强度偏低。2020 年，反映我国创新能力重要指标之一的 R&D 经费投入强度为 2.4%，而新疆为 0.45%，低于全国平均水平及国际及格线 2% 的标准[1]。

4.2.2.2 服务创新

目前金融机构提供的金融服务大多是储蓄、贷款和转账等传统业务，金融产品种类有限，许多金融机构服务网点仅有基础的理财产品或保险，难以满足不同经济主体多层次的金融需求。创新金融产品针对性不强。地方法人银行科创信贷产品开发能力偏弱，基本没有专属产品。全国性银行在疆分支机构仅部分推出了总行专属产品，授信标准是面向全国科技企业的，而新疆属于西部欠发达地区，综合科技创新水平较低，有实力高新技术企业较少，科技型企业抗风险能力偏弱，导致符合授信条件的科技企业

---

[1] 数据来自 2020 年新疆统计年鉴。

很少。科技金融服务模式较为单一。纯知识产权质押贷款被业内普遍视为信用贷款，"轻资产"科技企业很难达到传统风控授信条件，加上知识产权评估、处置及变现难，金融机构大多不敢发放该类贷款。

对于全国试点开展的投贷联动，新疆不在试点示范区内，国家开发银行、中国人民银行、北京银行试点银行在疆分支机构均未开展业务，其余银行机构大多不了解相关政策。辖区种子期、初级成长期的科技型中小微企业融资难问题较为突出，直接融资及参保数量占比过低。

4.2.3 金融机构服务能力和风险管理能力不足

4.2.3.1 服务能力

由于新疆部分农村和团场地区偏远、交通不便，再加上该地区居民受教育水平较低、信用程度难以确定，以及宣传难度大、成本高、效率低等，因此金融机构对金融政策和知识的宣传不全面、不到位。弱势群体金融服务需求的特点是业务需求多、单笔业务量小、个人信用状况较差，相对于高端客户，金融机构不但要付出较多的人力物力，而且还要面临较大的风险，综合业务效益也较低。

4.2.3.2 风险管理能力

国家"一带一路"经济带核心区建设，明确防范风险是关键。新常态下，风险的把控与度量主要是通过互联网对个人信息进行收集整理，以电子信息化的手段建立一个完善有效的征信系统，这样有利于约束农民的各种借贷行为，降低信用风险，尽量减少不良贷款的发生。然而农村信用体系的建设不完善，政府和金融机构未能对农村居民进行良好的监管，致使他们难以形成较强的信用意识。从外部环境来看，我国普惠金融目前还处于初步发展阶段，大部分政策的实施仍处于探索的阶段，相关的立法没有得到完善，缺少立法保护，并且监督体系也不健全。从内部环境来看，对于农户信息的采集未形成标准，采集人员的主观认知也会掺杂其中，采集的范围不够全面，无法实现信息采集后的有效利用，不能以共享信息的方式来为机构提供价值参考。

政策实施效果存在一定的滞后性。早在2013年11月12日，中国共产党第十八届三中全会通过的《中共中央关于全面深化改革若干重大问题的决定》正式提出发展普惠金融，鼓励金融创新，丰富金融市场层次和产品。这说明了我国的普惠金融发展进入了黄金时期。对新疆来说，政策的下放与地域的落实发展仍存在一定的滞后。普惠金融在新疆主要依靠互联网以及数字化的创新性发展，直到 2016 年 10 月 21 日，支持普惠金融发展的各项服务指标才系统性地与互联网技术进行了结合，新疆的创新型金融扶贫政策还存在一定的滞后。

2014 年，新疆维吾尔自治区人民政府出台的《关于推进新疆丝绸之路经济带核心区建设的实施意见》中提出，将新疆建成"五大中心"，即区域性交通枢纽中心、商贸物流中心、金融中心、文化科教中心和医疗服务中心，而金融中心无疑是撬动其他 4 个中心建设的关键。在金融科技飞速发展的当下，金融行业面临着更多风险和挑战。因此，地市级区域性金融监管部门在做好风险"守门人"的前提下，应将发展与安全并重，提高部门人员的风险管理能力。

5 新疆绿色金融发展现状与面临的挑战

5.1 新疆绿色金融发展现状

5.1.1 绿色金融的概念和内涵

绿色金融是 20 世纪 80 年代发展起来的综合性交叉概念，最早是发达国家为了规避因环境污染问题所造成的金融风险而提出的。国外称之为"环境金融"（environmental finance）或"可持续融资"（sustainable financing），《美国传统词典》认为"环境金融"是从金融角度研究如何通过金融工具创新来实现环境保护的学科领域。工业革命之后，发达国家工业化进程的加快导致环境污染问题日趋严重，越来越多的银行开始关注环境风险，社会发展关注的焦点逐渐从规避风险转向管理风险，探索建立更系统化的金融机构环境与社会风险防控体系。

5.1.1.1 绿色金融的概念

绿色金融是指有特定"绿色"偏好的金融活动，在这类金融活动中，金融机构在投融资决策中充分考虑环境因素的影响，并通过一系列的体制安排和产品创新，将更多的资金投向环境保护、节能减排、资源循环利用等可持续发展的企业和项目，同时降低对高污染、高耗能企业和项目的资金支持，以资源的合理配置促进经济的高质量发展。2016 年 8 月，中国人民银行等七部委共同印发《关于构建绿色金融体系的指导意见》（以下简称《意见》），将绿色金融界定为：支持环境改善、应对气候变化和资源节约高效利用的经济活动，即对环保、节能、清洁能源、绿色交通、绿色建筑等领域的项目投融资、项目运营、风险管理等提供的金融服务。该

《意见》同时指出，绿色金融体系是指通过绿色信贷、绿色债券、绿色股票指数和相关产品、绿色发展基金、绿色保险、碳金融等金融工具和相关政策支持经济向绿色化转型的制度安排。

5.1.1.2 绿色金融的内涵

绿色金融讲求金融活动与环境保护、生态平衡的协调发展，最终实现经济社会的可持续发展。长久以来，政府通过税收和罚款试图解决环境问题，然而环境资源作为公共品，除非有政策规定，金融机构不可能主动考虑贷款方的生产或服务是否具有生态效率，这也正是以往以"罚"为主的调控手段效果并不理想的原因，甚至催生了一些负面的社会现象。在此背景下，绿色金融应运而生，政策实施的本意是引导资金流向节约资源、技术开发和生态环境保护产业，引导企业生产注重绿色环保，引导消费者形成绿色消费理念。此外，绿色金融要求金融业保持可持续发展，避免注重短期利益的过度投机行为。绿色金融就是政府将其本身具有的外部性以货币化手段，引导企业将环境污染的外部性内部化——将正外部性变成收益，负外部性变成赔偿，从而获取最佳的社会效益，从而达到事前治理，而不是以前惯用的事后污染治理。以经济杠杆实现资源合理配置，通过对创新投融资体制和机制"加杠杆"为环境保护部门输血，同时，绿色金融为传统产能过剩部门"减杠杆"，以环境规制标准将市场资金从传统的制造业部门挤出，使其流向绿色发展领域。与传统金融相比，绿色金融最突出的特点就是，它更强调人类社会的生存环境利益，它将对环境保护和对资源的有效利用程度作为计量其活动成效的标准之一，通过自身活动引导各经济主体注重自然生态平衡。绿色金融与传统金融中的政策性金融有共同点，即它的实施需要由政府政策来推动。

①绿色信贷。绿色信贷是政府运用经济杠杆推动环保事业发展的一种重要手段。该政策通过引导资金和贷款流入促进国家环保事业发展的企业和机构，并从破坏、污染环境的企业和项目中适当抽离，从而实现资金的"绿色配置"。绿色信贷把符合环境检测标准、具有污染治理效果和具备生态保护功能作为信贷审批的重要前提，提高了企业贷款的门槛。通过在金融信贷领域建立环境准入门槛，对限制和淘汰类新建项目停止各类形式的新增授信与信贷支持，从源头上切断高耗能、高污染行业无序发展和盲目扩张的经济命脉。商业银行依据《绿色信贷指引》对企业融资进行差异化定价，引导资金流向有利于环保的产业、企业，可有效地促进产业结构调整。

②绿色债券。绿色债券是指募集资金专门用于支持符合规定条件的绿

色产业、绿色项目或绿色经济活动，依照法定程序发行并按约定还本付息的有价证券，包括但不限于绿色金融债券、绿色企业债券、绿色公司债券、绿色债务融资工具和绿色资产支持证券。由于绿色项目回报周期相对较长，债券存续期通常会延续至项目运行期，期限类型多为中长期债券。通过绿色债券再融资，发行人获得资金资助绿色项目，而投资者以利息的形式获得固定收益。绿债资金在应用中，发行人需面向投资者与社会给出相关的证明，以说明资金应用于绿色项目之中，并具体说明相应的绿色效益。正因此，监管机构对绿色债券相关信息的披露有着较高要求，大多要求设置第三方专业机构进行相关评估与认证。

③绿色保险。绿色保险是指保险业在环境资源保护与社会治理、绿色产业运行和绿色生活消费等方面提供风险保障和资金支持等经济行为的统称。保险业通过保险产品的绿色化设计，将低碳、环保等绿色发展理念融入保险产品之中，然后借力保险的风险管理机制及其派生功能，从而达到助推经济社会活动"绿色化"的目的。狭义的绿色保险是指环境污染责任保险，是指当企业发生污染环境的行为造成的污染损害，依法应负的赔偿责任由保险公司在约定的限额内对治理污染费用进行补偿，为适当分散赔偿责任，使受害人得到应有赔偿的同时，确保生产单位的经营活动继续进行；广义的绿色保险是一种可持续发展的保险，即融入了环保意识及生态文明理念的保险经营活动，通过保险业的绿色转型来对生态环境进行保护，支持环保产业的发展，为绿色经济保驾护航。

④其他绿色金融服务。除以上三类主要的绿色金融产品，绿色金融还包括绿色基金、绿色租赁、绿色信托、绿色票据、碳金融产品等金融工具。以绿色基金为例，绿色基金包含绿色产业基金、担保基金、碳基金、气候基金等。按其性质来分，绿色基金一般有两种运营模式，一是具有很强烈的公益性质的纯政府投资的基金，二是具有较强的功利性的纯市场化基金。作为专项投资基金，其都是为促进低碳经济发展、推动节能减排战略、建立环境优化改造项目而设立的，旨在通过国家或企业的资本投入促进环境友好型社会的发展。

5.1.2 新疆绿色金融业务发展现状

5.1.2.1 发展基础

以环境地理视角来看，新疆地处内陆干旱区，"三山夹两盆"的地形特点以及干旱的气候因素，造成其降水稀少且蒸发强烈，水资源匮乏且分布不均，森林覆盖率低，荒漠化严重，生态系统结构简单且脆弱。地理位置的偏远与过去很长时间内经济发展的滞后，导致新疆的经济发展严重依赖自然资源，特别是煤炭、石油等化石燃料，这种依赖也造成了环境的污染与生态的恶化。双重因素的耦合导致新疆经济发展所需的环境承载力薄弱，背离了经济可持续发展理念，生态环境的保护与修复这一公益性工程亟须绿色金融的参与。以人文视角来看，新疆是位于我国最西部的一个多民族融合自治区，独特的文化和丰富的自然资源使其具备优良的发展前景以及卓越的经济潜力。以经济发展模式来看，过去新疆工业化道路以消耗化石能源和原材料为主，2016 年，新疆清洁能源占能源消费总量的比重仅为 9.5%，远低于 13.3% 的全国平均水平，对环境造成了较大破坏①。如煤炭开发对土地资源造成占用和破坏；工矿企业开采造成地下水源破坏；燃煤发电、采暖等造成城市大气环境污染等。不合理的产业结构给新疆环境治理带来诸多难题，但也正因新疆独特的经济和环境特征促使其成为发展绿色金融新模板的理想之地。以战略发展视角来看，在习近平总书记共建"一带一路"倡议的推动下，新疆作为丝绸之路经济带上连接亚欧发展的前沿与核心区，各项政策落实和基础设施建设正在如火如荼地进行，交通、水利、能源、城镇等基础设施领域投资力度不断加大，增加能源消费和碳排放量不可避免。

5.1.2.2 制度政策支持

2007 年 7 月，国家环境保护总局、中国人民银行、中国银行业监督管理委员会发布《关于落实环境保护政策法规防范信贷风险的意见》，集中对"两高"行业施行授信限制。2012 年，中国银行业监督管理委员会发布《绿色信贷指引》，进一步完善银行业的信贷管理体系，同时也标志着我国逐步开始以市场主导的金融方式推动环境治理。2015 年国务院《生态文明体制改革总体方案》、2016 年中国人民银行等七部委《关于构建绿色金融体系的指导意见》、2017 年中国人民银行《关于落实〈关于构建绿色金融体系的指导意见〉》，这一系列文件的出台标志着我国绿色金融被提升至国家战略位置，顶层设计已经完成并进入全面推行阶段。自 2017 年绿色金融改革创新试验区设立以来，新疆维吾尔自治区积极搭建绿色金融发展框

---

① 数据来源：新疆维吾尔自治区统计局统计年鉴。

架，出台了《关于自治区构建绿色金融体系的实施意见》《新疆绿色金融改革创新试验区试点方案实施细则》等文件，其中明确提出，新疆经济管理部门应根据自治区实际情况，以国家各类绿色产业政策文件为基础，明确自治区绿色产业和项目界定，确定重点支持领域，建立对应的绿色产业清单和项目清单，定期开展遴选、认定和推荐工作，为其在债券发行、信贷、基金、上市等多方面的融资活动提供服务以及在产业绿色技术改革融资中提供帮助。中国人民银行乌鲁木齐中心支行根据《新疆维吾尔自治区哈密市、昌吉州和克拉玛依市建设绿色金融改革创新试验区总体方案》分别于2017年、2018年相继出台《新疆绿色金融试验区细则》和《货币政策工具支持试验区绿色经济发展细则》，一方面细化绿色支持清洁能源产业要求；另一方面借助灵活的再贷款、再贴现等政策工具，引导金融机构扩大绿色贷款投放。哈密市、昌吉市、克拉玛依市三地作为绿色金融试验点，坚持以政策支持为基础，积极制定并出台了一系列产业、招商、财政和货币政策，多角度、多层次、多渠道地采取多种措施全力支持和推动新疆绿色金融改革创新试验区的建设；并根据自身优势坚持分类施策，通过制定专项资金管理使用办法，建立绿色贷款差别化贴息机制、绿色贷款担保及风险补偿机制、环境污染强制责任保险保费补贴机制、绿色直接融资补贴机制，充分发挥财政支持对绿色金融的引导撬动作用，深化工业供给侧结构性改革，促进传统产业高端化、智能化、绿色化，建材产业绿色化、智能化升级改造。

5.1.2.3 市场环境

目前新疆绿色金融业务主要以绿色信贷为主。截至2021年年末，新疆绿色项目库在库项目共计2 129个，其中纯绿项目达888个，覆盖范围由三地绿金试验区扩展到全疆（含新疆生产建设兵团），总投资达11 813.68亿元，融资需求达7 907.13亿元，并且这一需求随着新疆"十四五"规划提出的绿色矿山、绿色通行和绿色城市建设以及推进重点行业和重要领域绿色化改造，促进企业清洁化升级转型和绿色工厂建设等目标的推进而增大[1]。因为目前自治区其他绿色金融产品与服务尚在起步或探索阶段，不能完全满足市场需求，所以自治区其他类绿色金融产品和服务具有巨大的市场潜力创新空间。第一，基于风能和太阳能等自然资源创造的区位优

---

① 王新平. 金融支持绿色低碳转型的新疆实践 [J]. 中国金融，2022 (7)：16-18.

势，新疆可再生能源产业对绿色金融有强烈的市场需求，也是各地市绿色金融发展所依托的一个关键领域。以自治区内三个绿色金融实验点为例，绿色信贷规模逐渐扩大，主要投向清洁能源等产业，且区域内还存在着大量潜在的、待挖掘的绿色项目，如可再生能源项目、提升能源利用效率和环境修复等绿色项目，绿色金融融资方案的创新发展可以填补需求端的不足。第二，因毗邻边境且作为丝绸之路经济带建设的桥头堡，新疆的绿色金融市场是多元化的，地区发展潜力吸引大量国内和国际投资者参与，为绿色金融产品和服务提供了一个灵活而有竞争力的市场。

5.1.2.4 绿色产品与服务

第一，绿色信贷是绿色金融产品中促进新疆经济高质量发展的主力军。截至 2021 年年末，全区绿色贷款为 2 899.3 亿元，同比增长 30.86%，主要投向清洁能源、基础设施绿色升级、节能环保等产业。截至 2022 年 6 月末，三地绿金试验区绿色贷款余额为 528.34 亿元，绿色贷款占比为 18.67%。其中，昌吉州绿色信贷余额 279.63 亿元；哈密市绿色信贷余额 278.2 亿元；克拉玛依市绿色信贷余额 58.9 亿元。第二，新疆企业积极践行绿色发展理念，不断推动绿色证券实践创新，绿色债券融资得到稳步发展。2015 年金风科技发行 3 亿美元全国首单境外绿色债券。2016 年该公司成功发行上交所首单绿色资产支持证券——"农银穗盈·金风科技风电收费收益权绿色资产支持证券"。2018 年乌鲁木齐市城市交通投资有限责任公司在上交所成功发行新疆地区首只绿色公司债券。2020 年阿克苏地区绿色实业开发有限公司在上交所成功发行新疆首单绿色企业主体认证债券。中国人民银行乌鲁木齐中心支行统计数据显示，2016 年至 2021 年 6 月末，新疆累计发行绿色金融债券 50 亿元，非金融企业绿色债务融资 19.2 亿元。截至 2021 年 6 月，新疆共有 1 715 个项目纳入绿色项目库，项目总投资 8 755.69 亿元，融资需求达 6 198.23 亿元。第三，绿色保险在农业领域不断拓展延伸。2017 年 7 月 17 日，自治区人民政府发布《关于自治区构建绿色金融体系的实施意见》，明确支持绿色保险发展的四个重点领域：一是在环境高风险领域建立环境污染强制责任保险制度；二是鼓励和支持保险机构创新绿色保险产品和服务；三是鼓励保险资金加大对经济绿色发展的支持力度；四是鼓励保险机构对企业开展"环保体检"[①]。目前，自治

---

① 数据来源：新疆维吾尔自治区发展和改革委员会官网。

区已全面推进环境污染责任保险试点，棉花气象指数保险等农业气候保险稳步推进，具有地域特色的绿色保险产品也在推陈出新，克拉玛依市人保财险、中华联合财险创新推出石油石化环境污染责任险和区域性污染防控环境责任险，破解了"企业污染、群众受害、政府买单"的困局。第四，新疆绿色金融产业基金也有较快的发展。目前，全疆共设立包括"花儿昌吉"基金、哈密循环经济及能源产业发展基金、昆仑银行卓越绿色产业投资基金等在内的 7 只绿色金融产业基金，总规模近百亿元。2017 年 9 月建成全疆唯一一家碳排放交易场所——新疆碳排放交易中心，进行碳配额交易、国家核证自愿减排量（Chinese certified emission reduction，CCER）服务等。2021 年 5 月银保监会批复同意交通银行出资 75 亿元参与昌吉州国投公司投资设立的绿色产业基金。

5.1.3　新疆绿色金融长期发展的侧重点

5.1.3.1　注重绿色制度体系建设，增强改革试点协同力

自治区政府协调推动各级地方政府成立绿色金融改革创新工作领导小组，制定地方建设实施方案，对重点工作实施清单制管理，建立试点工作督办机制，构建"长期规划+实施方案+配套保障"相结合的绿色金融政策框架体系；运用财政资源杠杆撬动金融资本进入绿色经济领域，协调政府加快推进绿色金融财政贴息及风险补偿、环境污染责任保险试点、政策性融资担保体系建设等试点工作，财政支持优惠惠及整个试点期，建立差别化贴息机制；搭建绿色融资对接平台，以绿色同业自律机制规范金融机构行为，启动绿色金融试验区示范项目工程，"精准"提供融资解决方案。

5.1.3.2　注重绿色金融试验区建设，增强空间辐射效应

自治区"哈—昌—克"三个试验点有各自的侧重点与特色，共同之处都是切实让金融服务于实体经济，推动金融机构服务于新疆经济高质量发展。各地结合自身实际，在绿色金融制度、组织、市场、产品、服务、政策保障等方面先行探索，吸引和聚集大量绿色金融资源，积极推动丝绸之路经济带核心区建设，深化供给侧结构性改革，构建以生态文明建设为基础的绿色金融文化和价值体系，为今后全疆各地绿色金融改革创新提供有效范本。

5.1.3.3　注重货币政策精准支持，增强改革试点支撑力

由于绿色项目具有融资周期长、收益低、风险高等特点，为鼓励银行

业金融机构积极拓展绿色金融业务，中国人民银行乌鲁木齐中心支行通过运用再贷款、再贴现等货币政策工具发挥定向调控作用，引导更多金融资源支持绿色经济发展。截至 2022 年 6 月末，全区绿色信贷资产质押再贷款 500 万元、绿色再贴现 3.605 亿元。为在全国范围内率先落实货币政策工具以支持试验区建设，克拉玛依市积极向中国人民银行乌鲁木齐中心支行申请设立新疆首个再贴现转授权窗口，运用央行资金累计办理绿色再贴现 26 笔，金额 1.64 亿元，支持 14 家小微企业，助力油污泥处理项目承办企业开展环境治理，以及地方企业开展采油绿色技术增产作业，实现了央行政策资金的"精准滴灌"①。

5.1.3.4　注重绿色专营机制构建，提高绿色融资支持精准度

自治区政府积极搭建与第三方机构合作平台，中国人民银行克拉玛依市中心支行指导昆仑银行克拉玛依分行挂牌西北 5 省（区）首个绿色支行，实现绿色金融事业部、绿色支行、绿色柜台三级全覆盖，并督促其以绿色金融"六单"机制、"3+1"模式推动绿色支行建设，督促其总行落实单独设立绿色信贷经营指标，绿色信贷项目优先报审、优先放款等绿色通道；推动国有银行分支机构、政策性银行、地方法人机构绿色专营机构全覆盖，绿色金融资源聚集，服务经济转型的示范效应显现。

5.1.3.5　聚焦清洁能源，推动新能源基地建设

自治区依托地域空旷和太阳能资源丰富的优势，着力推进新能源项目落地。其中，喀什地区围绕南疆千万级新能源基地建设目标，引导金融机构主动对接，信贷支持持续跟进。2022 年，全区清洁能源产业贷款余额 68.39 亿元，占绿色贷款比重 46.63%，同比大幅增长 378.22%。全区引导 4 家银行为巴楚县光伏并网发电项目投放贷款 18.7 亿元，贷款利率较同期利率下调 80 至 120 个基点，有力支持项目建设运行。该项目的建成投产，每年可节约标准煤 8.87 万吨，减少二氧化碳排放约 22.57 万吨，同时可有效提升地区电网接纳清洁能源的能力，经济效益和环保效益显著。阿尔塔什水利枢纽工程通过中国农业银行喀什分行系统内银团贷款方式发放贷款 4.1 亿元，贷款期限 34 年，贷款利率在贷款基础利率基础上下调 55 个基点。该工程的建成将有效提高下游平原防洪能力，改善下游灌溉供水条件，同时为南疆电网每年提供约 20 亿千瓦时清洁能源②。

---

①　数据来源：中国人民银行新疆维吾尔自治区分行官网。
②　数据来源：中国人民银行喀什地区分行。

5.1.3.6 聚焦环境治理，建设宜居美丽家园

自治区政府牢固树立以人民为中心的发展思想，着力解决突出的生态环境问题，以期通过环境治理，增加人民群众生态环境质量改善方面的获得感、幸福感、安全感。在污染防治攻坚战的持续加力下，在绿色金融力量的推动下，全疆深入实施打赢蓝天保卫战三年行动计划、水污染防治行动计划和土壤污染防治行动计划，不断强化水源地环境问题整治，着重推进自治区级及以上工业集聚区（园区）污水集中处理设施建设；针对耕地质量类别划分，与重点行业企业积极开展用地土壤污染状况调查，保证污染耕地安全利用率达到98%以上；积极推进以国家公园为主体的自然保护地体系建设，推进完成保护地整合优化预案与国土空间绿化行动，进一步做好"绿盾"自然保护地强化监督，并对塔河流域胡杨林实施拯救行动。

5.1.3.7 聚焦生态农业，延长农业产业价值链

为进一步加强农业面源污染治理，改善农业农村生态环境，促进农业绿色发展，新疆先后出台了《新疆维吾尔自治区农田地膜管理条例》《自治区关于加强农田废旧地膜污染治理工作的意见》等多项举措，通过残膜回收、使用可降解地膜等方式，从源头上治理农田"白色污染"，为土壤"清肺通络"。其中，新疆维吾尔自治区阿克苏地区沙雅县建立残膜回收长效机制，全力打好净土保卫战，新疆生产建设兵团第四师七十七团秸秆资源巧利用，多元发展促增收，这些典型案例的成功经验已于2021年由农业部在全国推介。全区聚焦农产品加工业，培育发展农业全产业链，推动产业发展从抓生产到抓链条、从抓产品到抓产业、从抓环节到抓体系，不断拓展农业产业增值增效空间，提高乡村产业发展水平。新疆依托耕地资源丰富、农业病虫害较少、水资源挖潜空间大等粮食生产优势，大力发展特色林果业，全力打造拥有地理标志的特色农产品，让地理标志资源优势转化为新疆特色农产品品牌优势和市场优势，引导金融机构积极深入县乡村，寻找绿色金融增长点。

5.1.3.8 聚焦节能环保，支持企业转型升级

新疆维吾尔自治区绿色金融发展方案结合自然资源、清洁能源资源、能源相关高端制造业和环境基础等方面的比较优势，提出创新风力（光电）发电指数保险、首台（套）重大技术装备保险等产品。在绿色金融试验区以及试点城市的辐射下，新疆第一、第二、第三产业结构持续优化，由2015年的16.7：38.2：45.1调整到2020年的14.4：34.4：51.2，工业

战略性新兴产业增加值和高新技术制造业增加值分别增长 20.5%、25%。新疆持续巩固"三去一降一补"成果，严禁水泥、平板玻璃行业新增产能，关闭淘汰落后煤矿。新建民用建筑和居住建筑全面执行绿色建筑标准和节能建筑设计标准。清洁能源利用率持续提高，风电利用率、光伏利用率分别达到 89.76%、95.39%；非化石能源消费占一次能源消费的比重为 13.7%，较 2015 年提高了 5.1 个百分点①。

5.2 新疆绿色金融水平的测度与影响因素

各类绿色金融产品与服务在数据层面的提升反映出新疆绿色金融发展一直在稳步向前。为了寻找并弥补新疆绿色金融发展过程中尚存的短板，为下一阶段自治区绿色金融发展与长远规划提供思路，我们还需要从理论层面出发对新疆绿色金融发展水平进行系统性评价与影响因素探究。

5.2.1 新疆绿色金融水平测度

5.2.1.1 指标体系构建

根据 2016 年发布的《关于构建绿色金融体系的指导意见》中给出的定义，以及参考文献所建立的衡量绿色金融综合发展水平的指标体系（见表 5-1），本书对 2010—2020 年新疆绿色金融综合发展水平进行测度。

绿色金融的测定按照其产品定位与功能划分为绿色信贷、绿色保险、绿色投资、绿色证券与绿色权益 5 个一级指标。绿色信贷的衡量参考徐胜（2018）和陈琪（2019）的研究，选取环保项目信贷占比与高耗能产业利息支出占比作为测度依据；绿色保险的衡量参考郭权等（2016）和马九杰等（2021）的研究，选取环境污染责任保险推广程度与农业保险深度作为测度依据；绿色投资按照不同功能和用途分为预防型绿色投资和治理型绿色投资两种类型，参考史代敏和施晓燕（2022）的研究选取环境污染治理投资占 GDP 比重与节能环保支出占比作为测度依据；绿色债券与绿色基金作为当前最主要的绿色证券，选取绿色债券发展程度与绿色基金占比作为绿色证券的测度依据；绿色权益以绿色权益发展深度为测度依据，以碳交

---

① 数据来源：新疆维吾尔自治区政府官网。

易、排污权交易在权益市场交易总额的占比来衡量。二级指标共 9 个，除高耗能产业利息支出占比为负向指标外，其余均为正向指标。

数据来自中国经济金融研究数据库、《中国科技统计年鉴》、《中国金融年鉴》、《中国农业统计年鉴》、《中国能源统计年鉴》、中国人民银行等权威机构网站。研究期间选取"十二五"至"十三五"中国经济由高速增长阶段向高质量发展阶段转型的这十年。

表 5-1　绿色金融水平测度指标体系

一级指标	二级指标	指标说明	指标编号	指标方向
绿色信贷	环保项目信贷占比	环保企业贷款额/全省信贷总额	X_1	+
	高耗能产业利息支出占比	六大高耗能产业利息支出/工业产业利息支出	X_2	−
绿色保险	环境污染责任保险推广程度	环境污染责任保险收入/总保费收入	X_3	+
	农业保险深度	农业保险收入/农业生产总值	X_4	+
绿色投资	环境污染治理投资占GDP比重	环境污染治理投资额/GDP	X_5	+
	节能环保支出占比	节能环保财政支出/财政支出总额	X_6	+
绿色证券	绿色债券发展程度	绿色债券发行总额/所有债券发行总额	X_7	+
	绿色基金占比	绿色基金总市值/所有基金总市值	X_8	+
绿色权益	绿色权益发展深度	碳交易、排污权交易/权益市场交易总额	X_9	+

5.2.1.2　熵权法测度

熵权法的权重反映的是指标在评价过程中的重要程度，是对指标在各个被评价对象中取值的变异程度的度量。从一级指标看，绿色信贷、绿色保险、绿色投资、绿色证券的权重相对平均，但都远高于绿色权益，表明这几个指标反映的信息量相对较大。总体来看，指标权重值未出现极端情况，可见将绿色金融分为绿色信贷、绿色保险、绿色投资、绿色证券、绿色权益 5 个一级指标较为合理，整个指标体系的构建能够有效地反映新疆十年间绿色金融的发展概况。

对已经确定的指标体系，选取客观赋权法中的熵权法来确定指标权重，能有效避免传统主观赋权法因主观因素导致的权重偏差。

首先对数据进行标准化处理：

$$X_{ij} = \frac{x_{ij} - \min x_{ij}}{\max x_{ij} - \min x_{ij}} \tag{5-1}$$

$$X_{ij} = \frac{\max x_{ij} - x_{ij}}{\max x_{ij} - \min x_{ij}} \tag{5-2}$$

其中，式（5-1）为正向指标的标准化，式（5-2）为负向指标的标准化，同时为了消除 0 值与负值的影响，将标准化后的全部数据结果同时加上一个最小单位值 θ，使其满足运算要求，取 $\theta = 0.0001$，得到 $X_{ij}^{'}$。

其次，依据式（5-3）对各个二级指标进行权重计算，根据各指标权重按照式（5-4）、式（5-5）计算各指标熵值与冗余度。

$$P_{ij} = \frac{X_{ij}^{'}}{\sum_{i=1}^{n} X_{ij}^{'}} \tag{5-3}$$

$$D_j = -\frac{1}{\ln n} \sum_{i=1}^{n} P_{ij} \ln P_{ij} \tag{5-4}$$

$$G_j = 1 - D_j \tag{5-5}$$

最后，根据以上结果代入式（5-6）计算一级指标权重（见表 5-2），以一级指标权重结合式（5-7）对新疆绿色金融综合发展水平进行最终测度（见表 5-3）。

$$w_j = \frac{G_j}{\sum_{j=1}^{m} G_j} \tag{5-6}$$

$$U_j = \sum_{j=1}^{m} w_j \times X_{ij} \tag{5-7}$$

表 5-2　各级指标的权重　　　　　　　　　　单位:%

	绿色信贷		绿色保险		绿色投资		绿色证券		绿色权益
一级指标权重	22.25		20.31		32.38		15.72		9.33
二级指标权重	6.51	15.74	7.51	12.79	22.31	10.08	8.34	7.39	9.33

表 5-3 新疆绿色金融综合发展水平

年份	2010	2011	2012	2013	2014	2015	2016	2017	2018	2019	2020
得分	21.85	32.71	35.35	39.24	41.05	55.51	52.45	43.84	56.73	69.88	76.88

表 5-4 新疆各类绿色金融产品与服务发展水平

年份	2010	2011	2012	2013	2014	2015	2016	2017	2018	2019	2020
绿色信贷	10.77	15.22	14.96	13.51	11.33	12.03	7.29	10.04	10.06	7.54	7.51
绿色保险	0.00	3.25	3.53	8.44	9.70	11.26	10.96	11.95	15.06	19.74	21.83
绿色投资	11.08	7.60	8.82	5.91	10.33	13.30	15.68	16.60	10.78	19.18	24.04
绿色证券	0.00	4.94	5.51	6.62	6.09	12.18	10.89	12.15	14.21	14.08	14.18
绿色权益	0.00	1.69	2.54	4.75	3.60	6.75	7.63	8.04	6.63	9.33	9.33

根据熵值法赋予的绿色金融发展水平的各级指标的权重来看（见表5-2），绿色投资权重为32.38%，绿色信贷权重为22.25%、绿色保险权重为20.31%、绿色证券权重为15.72%、绿色权益权重为9.33%。其中绿色投资占比最大，说明自治区政府在绿色金融发展过程中扮演着更为重要的角色，其作为连接企业与银行、生态环境保护与金融发展之间的桥梁，重视财政对绿色金融发展的引导和支持，发挥着地方财政专项资金对市场资金的撬动作用。

根据表5-3与图5-1新疆绿色金融综合发展水平测度来看，2010—2020年这十年间，在中国人民银行与自治区政府的联合指导下，新疆绿色金融市场发展取得长足进步，绿色金融发展水平整体呈上升趋势，尤其在2017年设立新疆绿色金融试验区以后，绿色金融综合发展水平提升速度显著加快，地区绿色金融发展质量得到进一步提高。虽然2010—2020年新疆绿色金融发展趋势整体上持续向上向好，但也是曲折的，说明绿色金融在发展过程中还存在着外在因素的干扰。因此，为确保下一阶段新疆绿色金融有更大的发展潜力与上升空间，并能为自治区实现"双碳"目标与经济高质量发展提供更多的金融力量，还需进一步探究影响新疆绿色金融发展的客观因素。

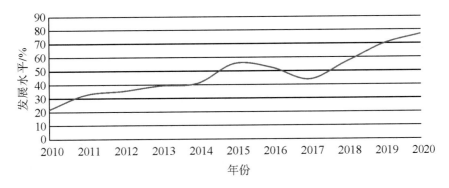

图5-1　新疆绿色金融综合发展水平

根据表5-4与图5-2新疆各类绿色金融产品与服务的发展水平测度来看，以自治区政府为主导，以财政资金为杠杆的绿色投资与主要的绿色金融产品——绿色信贷大致呈现此消彼长的趋势，说明绿色金融作为一项可持续发展政策，在新疆的发展主要以地方政府支持为主要推动力，但绿色信贷作为支撑绿色金融发展的主体似乎来到了瓶颈期。回顾其发展路径，新疆绿色贷款主要投向光能、风能等清洁能源产业，但随着装机规模的扩大，新能源电力在新疆的消纳空间逐渐变窄，最终出现弃风弃光现象，并且弃风弃光率远高于全国平均水平①。加之地区产业结构比重大、新兴产业数量少，新疆绿色信贷不能只注重量的增长，更要注重质的提升。虽然绿色保险、绿色证券与绿色权益在新疆起步较晚，产品也不够丰富，但就其在地区的发展测度来看，发展水平日益攀升，大有成为新疆绿色金融新的发展动能之势。

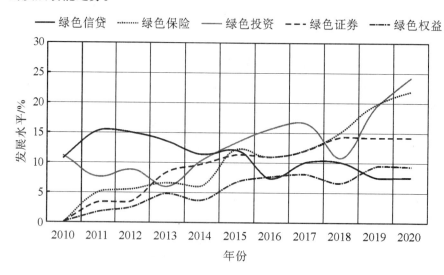

图 5-2　新疆各类绿色金融产品与服务发展水平

5.2.2　新疆绿色金融发展水平影响因素研究

5.2.2.1　影响因素选取

在新疆绿色金融综合评价指数测算的基础上，结合绿色金融的实际发展情况，借鉴国内外学者的相关研究思路，本书从以下四个方面提出九项可能影响新疆绿色金融发展水平的备选变量：一是经济因素，社会的发展是由经济决定的，经济发展水平不同，绿色金融发展水平也就各不相同，而地区的经济发展水平与其产业结构息息相关。在经济高质量发展的要求下，本书的研究选取经济发展水平与产业结构高级化程度代表经济因素对绿色金融发展的影响。二是社会因素，社会因素复杂多样，由地区经济基

---

① 《新疆能源产业发展现状及"十四五"规划分析报告》。

础决定的金融发展水平与人力资本水平也会对绿色金融产生不同的影响，因而选取全区金融发展水平及就业市场的人力资源水平代表社会因素对绿色金融的影响。三是环保因素，各地区对当地环境保护的重视程度会对绿色金融的发展产生影响，如对污染物的控制和处理情况会影响对绿色金融的发展，因而选取环境治理效力和环境规制力度代表环保因素对绿色金融的影响。四是其他因素，本书的研究选取技术创新水平、环境污染指数和绿化覆盖率代表其他因素对绿色金融的影响。以下为选取的因素指标（见表5-5）。

表5-5　各级指标的权重

变量名	影响因素	变量意义	测量方式
Y		绿色金融发展水平	熵值法测得
X_1	经济因素	经济发展水平	人均 GDP
X_2		产业结构高级化程度	第三产业增加值/第二产业增加值
X_3	社会因素	金融发展水平	存贷款总额与 GDP 之比
X_4		人力资本水平	受高等教育人口比例
X_5	环保因素	环境治理效力	当年安排工业污染治理项目数
X_6		环境规制力度	环保相关词汇出现次数
X_7		技术创新水平	ln（规模以上工业企业研发经费）
X_8	其他因素	环境污染指数	工业三废+碳排放熵值法测得
X_9		绿化覆盖率	建成区绿化覆盖率

注：以上变量测算数据均来自新疆统计年鉴。

经济发展水平（X_1）：人均 GDP 的增加代表经济发展水平提升，同时人民生活水平得到提高。在满足基本生活需求的同时，民众会对生活质量提出更高的要求，也就会增加对周围环境的重视，进而有利于政府环境保护工作的推进，提高企业生产过程中对环保的重视程度，有利于绿色金融业务的开展。同时，经济发展水平也是绿色金融发展的基础，地区绿色金融发展水平会因为本地经济发展水平受到影响。

产业结构高级化程度（X_2）：用第三产业增加值与第二产业增加值之比来表示产业结构高级化程度，该比例比值越大，说明该地区低能源消耗的服务业相对于依赖能源消耗的工业行业发展速度越快，同时也表明当地的产业结构越趋向于绿色化。产业结构的绿色化不仅为绿色金融提供了发展基础，也避免了绿色金融在通过资金导向机制与资金形成机制引导金融资本逐渐由高污染行业流向绿色环保行业的过程中受经济压力掣肘。

金融发展水平（X_3）：存贷款总额与当地 GDP 之比称为金融相关比例。这一概念由美国学者雷蒙德提出，用以衡量一个国家的金融发展程度，因此又称为金融相关率。后来的学者们也用金融相关率来衡量某个地区的金融发展水平。金融发展水平是金融创新的有力保障，地区绿色金融的发展会受到该地整体金融发展水平的制约。

人力资本水平（X_4）：就业人数中接受过高等教育人口占总人口的比例代表人力资本水平，该比例与当地人口素质水平成正比。人们的环境保护意识会随着居民受教育水平的提高而增强。当地政府对环境保护越加重视时，会出台有关的政策促进绿色金融的发展，当地居民生活中也会重视环境保护等，企业作为生产活动中的排污主体，其职员素质水平的提高会使其在生产过程中注重节能减排。因此，地区绿色金融发展会在一定程度上受到人力资本水平的影响。

环境治理效力（X_5）：环境污染的来源中，工业污染所占比重最大，对环境产生的不利影响最多。由于工业污染的特殊性，在我国推进生态文明建设的过程中，国家着重于对工业污染的治理。工业污染治理项目数的增加要求更多资金的投入，因而银行等金融机构对相关项目的贷款也就越多，这会增加绿色信贷的规模，绿色金融发展水平也就随之提高。

环境规制力度（X_6）：环保相关词汇在政府工作报告中出现的次数在一定程度上可以反映当地政府或法律法规制定机构对环境保护的重视程度。绿色环保相关词语出现次数越多，表明该地对环保工作越重视，当地绿色金融发展水平高的可能性就越大。

其他因素：为避免遗漏影响因素，本书的研究额外增加三个其他影响因素，主要从绿色金融支持现代建设与高质量发展视角出发。一方面，城市建设是现代化建设的重要引擎；另一方面，工业治理是高质量发展的重要支点。其中城市污染程度由通过将工业三废及二氧化碳排放量用熵值法计算而来的环境污染指数表示。这些变量会在一定程度上影响当地绿色金融的发展。技术创新水平（X_7）是衡量企业创新能力高低的，"两高一剩"企业的转型升级与绿色产业发展对绿色技术的依赖在一定程度上对当地的绿色金融业务开展有着积极的推动作用；污染指数（X_8）不仅直接反映工业化活动产生的负外部性，而且根据污染指数发展趋势能直接反映环境政策在实际生产活动中所产生的环境收益，可观的环境收益则会进一步推动绿色金融良性发展；城市绿化覆盖率（X_9）对生态有一定的影响，绿化率的提高有利于可持续发展，也会推动绿色金融的发展。

5.2.2.2 分析方法选择

灰色关联分析法最早由邓聚龙教授提出，用来分析各个因素对于结果的影响程度，并解决会随着时间变化的综合评价类问题，进而对系统变化趋势进行量化描述和对比。该方法的核心是利用参考数列与比较数列的几何形状相似性来判断因素之间关联的紧密程度。影响因素分析的基本方法是回归分析，回归分析要求数据样本量充足且必须服从正态分布等。由于影响绿色金融发展水平的因素错综复杂，各因素对绿色金融发展水平的作用函数也不确定，很可能出现所选回归模型与真实模型拟合不佳的问题，导致无法通过显著性检验。灰色关联分析法可以用于对自变量和因变量不存在明确的函数关系这种情况，通过"部分信息已知，部分信息未知"来对其内部演变规律进行分析，从而实现对系统运行的监测。因此本书选用灰色关联分析法来研究各个因素对绿色金融发展水平的影响，具体研究步骤如下：

第一步：确定参考数列和比较数列。

设参考数列为 $X_0 = \{X_0(k) \mid k = 1, 2, \cdots, n\}$

比较数列为 $X_i = \{X_i(k) \mid i = 1, 2, \cdots, m; k = 1, 2, \cdots, n\}$

第二步：原始数据的无量纲化处理。常用的方法有初值法和均值法。其中，q_0 和 q_i 为参考数列和比较数列的平均值。

新的参考数列为 $X_0^{'}(k) = \dfrac{X_0(k)}{q_0}$，$(k = 1, 2, \cdots, n)$

新的比较数列为 $X_i^{'}(k) = \dfrac{X_i(k)}{q_i}$，$(i = 1, 2, \cdots, m; k = 1, 2, \cdots, n)$

第三步：计算参考数列和比较数列的差序列。

$\Delta_{ok}(k) = \mid X_0^{'}(k) - X_i^{'}(k) \mid$，$(k = 1, 2, \cdots, n)$

第四步：找出差序列中的最大值 $\Delta_{\max}$ 和最小值 $\Delta_{\min}$。

第五步：计算灰色关联系数。其中 ρ 为分辨系数，$\rho \in (0, 1)$。分辨系数越小，关联系数间差异越大，区分能力越强，一般 $\rho = 0.5$。

$$\delta_{ok} = \frac{\Delta(\min) + \rho\Delta(\max)}{\Delta_{ok}(k) + \rho\Delta(\max)}$$

第六步：计算关联度。其中 r_{ok} 是第 k 个比较数列与参考数列的关联度。

$$r_{ok} = \frac{1}{n} \sum_{1}^{m} \delta_{ok}(k), \ (i = 1, 2, \cdots, n)$$

第七步：根据关联度大小进行排序。

5.2.2.3　灰色关联度分析

新疆绿色金融发展水平影响因素的灰色关联度如表5-6所示。

表5-6　灰色关联度

影响因素	变量意义	关联度	排名
经济因素	经济发展水平	0.802 363 901	1
	产业结构高级化程度	0.564 079 447	9
社会因素	金融发展水平	0.735 115 753	2
	人力资本水平	0.647 119 907	6
环保因素	环境治理效力	0.678 262 438	3
	环境规制力度	0.660 917 751	5
其他因素	技术创新水平	0.627 401 811	7
	环境污染指数	0.664 623 156	4
	绿化覆盖率	0.616 275 845	8

由表5-6灰色关联度分析结果可知，在影响新疆绿色金融发展的诸多因素中，其与新疆绿色金融发展水平的关联程度依次是：经济发展水平>金融发展水平>环境治理效力>环境污染指数>环境规制力度>人力资本水平>技术创新水平>绿色覆盖率>产业结构高级化程度。根据关联程度梯度来看，首先经济发展水平与绿色金融发展水平的关联程度最大，其次是金融发展水平，再次是环境治理效力、环境污染指数、环境规制力度、人力资本水平、技术创新水平、绿色覆盖率与绿色金融发展水平的关联程度都相差不大，最后是产业结构高级化程度。具体分析：

第一梯度：经济发展水平与绿色金融的关联程度约为80.24%，表明经济基础是促进绿色金融发展的根本。就实际情况来看，新疆自2017年被赋予丝绸之路经济带核心区定位之后，绿色金融评分排名一直靠前[①]，这也印证了绿色金融的发展需要经济的推动作用。

第二梯度：金融发展水平与绿色金融的关联程度为 73.51%，表明地方金融基础是绿色金融发展的必要条件。就新疆绿色金融发展概况来看，绿色信贷作为绿色金融发展的主力军，银行作为信贷机构，在绿色贷款方面也有着严格要求，金融发展程度越高，在一定程度上反映了自治区贷款越多，相应的节能环保企业贷款就越多，则该类企业拥有更多的资金开展业务，对绿色金融的贡献也就越大。

第三梯度：环境治理效力、环境规制力度、环境污染指数与绿色金融发展水平的关联程度分别为 67.83% 和 66.46%。这表明随着经济高质量发展基调的明确与"双碳"目标的逼近，自治区政府的环境规制力度也随着对污染治理重视程度的加大而加大，环境治理资金的增加会不可避免地增加财政负担，绿色金融作为专项融资渠道不仅能帮助政府缓解财政压力，也将促进绿色金融的长足发展。人力资本水平、技术创新水平、绿化覆盖率与绿色金融发展水平的关联程度 61%~65%。"双碳"目标下，经济高质量发展需要创新驱动，尤其是绿色技术创新。技术创新不仅需要研发经费的支持，同时还需要相应的人才战略支撑。就新疆而言，虽然全区规模以上工业企业研发经费的逐年增加表明了工业企业技术创新支持力度的加大，但绿色技术与绿色项目本身投资金额大、成本回收周期长、风险可控性低的特点使得其难以获得传统金融体系支持，融资约束成为技术创新的重要障碍。而绿色金融不仅能够通过多元化融资工具来缓解地区工业企业实施绿色技术创新面临的融资约束问题，还能够引导更多资金流向新兴绿色行业，带动全区绿色金融向更深层次发展，同时人力资本水平也将成为地区绿色金融产品创新的主要推动力。

第四梯度：产业结构高级化程度与绿色金融发展水平的关联程度为 56.41%，其根本原因在于新疆自身的经济结构在一定程度上决定了绿色金融的发展深度。虽然 2010 年以来自治区政府大力推动产业结构调整，但新疆作为能源基地与主要的产业转移承接地，2022 年新疆三次产业比重为 14.1：41.0：44.9，与全国三次产业比重的 7.3：39.9：52.8 相比，新疆第二产业偏强，第三产业偏弱。

---

① 评分来源：中央财经大学《地方绿色金融发展指数评分结果》

5.3 新疆绿色金融发展面临的挑战

5.3.1 宏观与微观共同利益机制不明确

5.3.1.1 金融机构经济利益与绿色金融发展目标之间存在矛盾

绿色金融本身的外部属性决定了发展绿色金融的首先要面对的是公益性和商业性的冲突。由于金融机构追求经济利益的经营目标和实施绿色金融的社会责任存在一定的矛盾，使得目前实施绿色金融仍停留在公益性活动或是响应政府政策的阶段，不能构成金融机构的核心价值。金融机构对于企业社会责任的认识还不够深刻，存在流于形式、敷衍了事的情况。特别当绿色金融与经营目标发生不可调和的矛盾时，绿色金融很可能就此搁浅。如何解决新疆金融机构经营目标和社会责任之间的矛盾，对于发展绿色金融而言是一项艰巨的挑战。从金融部门的角度来看，其发展绿色金融业务推动生态环境保护有利于实现自身的可持续发展。然而，绿色金融本身是有成本的，例如绿色项目通常收益低、投资回收期长，还需要对绿色项目进行额外认证等，发展绿色金融给金融机构带来的好处是非排他性和非竞争性的，金融自身"逐利"的特征会进一步加强金融机构在绿色金融发展中"搭便车"的行为。即使个别金融机构有生态环境保护的意识，但这些金融机构在竞争中还面临着"劣币驱逐良币"的重大挑战。此外，由于绿色金融支持的项目本身具有的外部性属性，导致项目本身容易产生风险与收益不匹配的问题，一旦缺少妥善的投融资方案设计和参与主体的对接协调机制，极易产生资产端与资金端脱节的情况。

5.3.1.2 顶层设计与基层实践协调不够

绿色金融及相关配套政策的顶层设计由中央及各部委负责，履行责任的主体是地方政府（具有多目标约束），具体操作执行是商业金融机构。三者长短期追求目标和利益取向存在错位，尤其在环境效益、社会责任、GDP 增长、政绩考核、就业压力、产业结构调整、市场化盈利等目标上不太容易找到综合考虑各方利益的均衡结合点，导致各方对绿色金融政策的认知、执行存在差异。其一，政策传导机制不畅。顶层设计中的绿色金融政策在传导到基层实践过程中存在一定的滞后和衰减现象，导致政策效果大打折扣。这主要是由于政策传递链条过长，以及各级政府和金融机构对绿色金融的理解和执行力存在差异导致的。其二，资源配置不均衡。在基层实践中，由于地区间经济发展水平、资源条件等方面的差异，绿色金融资源往往集中在某些地区或领域，导致资源配置不均衡。这不仅影响了绿色金融的整体发展，还可能引发区域间的不公平问题。其三，信息沟通不畅。顶层设计与基层实践之间的信息沟通机制尚不完善，导致政策制定者对基层实践中的问题和需求了解不够充分，基层实践者对政策意图和要求也理解得不够准确，这在一定程度上影响了政策的针对性和可操作性。其四，创新能力不足。基层实践者在绿色金融领域的创新能力相对不足，对新兴的绿色金融产品和服务的了解不够深入，也缺乏相应的业务经验和技能，制约了基层实践者在绿色金融发展中的主动性和创造性。

5.3.2 绿色资金供需不平衡

5.3.2.1 绿色融资需求大

根据《新疆维吾尔自治区 2021 年生态环境状况公报》，全年 14 个地州市累计发生严重污染 221 天，其中以 PM10、PM2.5 为首的污染物导致的污染天数分别占重度及以上污染天数的 75.9%、34.1%，全域 96 个县（市区）中，环境空气质量达标的有 38 个县（市区），仅占比 39.6%，尤其是克州、和田地区、喀什地区及阿克苏地区一带污染比较严重。受制于地理位置与气候因素，新疆沙漠、戈壁占地面积大，植被覆盖率低，生态服务功能受限，内陆河纳污净化能力弱，生态环境脆弱且存在破坏后不易修复的环境治理难题。面对新疆自然环境对经济社会发展的承载能力存在"先天不足"这一情况，地方政府有针对性地推出了一系列措施：进一步优化产业结构，推广清洁能源，提高能源利用效率，改变能源结构，提高绿植覆盖率等，这些项目都需要大量的资金支持。

5.3.2.2 绿色金融供给动能不足

从整个金融行业的角度来看，金融机构提供绿色金融产品与服务来支持产业绿色发展、绿色环保项目融资具有较强的外部效应。生态环境保护带有的鲜明公共物品特性，这也决定了金融部门为具有公共物品属性的生态环保项目融资承担了一部分社会公益责任，因此绿色金融具有较强的正外部性。然而金融机构本身的利润并不会因为其提供的产品和服务对社会产生的正外部效应的增加而增加。金融机构在提供绿色金融产品和服务的过程中会产生成本，而社会个体享受生态环境改善带来的好处时并不会支付任何费用，因此，市场中金融机构实际提供的绿色金融产品和服务无法满足社会的最优需求，导致绿色金融供给不足。

5.3.3 绿色金融标准和评估体系不完善

5.3.3.1 绿色金融发展制度体系不完善

绿色金融作为国外可持续金融的中国化，具体实施的时间较短，从国家层面到地方层面相应的政策法规都较少，可依据的法律法规有限，特别是在实践中遇到的很多问题目前并没有详细具体的规定，大多是推动绿色金融发展的规范性文件，法律位阶较低且不成体系。新疆作为第一批绿色金融改革创新试验区，虽然取得了一定成效，总结形成了一些可复制可推广的经验，但从客观来讲，与建立健全绿色金融体系的目标要求相比，仍然存在很多亟须补足的短板和亟待解决的难题。基于新疆当前能源结构现状，昌吉、哈密、克拉玛依三地绿色金融改革创新试验区产业结构仍然不够合理，绿色项目集中在可再生能源及清洁能源行业，绿色农业、生态旅游业、绿色建筑业等产业标准和政策支持尚未落地。从现有绿色标准对"新疆特色"的支持来看，符合属地特色的"绿色"标准还不够完善、不够精准。新疆作为光能大省，光能仅次于青藏高原，光热资源开发前景开阔，可利用光热发电技术通过"光-热-电"解决光伏夜间不能发电、光能储存等问题，进而提升电网调峰和"疆电外送"能力。按照《绿色产业指导目录（2019版）》，光热发电划归太阳能性质所属绿色项目，受国家能源局弃风、弃光产业政策影响，光热发电等新兴绿色产业的信贷支持受限。

5.3.3.2 绿色金融服务体系不完善

新疆金融机构已有的绿色金融产品缺乏多样性，创新产品不足，区域内超过95%的绿色金融供给依靠绿色信贷。从新疆金融机构整体来看，绿色金融业务在数量与质量上无法满足企业绿色资金的真正需求。新疆绿色金融产品与服务相对单一，所覆盖的范围主要集中在绿色金融的中下游环节。三个试验区"三高一资"[①]特征明显，短期内推动绿色化改造相对困难，导致在绿色证券方面的直接融资较少，绿色金融企业在资本市场或货币市场上融资相对较难。银行类金融机构作为推进绿色金融开展的主体力

---

① 高成本、高能耗、高污染、资源型，简称"三高一资"。

量，因相应的指引标准不够健全，甚至部分指引标准存在冲突，致使绿色金融开展成本较高。同时，社会上缺乏独立的第三方评估机构，相关部门在构建绿色产业体系、绿色企业和项目认定、绿色建筑推广、绿色交通应用、制定绿色金融机构和业务实行差异化准入政策、构建绿色银行监管评价体系、建立企业环境信用数据库、环境信用评价等方面尚未形成统一合力，部门间权责归属不明确，相关配套政策难以落地，市场上的信息不对称问题凸显，使得金融机构很难识别一些伪装成为绿色项目的非绿色项目及"漂绿"行为。

5.3.3.3 环境信息披露不充分

基于全国层面缺少统一的环境、社会和公司治理（environment，social and governmence，ESG）信息披露制度，也未采用国际披露准则，不少绿色项目参与主体对披露内容存在理解偏差，出现信息披露意愿不强、选择性披露信息、定量信息少、披露内容参差不齐等问题，使得绿色金融政策在自上而下落实过程中由于信息披露不充分造成对金融机构风险管理和投资的指导作用较小。区域内绿色金融发展仍然存在环境信息披露和共享不平衡、不充分的短板。政府职能、产业、环境和金融监管等部门与金融机构间缺乏有效的信息联通机制，信息不对称，企业环境信息披露滞后、披露程度和精度不高，碎片化、零散分布在各部门，缺乏共享，导致信息整合利用效率低、徒增有效信息获取的各项成本。全区尚未建立碳排放和碳足迹信息的统一公示平台，且缺乏专业部门对项目或技术带来的潜在环境风险成本进行预测和披露，不利于金融机构在助推区域绿色金融发展的同时强化环保风险防控。信息披露零散、不完整，金融机构获取企业环境信息数据或风险评估需从第三方公司购买或从相关部门逐一获取，信息的及时性、完整性、可靠性、权威性、科学性难以保障，且无法精准区分深绿、浅绿、棕色、黑色和"洗绿"，增加金融机构"搜索"和"认定"绿色资产的成本，而金融机构基于自身经营的营利性质，可能会通过成本转嫁将获取企业环保信息超额成本转移至企业融资环节，造成政策在自上而下传导过程中存在落地不实，致使市场主体参与积极性不高。

5.3.3.4 绿色金融政策支持力度有待加大

新疆作为第一批绿色金融改革创新试验区，虽然在西部大开发、共建"一带一路"倡议发展目标下政策支持力度较大，但受地理位置的特殊影响，资源禀赋的差距使得绿色金融发展相比其他四地试验区难度系数较高，适合新疆绿色金融发展的政策体系尚未完全建立，市场缺乏系统性的规划和政策支持，导致绿色金融市场的发展缺乏明确的方向和动力，需要进一步完善相关政策体系。首先，新疆政策体系不够完善。当前来看，由于新疆南北区域经济发展水平极不平衡，全区内污染源与信贷资源分布不协调，统一的信贷政策难以支撑全区绿色金融的发展。例如，新疆可再生能源、绿色农业、生态旅游业、绿色建筑业等具有比较优势的绿色产业的差异化支持政策尚未落地，未形成绿色发展新动能。新疆是我国多晶硅重要产地，因缺乏差异化支持政策，信贷资金支持受限，制约了下游光伏产业的发展。其次，新疆政策执行力度不够，绿色金融业务开展中对绿色企业和项目的认定、绿色金融机构和业务差异化准入政策的制定、企业环境信用数据库建立等各项工作涉及不同的管理部门，由于部门间权责归属不明确，各部门间很难形成统一合力，致使相关各配套政策难以落地。虽然新疆维吾尔自治区政府出台了一些绿色金融相关的政策，但在实际执行过程中存在力度不足的问题。例如，政府对绿色金融产品的补贴和税收优惠等激励措施不足，影响了金融机构和社会资本参与绿色金融的积极性。政策执行不力可能会影响政策的实施效果，制约绿色金融市场的健康发展。最后，新疆政策创新和试点不足，新疆在绿色金融政策创新和试点方面相对滞后，缺乏具有地方特色的创新政策和实践经验。这限制了绿色金融市场的活力和创新，需要加强政策创新和试点工作。

5.3.3.5 绿色金融发展激励机制有待健全

由于绿色金融投资产业项目存在回报偏低、信息不对称、资金回收周期较长等问题，引导金融机构投资绿色产业项目需要政策引导和激励。当前，新疆环境治理财政负担重，自治区政府对支持绿色金融的减税、贴息、补贴、风险补偿和分担机制等经济政策的激励尚不充足，全区仅有克拉玛依和昌吉出台了《绿色金融发展专项资金使用管理办法》。地区金融机构在开展绿色金融业务时，因未能获得相应补贴而缺乏持续实行绿色金融的动力，进而导致市场主体参与绿色金融的积极性不够。当前新疆的绿色金融发展主要依靠以清洁能源为主要投向的绿色信贷，而新疆得天独厚的气候资源条件赋予其农业大区的地位，并且作为我国重要的农产品生产供应基地，其粮油、棉花和纺织服装、绿色有机果蔬、优质畜产品四大产业撑起了新疆"八大产业集群"的半边天，从原材料采购到最终销售全产业链都是相对绿色低碳的企业，但由于政策激励不足等原因，这类企业较少通过绿色信贷、发行企业绿色债券、参与碳市场交易等多样化方式进行资本结构的优化升级。

5.3.4 绿色金融人才和专业机构支持相对匮乏

5.3.4.1 专业人才缺失、技术人才流失

基于我国"双碳"战略目标的长期性，未来绿色金融市场在市场需求的推动下将会不断扩大，催生着绿色金融产品的不断更迭创新，金融机构作为政策实施的主体，不仅要准确把握国际赤道原则的中国化改良，更要面对更大规模的绿色融资需求与绿色金融发展背景下的绿色创新人才与绿色金融产品短缺问题。随着新疆绿色金融业务项目数量的增多，在业务经营过程中很多原本从事金融行业的工作人员缺乏对环保领域、乡村振兴等方面的研究，导致现阶段全疆金融行业对实用型、专业型、创新型人才需求旺盛，而且金融机构对现有工作人员培训力度还有待加大，部分从业人员难以将传统业务和绿色金融业务区分开以致业务经营出现混乱，人才因素会制约绿色金融实现高质量发展的目标。农村地区金融机构虽然注重绿色金融，但是实践经验不够丰富，缺少监督和指导，没有绿色金融专业人才的支撑，新疆地区乡村振兴战略也会因为缺乏创新驱动而难以深入持续发展。新疆受制于地理位置的特殊性、环境气候的复杂性、经济发展的滞后性、民族文化的多样性，导致其与内地沿海城市相比，在吸引人才方面存在诸多的劣势，缺乏对集环保、法律、金融于一身的复合型人才的吸引力。一是缺乏技术创新人才。新疆的区域劣势一度导致其成为我国经济发展最落后的地区之一，外地人才不愿意来，本地人才难留住，造成青年人才"东南飞"，人才资源严重匮乏。二是交通运输的制约。新疆深处内陆最西部，远离东部发达地区，新疆交通运输基础设施发展不均衡，物资获取便捷程度远不如物流包邮地区。三是资源和环境的约束。新疆沙漠面积占新疆总面积的1/4，占全国沙漠总面积的60%左右，气候干旱且全年降水稀少，资源和环境条件阻碍了新疆的经济发展。新疆在全国各地展开的人才争夺战中，无论是在地理环境和人文环境方面，还是在财政支持力度方面都明显处于劣势，资源匮乏的现实使新疆在人才引进工作与人才保卫战中遭遇困境。此外，新疆在人才培养开发和能力提升方面缺乏完善的制度体系，这导致部分被引进的人才难以持续实现能力的开发和提升，最终造成人才流失。

5.3.4.2 人才选拔培育机制发展滞后

金融行业的职业门槛相对其他行业较高，而新疆全区内仅有两所双一流高校与两所财经类高校，教育资源的匮乏导致人才孵化供给满足不了地区金融机构发展业务的需求，且绿色金融是一个复合型概念，既包含"绿色"又包含"金融"，是"绿色"与"金融"的有机统一，这就要求绿色金融领域的金融人才既要懂"绿色"，又要懂"金融"。再加上绿色金融概念提出的时间不长，绿色金融人才比较缺乏。新疆处于我国的大西北，对人才的吸引力比较小，使得新疆的绿色金融人才更为短缺。新疆金融从业人员人数占比较低，与内地发达省市相比存在较大差距，进一步导致金融专业青年人才更期望到金融资源富足地区谋生存、求发展，留疆从业人员年龄偏高；在金融管理部门中，高级专业人员数量较少，具有高级执业资格的高层次人才匮乏。以新疆目前对金融人才的培育机制来看，选拔、培训、交流各环节都存在不足，用人机制缺乏一定的灵活性，通过委任和直接聘任晋升的人员占比较高，而通过市场化方式选聘和竞争性选拔的人员占比不高。基于金融机构的风险管理准则，青年从业人员多以基本传统金融业务为主，专业人员能力提升培训大多依靠内部组织实施，高校资源不充分导致与金融机构尚未建立创新人才培育基地，距内地路途遥远导致团队外出学习成本高。地区间监管部门与金融机构之间、各金融机构之间的人员交流机制尚未建立，机构间由于竞争现象普遍，金融业人才内部流动处于无序状态，人才交流效率仍需提高。

5.3.4.3 专业机构支持力度有待加大

目前新疆地区开展绿色金融业务的相关机构较少，且专业化水平和服务质量有待提高，这导致绿色金融市场缺乏足够的专业服务支撑，制约了绿色金融产品市场的拓展和延伸。一方面，新疆地区开展绿色金融衍生产品与服务的相关机构数量相对较少，无法满足绿色金融市场快速发展的需求，尤其是一些专业的绿色金融中介服务机构，如绿色项目评估、环境风险评估、绿色认证等机构，专业化水平亟待提升。这导致绿色金融市场缺乏足够的专业服务支撑，影响了市场的健康发展和运作效率。另一方面，现有的绿色金融相关专业机构在技术和服务方面还有很大的提升空间。这些机构在绿色金融领域的人才储备、技术研发和业务经验等方面相对薄弱，难以提供高质量的专业服务，制约了绿色金融市场的创新能力和发展潜力。

就全疆南北发展角度而言，一方面，南北疆地区产业结构差异明显，北疆地区以发展工业和服务业为主，而农业的发展则主要集中在南疆地区，工业化发展情况造成南疆区域发展缓慢，经济发展水平相对较低、城市化进程缓慢，全疆由北至南呈现出经济发展梯度逐级递减的趋势。经济状况差异，加之资本的逐利属性导致全区出现金融聚集，金融业发展不均衡。另一方面，虽然新疆地区旅游资源丰富，但由于南疆经济发展相对落后导致旅游资源开发较晚，金融机构进驻较晚且发展受民族文化交融的限制，金融发展深度不够，影响绿色金融的发展。

6 不确定风险冲击下新疆金融安全现状与面临的挑战

6.1 不确定风险冲击以及金融安全内涵的界定

6.1.1 不确定风险冲击

不确定性是指事件未来发生可能性的不确定，或概率未知。不确定风险则是由于这种不确定性导致的潜在损失或不利影响。不确定风险一旦发生，就会进一步导致"不确定风险冲击"的发生，这类冲击会造成难以预料或控制的结果，使得实际结果与预期目标之间产生不同程度的偏差，从而可能会给经济主体带来损失。2018—2023 年，发生的不确定风险冲击主要体现在公共卫生安全事件，此类事件对全球经济金融都产生了巨大的影响。其中，对于金融市场的影响尤为受人关注。

不确定风险冲击对金融市场产生的影响，根据机制不同可以分为直接冲击和间接冲击。直接冲击主要是指金融市场参与主体受到影响后做出决策进而对市场运行产生的影响；间接冲击则是指受到风险冲击，对参与生产、消费、经济运行的居民企业造成影响，进而间接作用于金融市场。由此，直接冲击主要体现在：一是市场波动性增加，主要是由于市场主体对风险冲击产生的影响看法不一，对未来预期产生分歧，进而引发市场波动。这种波动可能表现为证券市场定价的大幅波动、债券收益率的急剧变动以及外汇市场的剧烈震荡。二是资金流动性的变化，投资者为了寻求更安全的投资渠道，通过调整资产配置分散或规避市场风险，从而导致部分市场资金流动性收紧，金融机构为了有效控制风险也会随之调整信贷政策。三是资产价格重估，这在公共卫生事件的冲击下尤为突显，例如旅游、餐饮等行业资产价值大幅下跌，医疗、线上服务等行业资产价值反而大幅上涨。间接冲击主要体现在：一是产业结构的变化导致区域经济发展增长极的迁移；二是企业为了应对冲击，如增加防护、调整生产流程等，经营成本上升；三是不确定风险的冲击导致供应链中断或紊乱以及市场需求的变化，影响企业的运营效率和盈利能力。而上述冲击会导致金融市场需求的变化。

6.1.2　金融安全

金融安全，从广义上来讲，就是指货币资金融通的安全和整个金融体系的稳定；从狭义上来看，具体需要从金融机构、金融市场、金融监管等方面分别论述各个部门的发展稳定性。

根据不确定风险冲击影响的来源不同，本书从内部挑战和外部竞争两个视角分别论述不确定风险下新疆金融安全的现状与面临的挑战。内部挑战主要是通过观测不确定风险冲击对新疆自身金融经济发展的直接和间接影响，分析其金融安全现状；外部竞争则是针对人民币国际化进程中，基于全球范围受到不确定风险冲击后，面对跨境贸易发展、国际制裁等机遇与挑战，来评估新疆金融安全现状。

6.2　内部挑战对新疆金融的影响

以公共卫生安全事件为代表的不确定风险冲击主要可能会对政府收支、农牧业、制造业、建筑业等传统行业，以及中小企业和个体户等小规模经济主体产生较大影响。新疆虽然同样面临较为严峻的公共卫生安全事件冲击，但是无论是政府还是金融机构都采取了各项积极稳健的政策措施，有效防控风险的同时，基本确保了金融运行状况的稳定，金融安全现状整体较为乐观。然而在部分领域也存在一定的潜在风险，对金融机构和政府带来一定的挑战。

6.2.1 基于信贷业务对新疆金融安全现状与挑战的分析

6.2.1.1 新疆金融安全现状

信贷业务发展不仅可以反映经济发展的活跃性和积极性，而且可以看出市场对未来的判断。中国人民银行统计数据显示，金融机构通过持续优化信贷结构，精准支持实体经济重点领域，虽然这对新疆传统优势产业信贷需求影响不明显，但可能会对其产生结构性冲击。2022年，新疆银行业金融机构积极落实稳经济大盘政策要求，持续加大信贷投放，年末本外币贷款余额2.8万亿元，同比增长9.2%，全年新增2 361亿元[①]。从数据来看，即便是在公共卫生安全事件冲击下，新疆金融政策引导作用突出，信贷助力经济稳增长、调结构、惠民生成效显著，尤其是脱贫攻坚、乡村振兴、涉农贷款方面取得了稳定持续的增长。绿色金融发展理念得到有效贯彻落实，信贷需求也呈现结构性下降，例如，2021年制造业"两高"行业中长期贷款占制造业中长期贷款比重下降明显。新疆在农业、制造业等行业方面没有受到太大冲击，这一观点由国家统计局发布的数据予以进一步佐证：2020年第四季度，新疆地区实现地区生产总值13 800.74亿元，较第三季度增长41.03%，这表明新疆经济在公共卫生安全事件期间的受损得到了一定的缓解，经济正在逐渐恢复。此外，新疆地区的固定资产投资也在逐渐增长。根据新疆维吾尔自治区发展和改革委员会发布的数据，2021年新疆地区固定资产投资同比增长15%，其中制造业固定资产投资同比增长41.6%[②]。这表明新疆地区正在加大对制造业的支持和投资。从实际情况来看，新疆地区的一些产业也正在逐渐恢复。

6.2.1.2 新疆金融安全挑战

随着经济的发展，产业结构的升级，第三产业也逐步成为新疆重点培育的新的经济增长极，不少中小企业和个体户的资金来源主要依赖于旅游业等服务业，而这些行业受到公共卫生安全事件影响最为直接。根据新疆维吾尔自治区旅游发展委员会发布的数据，2019年新疆全年接待游客2.0亿人次，实现收入3 417.27亿元；2020年新疆全年接待的中外游客总数为

---

① 数据来源：中国人民银行新疆维吾尔自治区分行2019—2023年新疆维吾尔自治区金融运行报告。

② 新疆维吾尔自治区统计局．新疆维吾尔自治区2020年国民经济和社会发展统计公报［EB/OL］．（2020-12-31）［2024-06-12］．https://tjj.xinjiang.gov.cn/tjj/tjgn.

1.58 亿人次，实现的旅游收入为 84.13 亿元，无论是接待游客规模还是收入水平都明显下滑。到了 2021 年，接待游客规模回升为 1.91 亿人次，同比增长 20.89%。由此可以看出第三产业受到公共卫生安全事件冲击较为明显，公共卫生安全事件可能会对其财务状况产生负面影响，进而减少其信贷需求或影响其获得信贷支持的能力。

6.2.2 基于金融市场对新疆金融安全现状与挑战的分析

当公共卫生安全事件在新疆爆发之后，新疆的金融市场也受到了一定的影响。

6.2.2.1 资产价格发生较为明显的波动

2020 年的第一季度，新疆地区的股票市场表现不佳。根据证监会数据，截至 2020 年 3 月底，新疆地区共有 13 家上市公司，市值为 474.17 亿元，其中 8 家公司股价下跌，只有 5 家公司股价上涨。整个一季度，新疆综合指数下跌了 8.08%。其中，受公共卫生安全事件冲击较大的石油和石化板块股价普遍下跌，对综合指数下跌产生了较大的负面影响。新疆的债券市场也受到了公共卫生安全事件的冲击。2020 年 1~6 月，新疆地区发行债券数量为 50 笔，发行规模为 129.68 亿元，较去年同期分别下降 22.92% 和 36.29%①。这表明公共卫生安全事件对新疆地区的融资能力产生了不小的影响。此外，在公共卫生安全事件期间，新疆地区的金融机构面临着较大的风险和挑战。一方面，由于全国性的经济下行压力，新疆的金融机构可能面临更多的不良贷款和资产质量问题；另一方面，公共卫生安全事件给金融机构的业务运营也带来了困难。许多银行分行和 ATM 机在公共卫生安全事件期间关闭或限制开放，导致其业务受到了影响。此外，金融机构的员工也面临着被感染的风险，需要采取更多的防护措施，这也加大了金融机构的运营成本。

6.2.2.2 市场需求及金融业务模式发生质效性变化

公共卫生安全事件对新疆金融机构的营业网点运营和人员管理产生了较大的影响。公共卫生安全事件的爆发，一方面，导致了消费者的消费行为发生了巨大的变化。为了防范疫情，人们更加注重线上购物和线上支

① 中国人民银行新疆维吾尔自治区分行. 新疆维吾尔自治区金融运行报告（2023）[EB/OL]. (2020-05-29)[2024-06-12]. http://wulumuqi.pbc.gov.cn/wulumuqi/2927327/4029908/index.html.

付，这导致许多银行的线下业务受到了很大的冲击，许多银行的网点不得不暂停营业或缩短营业时间。另一方面，公共卫生安全事件加速了新疆金融业的数字化转型。银行开始积极推广线上银行、手机银行等数字化服务，以满足客户线上支付的需求。同时，银行也积极引入人工智能、大数据等技术来提升自身的业务水平和效率。通过数字化手段，银行能够更好地服务客户，降低业务成本，提高服务效率。根据中国人民银行新疆分行的数据，2020 年新疆银行业金融机构人民币存款余额同比增长率为 9.3%，比 2019 年同期下降了 1.1 个百分点。同时，2020 年新疆银行业金融机构人民币贷款余额同比增长率为 13.7%，比 2019 年同期下降了 1.8 个百分点。这表明虽然公共卫生安全事件对新疆金融业的线下业务造成了一定的影响，但整体上仍然保持了较高的增长速度①。

6.2.2.3　公共卫生安全事件给数字金融的发展带来了机遇和挑战

数字金融是指借助互联网、大数据、人工智能等信息技术，对传统金融业务进行创新和改进，提高金融业务的效率。在公共卫生安全事件期间，数字金融为金融业务提供了重要支持。

第一，在公共卫生安全事件期间，人们对于线上金融服务的需求增加，数字化服务的优势得到了进一步的展现。银行通过数字化渠道提供线上服务，客户不必前往银行就可以办理业务，避免了人员聚集。同时，数字化服务的快捷便利也为公共卫生安全事件期间的贷款、支付等业务提供了支持。

第二，数字金融的快速发展也对新疆地区金融机构的数字化转型提出了更高要求。一是在数字技术与金融科技发展的同时，也伴随着相关的网络安全风险。技术的不断创新，区块链和数字货币的发展，也增加了未来市场的不确定性。国家互联网应急中心报告数据显示，2023 年监测到的数据泄露风险和事件超过 19 500 起，暗网非法交易涉及金融数据的事件超过 8 758 起②。虚拟货币交易由于其匿名性和去中心化的特点，容易被用于非法活动，如洗钱和走私，虽然有多国监管政策出台，但监管难度较大，成本较高。在这种情况下，金融机构必须加强技术安全管理，提高网络安全

①　新疆电子商务研究课题组. 新疆数字经济发展研究报告（2019）[EB/OL].(2019-12-31)[2024-06-12].https://www./00ec.cn/detail_6561598.html.

②　国家互联网应急中心. 2023 年数据泄露风险年度报告[EB/OL].(2024-03-23)[2024-06-12].https://www.cert.org.cn/.

防护能力，并与金融科技企业合作，推动金融科技的合规发展。政府也需出台法规，加强监管，确保金融科技的安全性和可靠性，保障用户的信息安全和隐私。二是数字化转型需要投入大量的资金和人力，对金融机构的运行成本以及人才队伍建设都提出了更高的要求。金融机构需要加强数字化基础设施建设，提高数字化技术的应用能力和安全保障水平，实现这一目标的根本基础在于加强人才培养，尤其对于新疆地区而言。金融科技的发展需要具备金融和技术背景的人才。虽然政府出台了一系列政策鼓励人才培养和人才引进，但由于金融科技行业的特殊性，培养人才需要长时间的积累，吸引人才需要营造良好的行业发展环境。新疆金融业发展以及人才引进，可能会面临较高的成本和较大的压力。三是随着金融机构的数字化转型，市场及政策环境也在不断快速升级变化，金融机构需要密切关注相关政策的变化，及时调整业务布局和风险管理策略，确保在政策环境的变化中保持稳健和灵活。在应对公共卫生安全事件冲击的过程中，政府出台了一系列支持金融业发展的政策，为金融机构提供了较好的发展环境，促进了新疆地区金融业的稳步发展。例如，《促进数字经济发展三年（2021—2023 年）行动实施方案》明确提出要推进数字产业化、产业数字化和数字化治理，为新疆地区金融机构的数字化转型提供了有力的政策转型动力。金融机构必须及时掌握政策变化，紧抓金融科技快速发展带来的机遇，加快数字化转型进程，提高风险防控能力和调节能力。

6.2.3 基于金融风险管控对新疆金融安全现状与挑战的分析

金融风险会随着经济的变化而变化，公共卫生安全事件对经济的冲击可能会加剧某些风险的出现和蔓延，金融机构需要在保持稳健的基础上，更加注重风险防控和管理。新疆地区的公共卫生安全事件的形势在 2020 年基本得到控制后，金融机构也开始逐渐重启经营活动，随着经济活动逐渐恢复，金融风险也开始浮现。因此，金融风险管控成为新疆金融业在公共卫生安全事件期间面临的重要挑战之一。首先，根据中国人民银行的数据，截至 2020 年年末，新疆银行业资产总额 3.61 万亿元，同比增长 7.54%。其中，各项贷款 2.36 万亿元，同比增长 11.36%；负债总额 3.45 万亿元，同比增长 7.59%；各项存款 2.44 万亿元，同比增长 7.82%；净利润 307.49 亿元，同比下降 5.96%。截至 2020 年年末，不良贷款余额 306.07 亿元，同比下降 33.75%；不良贷款率为 1.30%，同比下降 0.31 个百分点。法人银行机构流动性比例 69.44%，拨备覆盖率 225.10%①。这表明新疆地区金融风险在公共卫生安全事件后有所上升，为了应对这些风险，新疆地区的金融机构积极采取措施，加强风险防范，例如加大不良贷款处置力度，压实风险分类和拨备责任，控制不良贷款规模。此外，还通过加强信用管理，强化风险监测和预警机制，提高金融风险管理水平，增强金融机构的风险抵御能力。总的来说，新疆地区虽然在金融风险管控方面仍面临一些挑战，但是金融机构已经采取了一系列有效的措施来应对风险，随着经济的持续恢复和金融监管的不断加强，新疆地区的金融风险管控逐渐趋于稳健。

总体而言，公共卫生安全事件对新疆金融业的影响表现在多个方面。在信贷业务方面，虽然公共卫生安全事件给信贷资金的供需带来了一定的影响，但政府的金融支持政策缓解了信贷市场的紧张局面；在金融市场方面，虽然公共卫生安全事件引发的经济不确定性加剧了市场波动，但新疆金融市场整体表现良好；在线下业务方面，公共卫生安全事件加速了线下业务向线上转型的进程，数字化转型成为金融机构的重要战略；在数字金融业务方面，公共卫生安全事件加速了数字金融的发展，数字金融业务成为金融机构的重要收入来源。虽然公共卫生安全事件对新疆金融业产生了一定的冲击，但金融业在各方共同努力下依然保持着良好的发展态势，仍具有广阔的发展前景。金融科技在带来显著机遇的同时，也给新疆金融业带来了技术风险、竞争压力、不确定性以及人才需求等多方面的挑战。金融机构和政府需要共同努力，通过加强监管、技术研发和人才培养，确保金融科技的安全和可持续发展，提升金融业的整体竞争力和抗风险能力。政府应鼓励高校开设相关专业，提高人才培养质量，并加大人才引进力度。企业可以通过内部培训和引进高端人才等方式提升人才水平，同时与高校和研究机构合作，推动技术创新。同时，企业应积极推进金融科技应用，提高金融业务的安全性和便捷性，防范金融风险的发生，保障金融体系的稳健运行。

---

① 中国人民银行新疆维吾尔自治区分行. 新疆维吾尔自治区金融运行报告（2020）［EB/OL］.（2020-05-29）［2024-06-12］. http://wulumuqi.pbc.gov.cn/wulumuqi/2927327/4029908/index.html.

6.3 外部竞争对新疆金融的影响

自由贸易区通常指两个以上的国家或地区，通过签订自由贸易协定，相互取消绝大部分货物的关税和非关税壁垒，取消绝大多数服务部门的市场准入限制，开放投资，从而促进商品、服务、资本、技术、人员等要素的自由流动，实现优势互补，促进共同发展。2023 年，中国（新疆）自由贸易试验区在乌鲁木齐揭牌成立，标志着中国（新疆）自由贸易试验区进入全面启动建设阶段。此外，2023 年 12 月 5 日，中国（新疆）自由贸易试验区霍尔果斯片区也在霍尔果斯第六代国门举行了挂牌仪式。中国（新疆）自由贸易试验区的实施范围共计 179.66 平方千米，涵盖三个片区：乌鲁木齐片区：134.6 平方千米（含新疆生产建设兵团第十二师 30.8 平方千米，含乌鲁木齐综合保税区 2.41 平方千米）；喀什片区：28.48 平方千米（含新疆生产建设兵团第三师 3.81 平方千米，含喀什综合保税区 3.56 平方千米）；霍尔果斯片区：16.58 平方千米（含新疆生产建设兵团第四师 1.95 平方千米，含霍尔果斯综合保税区 3.61 平方千米）。中国（新疆）自由贸易试验区是中国在西北沿边地区设立的首个自贸试验区，其设立旨在充分发挥新疆"五口通八国、一路连欧亚"的区位优势，深入开展差别化探索，培育壮大新疆特色优势产业。

中国（新疆）自由贸易试验区的成立从人民币国际化视角来看，具有非常重要的战略意义：能够推进跨境人民币结算业务，能够推动人民币在跨境投融资中的使用，能够提升人民币计价结算份额，以及能够进一步深化共建"一带一路"国家金融机构的合作，推动人民币国际化进程。然而在通过打造自由贸易区推进人民币国际化的进程中，跨境人民币结算也成为新疆金融安全的核心问题。

6.3.1 跨境贸易对新疆金融安全的影响

6.3.1.1 跨境贸易人民币结算规模较小

新疆虽然与多个国家接壤，其人民币跨境结算业务发展迅速，但在规模上与云南省相差很大。其中原因是云南独特的地理环境优势，对周边国家的辐射面比较大。云南的人民币跨境结算业务不仅涉及缅甸、越南、老挝，同时还辐射到了泰国、柬埔寨、马来西亚、印度等。其中，缅甸、老挝等国家由于社会经济环境不稳定而削弱了本国货币的稳定性，外汇储备较为短缺，不用于结算，因而有利人民币结算的发展。

6.3.1.2 跨境贸易人民币结算进出口比例失衡

跨境人民币结算业务在新疆发展迅速，与此同时，存在进口人民币结算远大于出口、收付结算严重失衡的现象。2021年、2022年、2023年新疆进出口贸易总额分别为242.99亿元美元、366.84亿元美元、506.79亿美元，出口总额分别为197.12亿元美元、311.10亿美元、428.95亿美元，进口额分别为45.87亿美元、55.74亿美元、77.84亿美元。其中，边境贸易出口总额分别为128.64亿美元、222.12亿美元、315.15亿美元，边境贸易进口总额分别为0.41亿美元、0.801亿美元、0.41亿美元①。

由此可见，在对外贸易中新疆的出口额远大于进口额，其原因是口岸贸易商品结构失衡。新疆对外贸易中进口商品主要为能源、金属等，需求极具刚性，而出口产品主要为轻工业产品等劳动密集型产品。根据供求理论，刚性需求产品供应方定价及选择结算货币的自主性更强，口岸企业在人民币定价中处于劣势地位，这一定程度上制约了人民币结算的发展。

6.3.1.3 人民币认可度不足

与新疆接壤且开展人民币跨境结算业务的国家主要为中亚国家，大部分中亚国家都处于美元体系中，各国之间贸易主要以美元计价，美元成为中亚各国银行间清算以及资本流动的主要货币，美元也成为中亚各国的官方外汇储备，各国官方均对其外汇市场进行干预。

因此，基于这种对美元的结算偏好，想改变既定局面有一定的难度。美元在中亚五国境内可以自由兑换，在其境内获取美元比较方便，而获取人民币的便利性较差，这是新疆跨境贸易人民币结算业务发展的一大阻碍。

6.3.1.4 人民币回流机制不健全

境外人民币投资回流渠道不畅通不仅是制约新疆跨境人民币结算业务发展的一个重要因素，也是全国范围内跨境人民币结算业务发展的瓶颈。人民币在境外兑换目前尚未达到自由的状态，在境外以人民币计价的投资资产以及投资渠道也很缺乏，目前人民币债券投资主要在香港地区进行，

---

① 新疆维吾尔自治区统计局.新疆维吾尔自治区2023年国民经济和社会发展统计公报[EB/OL].(2021-03-23)[2024-06-12].https://tjj.xinjiang.gov.cn/tjj/tjgn.

规模不大，收益也不高，境外企业在国际贸易中将会面临人民币管理和应用等问题，因而降低了在结算时使用人民币的积极性。因此，人民币自由兑换困难、投资功能弱、保值增值能力不强等缺点也阻碍了跨境贸易人民币结算业务的发展。

6.3.2 跨境贸易中新疆金融安全面临的挑战

6.3.2.1 出口导向型经济结构制约了人民币结算规模

新疆对外贸易以出口为主，而进口相对较少，导致人民币结算中进口金额远小于出口金额，这可能会使新疆金融体系更加倾向于支持出口导向型的经济结构，而缺乏对内需和进口的支持，增加了经济结构不平衡的风险。

政府要重视进口对推动产业升级和促进国际收支平衡的重要作用，进一步完善进口便利化的政策体系，简化进口审批、核准、备案手续，落实进口贴息资金和优惠信贷政策，适时研究下调关税和国内消费税等办法，鼓励引进重要原材料、先进技术装备和关键零部件及元器件；修订《中华人民共和国货物进出口管理条例》，认真落实和适时调整鼓励引进技术目录，推动技术引进消化吸收再创新；增加进口促进资金规模，支持公共信息服务和进口展会，提高进口便利化水平。依托国家重大装备自主化工程招标采购，提高先进技术装备引进效益。

6.3.2.2 人民币结算规模小限制了金融服务的国际化程度

由于人民币结算规模相对较小，新疆金融机构在提供国际金融服务方面受到限制。较小的人民币结算规模可能会限制新疆金融机构在国际金融市场上的话语权和影响力，制约其在全球金融服务领域的发展。

当前新疆国际收支表现为经常账户顺差、资本与金融账户逆差。受资本账户管制影响，人民币主要通过进口结算和对外直接投资输出，并通过境外清算行、境外人民币债券、跨境人民币业务等渠道实现回流，人民币的输入输出表现出对贸易结算和离岸市场的依赖。当前人民币处于贬值通道和资本外流阶段，且在岸金融市场仍在建设中，人民币国际化的推进应充分利用"一带一路"建设的契机，丰富人民币输入输出渠道。

共建"一带一路"倡议在贸易畅通方面提出要在区域内打造良好的营商环境，同共建"一带一路"国家和地区构建自由贸易区；在对外投资方面提出要加快投资便利化，拓展相互投资的领域，消除投资壁垒。随着

"一带一路"建设的深入开展，人民币国际化可以从贸易活动、投资活动和金融平台三方面借力发展，其主要表现在以下三个方面：第一，在贸易和投资环节中，均可以将人民币作为计价和结算货币，增加货物贸易、服务贸易项下的人民币跨境使用，从而刺激人民币的国际需求；第二，在该种交易支付属性的基础上，通过搭建良好的金融平台延伸出人民币资产的投资属性，丰富人民币资产种类，如人民币结构化产品、人民币保单、人民币计价债券基金等，拓展以人民币为媒介的金融服务，提供人民币计价的融资业务，并为各类主体在银行间市场发行熊猫债券提供更多便利；第三，境外人民币可通过投资国内或购买人民币债券等方式流回，从而完成人民币在国际的循环。

6.3.2.3　人民币国际化程度低使人民币投资渠道受限

人民币回流机制不健全，境外人民币投资渠道不畅通，这使得新疆金融机构难以充分利用境外投资机会，限制了金融机构的投资回报和风险分散能力，影响了金融机构的盈利能力和资产质量。

跨境人民币循环制度的发展离不开国内金融环境的改善，而与人民币跨境循环密切相关的国内金融体制便是利率和汇率制度。第一，在汇率形成机制方面，应发挥人民币汇率自律机制的作用，完善中间价报价机制，推进汇率的市场化改革，让人民币汇率更好体现其自身价值。汇率市场化意味着汇率的波动性增强，市场风险增大。根据经济形势的发展变化，央行可以通过调整由全国外汇市场自律机制主导的人民币中间价"三锚机制"中各锚所占的比重，从而让市场有明确的预期。第二，在利率市场化改革方面，积极建设和完善基准利率体系，包括建设回购盘利率、上海银行间同业拆借利率（Shanghai interbank offered rate，SHIBOR）和贷款基础利率（loan prime rate，LPR），加快 LPR 形成机制改革，提高商业银行的风险定价能力，为下一步的利率并轨创造条件，让利率机制发挥金融资源配置的作用。这就要求央行尽快取消存贷款基准利率，增加商业银行对贷款风险定价的意愿。此外还应完善中期借贷便利（medium-term lending facility，MLF）的利率形成机制，使得 MLF 利率能够反映宏观经济的变化，从而使商业银行的贷款定价更灵活。

7 新疆金融高质量发展对策

7.1 优化新疆金融产业结构

本书有关新疆金融发展水平测度的结果显示,主成分分析法测度下的新疆金融发展水平呈现一定的波动性。优化产业结构可以平衡经济中各产业的比例,增强经济的抗风险能力,从而减缓金融波动对经济的冲击。优化新疆产业结构,促进传统产业向高科技、高附加值、高效益的现代产业转型,可以更好地适应市场需求和推进经济转型升级,实现可持续发展,增强新疆经济的核心竞争力。这不仅有助于新疆经济的快速发展,也能增强新疆产业的国际竞争力。

7.1.1 推动新疆金融向服务实体经济转型升级

7.1.1.1 支持实体经济发展

新疆金融机构应积极支持本地企业特别是中小微企业融资,加大对实体经济的支持力度,为实体经济提供更加多元化的金融服务。实体经济是新疆经济发展的重要组成部分,而中小微企业又是实体经济的主体。实证结论显示,新疆金融发展水平在某些年份表现出波动性,这凸显了新疆金融机构加强对实体经济的支持的重要性。通过专注于为中小微企业提供融资,金融机构不仅能够促进这些企业的发展和创新,还可以通过减少金融波动提高整体金融效率,从而加强经济的抗风险能力。这对于缓解金融波动对经济的冲击尤为关键。金融机构积极支持中小微企业发展,为其提供多样化的融资服务,将有助于促进实体经济的健康发展,从而带动整个新疆经济的发展。金融机构通过为企业提供融资支持,可以加速企业的发展和壮大,提高其产品和服务的质量,进一步扩大消费市场,促进消费需求和消费效应的释放，从而有效推动实体经济增长。实体经济的繁荣不仅可以刺激市场需求，还可以增加企业利润，带动政府税收收入的增加，从而为地方政府提供更多的财政资金。通过为企业提供融资支持，金融机构可以加强其与实体经济的联系，增强彼此依赖度，从而增强金融体系的稳定性。在金融市场出现波动和风险时，实体经济可以起到稳定冲击的作用，使整个金融体系得以平稳过渡。

综上所述，金融机构积极支持本地企业特别是中小微企业融资，加大对实体经济的支持力度，为实体经济提供更加多元化的金融服务，有助于促进经济发展，扩大消费市场，增加税收收入，增强金融稳定性，更好地实现实体经济转型升级。

7.1.1.2　优化金融产品

新疆金融机构应根据实体经济的不同需求，深入挖掘各类金融产品，如绿色金融、普惠金融等，发挥金融产品创新的优势，为实体经济提供更加精准和及时的金融服务。随着实体经济发展的不断深入，企业面临的挑战和自身的需求也在不断变化。新疆金融机构需要及时针对不同实体经济需求，深入挖掘各类金融产品，提供更为多元化的金融服务。这将有助于提高金融服务的质量和效率，打造专业化的金融服务平台，推动新疆金融业转型。通过深入挖掘各类金融产品，新疆金融机构可以满足不同实体经济的资金需求，为企业提供更为全面、专业、便利的融资服务，助力实体经济发展。这将有助于加快新疆经济转型升级，促进区域内不同行业的协调发展。新疆金融机构深入挖掘各类金融产品还可以鼓励金融创新。通过对实体经济需求的精准把握和深度分析，金融机构可以开展更有前瞻性和市场化的金融业务，加强技术和服务创新，在市场竞争中获得先发优势；还能够推动金融与实体经济深度融合，增强金融与实体经济的黏性，进一步加强金融与实体经济之间的紧密联系，促进金融业与实体经济良性互动，这是新疆金融转型升级的必然选择和重要途径。

7.1.1.3　加强信息共享

新疆金融机构应加强与实体经济企业的信息交流，了解实体经济的发展需求，以便提升金融服务的主动性和专业性。通过加强与实体经济企业的信息交流，新疆金融机构可以更全面、更准确地了解企业的需求，及时掌握市场变化，针对不同的客户，提供更为精准、个性化的金融产品和服务，满足实体经济企业日益增长的金融需求，同时还可以实现资源共享和优化配置。金融机构可以利用所掌握的市场信息，为企业提供更多元化的金融服务，同时也能更好地掌握各行各业的具体情况，帮助企业进行合理规划和资源配置，更好地满足实体经济的发展需求。

通过与实体经济企业的互动，金融机构可以充分了解市场需求和竞争现状，不断提升自身的服务水平和创新能力，增强其在金融市场的竞争力，助力新疆金融业的转型升级，有助于新疆金融机构更好地适应市场发展变化，促进金融与实体经济的深度融合，进一步增强互信，探索更为紧密的合作方式，从而实现金融与实体经济的有机结合，共同推动新疆金融业和实体经济的健康发展。

7.1.2 培育新疆金融创新能力，推动金融产品和服务升级

本书有关金融发展效率测度的结果显示，新疆金融发展整体效率、技术效率和规模效率较高，但在部分年份效率稍低。这表明新疆金融业在某些时期存在效率不足的问题。通过培育新疆金融创新能力，推动金融产品和服务升级，可以帮助新疆金融业提升效率，特别是在低效时期，从而确保整体金融业的稳定和持续发展。

新疆作为我国西部大开发的重点区域，是国家重点发展的地区之一，具有广阔的发展空间和潜力。在当前经济全球化、金融市场高度竞争的环境下，培育新疆金融机构的创新能力，推动金融产品和服务升级，可以为新疆经济社会发展注入新的活力和动力。

金融业是国民经济的重要组成部分，通过培育新疆金融机构的创新能力，推动金融产品和服务升级，可以为新疆经济转型升级打下坚实基础，极大地促进新疆经济的快速发展。同时新疆具有丰富的资源，通过金融创新推动能源、资源等产业的发展，可以更好地挖掘经济价值，提高新疆经济的核心竞争力。强化新疆金融创新能力，推动金融产品和服务升级，可以为新疆实体经济提供更加丰富和优质的金融服务和支持，促进各行业的快速发展，提升新疆的国际竞争力，为新疆的国际交流和合作提供更多的机会和平台。推动新疆金融创新能力的培育和金融产品和服务的升级，可以有效推动金融业的转型升级，实现金融业数字化、智能化、绿色化和可持续发展，提升企业的核心竞争力和行业的整体水平。

7.1.2.1 加大政策支持力度

政府可以出台相关政策，对金融机构提供一定的扶持，鼓励金融机构

开展创新业务，同时也可以加强对金融机构的监管，规范金融行业的发展。政府可以通过资金支持、税收优惠等方式，为金融机构提供必要的资本支持，降低新产品和服务开发所需的创新成本，激励金融机构加强技术和模式创新，加速产品和服务升级。政府可以为金融机构提供政策保障，将金融创新纳入监管框架和政策规范体系，并为金融创新提供必要的法律、知识产权等保护，保证金融机构在创新过程中的合法权益。政府可以通过拓宽金融市场，为金融机构提供更加多元化的市场渠道，扩大营销范围，增加产品销售，提高市场份额。政府可以设立专项资金，加强金融人才的培养和引进工作，提高金融机构的技术和管理水平，增强金融机构的创新能力和竞争力。政府可以通过与金融机构的沟通交流，了解市场和行业情况，及时调整政策和措施，推动政策的落地，使政策措施真正起到促进金融创新的作用。

7.1.2.2　强化金融机构内部创新意识

金融机构应该关注创新，不断推出符合市场需求的新产品和服务，在产品和服务设计、营销、技术等方面进行不断的探索和创新。同时，企业和团队内部也需要建立创新意识，鼓励员工提出新的想法和创新方案。

金融机构应鼓励经营管理人员和技术人员发挥创造力，积极挖掘市场需求，推出更加符合市场需求的金融产品和服务。金融机构应提高市场竞争意识和风险意识，从而更加迅速地捕捉市场趋势，把握市场机会，帮助企业建立先进的信息化、数字化平台，推进金融和科技的深度融合，提高金融产品和服务的智能化、数字化水平。金融机构应建立良好的创新机制，如鼓励员工提出创新点子、设立创新奖励制度等，在金融机构内部形成一种良好的创新氛围，推动企业全面创新发展，提高企业的核心竞争力，帮助企业在激烈的市场竞争中占据优势地位，开拓更广阔的市场空间。

7.1.2.3　推动金融科技平台建设

新疆可以通过建设金融科技平台来推动金融创新。金融科技平台可以提供金融信息共享及其他基础性服务，鼓励各类金融创新业务在平台上快速落地。金融科技平台不仅可以促进金融创新和提供多样化服务，还能通过高效的信息处理和风险管理，帮助金融机构更好地应对市场波动。例如，通过平台的大数据分析和人工智能应用，金融机构可以更准确地预测市场趋势，及时调整策略以应对潜在的市场风险。同时，金融科技平台的智能化服务可以提高金融机构的运营效率,降低成本,增强其在竞争激烈的金融市场中的竞争力。

7.1.2.4 建立良好的合作机制

金融机构可以与科研机构、高校、创投服务机构等建立紧密合作,共同开展金融创新。这不仅能够整合资源,扩大金融服务的覆盖面,也可以分享经验和技术,相互促进。

金融机构之间加强交流和合作,分享经验和资源,能够提升行业整体的创新水平,推动金融产品和服务的升级,共同为客户提供更加全面、多元化的金融产品和服务,满足客户不断变化的需求。金融机构之间共享开发成果、技术资源,可以降低产品开发成本,提高金融机构的创新效率和市场竞争力。金融机构和监管机构之间紧密合作,共同维护行业规范,加强风险防控等,能够保障行业的健康发展。不同领域的企业、机构和团队联合起来共同推进金融科技创新,能够加速金融科技的落地和应用,推动金融服务升级,提高行业竞争力。

7.1.2.5 加强人才培养和引入

金融机构需要加强人才培养和引入工作,培养相关金融人才,增强企业的管理能力和创新能力。通过人才引进,金融机构也可以借鉴外部的优秀经验和理念,加快新疆金融创新的步伐。加强人才培养和引入尤其重要。通过培养和吸引具有专业金融知识和技术能力的人才,金融机构可以更有效地应对市场波动,提高技术效率和整体效率。

高校应培养更多具备金融领域专业知识和技术能力的人才,为金融机构带来更多的思路和想法,从而提升企业的创新能力。金融机构拥有更多的技术和创新人才,能够加速金融科技的落地和应用,推动金融产品和服务的升级;可以给企业带来新鲜血液和活力,优化企业的人才结构,营造良好的企业文化氛围,推动企业从根本上增强创新能力,让企业在市场竞争中更具优势,更好地满足客户的需求,为企业推进人才战略发展打下坚实的基础,使企业在未来的发展过程中具备可持续性。

综上所述,要培育新疆金融创新能力,推动金融产品和服务升级,需要政策支持,增强内部创新意识,推动金融科技平台建设,建立良好的合作机制,加强人才培养和引入等。只有全方位、多角度创新,才能实现金融创新发展,助力新疆经济的快速发展。

7.2 加快新疆金融市场开放

促进新疆金融市场对外开放可以促进新疆经济发展，促进风险分担，深化金融改革，提高金融市场的效率与竞争力。开放金融市场有助于提高金融发展的技术效率与规模效率。外部资金的流入可以为新疆的优质项目和企业提供更多的融资机会，推动资源的合理配置和有效利用。同时，外部金融机构的参与可以促使本地金融机构提升服务质量和管理水平，进一步优化金融生态环境。加快金融市场开放要拓展金融业对外开放的范围和深度，加强对金融企业跨境发展的支持，加强国际金融合作并提升区域金融影响力。

7.2.1 拓展金融业对外开放的范围和深度

7.2.1.1 加大对外资金融机构吸引力度

为了提升新疆金融发展的技术效率和规模效率，应加大对外资金融机构的吸引力度、推动外贸保稳提质、外资保稳促优。首先，鼓励外资金融机构来新疆设立分支机构。放宽外资金融机构对中资商业银行在持股比例和资产规模方面的限制，以吸引更多的外资金融机构参与新疆金融市场。通过放宽持股比例限制，外资金融机构可以持有更多的中资商业银行股份，增加其对新疆金融市场的投入。这将有助于提高外资金融机构参与新疆金融市场的积极性，推动外资金融机构与中资银行的深度合作，共同提升新疆金融业的整体实力。其次，通过简化注册程序和审批流程，降低外资机构在本国设立分支机构或子公司的难度，建立更加开放的市场准入政策，允许外资机构更灵活地参与本国金融市场。同时，新疆地区政府可以通过提供激励性的税收政策和优惠措施，鼓励外资金融机构增加在本地区的投资，并推动其在技术、管理和人才方面的知识共享。最后，建立健全的法律和监管框架，以确保外资机构在本国经营的合规性和稳定性，为其提供稳定的经营环境。加大对外资金融机构吸引力度将有助于增强新疆金融市场的活力，提升国际化水平。通过与外资金融机构的合作与交流，新疆金融业可以引进先进的金融理念、技术和业务模式，推动金融产品和服务的创新。同时，外资金融机构的参与将促进新疆金融市场的规范化、透明化和国际化，提升其在国际市场的地位和影响力。

7.2.1.2 将自由贸易区与金融开放有机结合，提升金融企业的服务水平

结合新疆的实际情况和市场需求，创新金融产品和服务，满足不同客户的需求。例如，推出跨境人民币贷款、外汇衍生品等产品，为进出口企业提供更加灵活和多样化的金融服务。提升金融企业的服务质量和效率，加强客户体验。例如，提供一站式金融服务，简化业务流程，提高服务效率；建立客户服务中心，提供专业的咨询和售后服务。组织开展多种形式政银企对接活动，梳理一批急需资金的外贸企业名单，给予重点支持。积极推广跨境金融区块链服务平台的应用，持续探索新业务模式，增加信用保险保单融资规模。

7.2.1.3 支持金融企业跨境发展，提升金融发展的技术效率与规模效率

加强政策扶持和政府服务，优化营商环境，提高企业的竞争力。例如，通过提供优惠的税收政策、简化行政审批流程等措施，降低企业运营成本，提高企业的经济效益和市场竞争力。在保障金融安全的前提下，监管机构可以创新监管方式，为金融企业跨境发展提供便利。例如，建立跨境监管合作机制，实现监管信息共享，减少重复监管等。金融企业需要具备国际化视野和跨文化沟通能力的人才。加强金融人才培养，提高金融从业人员的专业素质和跨文化交流能力，培养适应国际化、专业化、智能化的金融人才，可以提升金融发展的技术效率与规模效率，为新疆金融国际化发展提供有力支撑。

7.2.2 加强国际金融合作，提升区域金融影响力

7.2.2.1 拓宽国际金融合作渠道

积极参与国际金融组织，与不同国家和地区的金融机构建立多元化的合作机制，如签署合作协议、建立战略联盟等。积极参与国际金融组织可以为新疆的金融机构提供更多参与国际金融事务的机会。通过与国际金融组织合作，新疆的金融机构可以了解国际金融市场的最新动态和趋势，学习国际先进的金融理念和技术，提高自身的技术水平和专业能力。与不同国家和地区的金融机构建立多元化的合作机制可以促进资源共享和互利共赢。通过签署合作协议或建立战略联盟，可以加强新疆金融机构与国际金

融组织信息交流和业务合作，共同开发金融产品和服务，提高服务质量，增强新疆金融的竞争力。

7.2.2.2　建立金融信息共享机制

建立金融信息共享平台，加强对区域金融市场的监测和分析，推动金融监管信息共享和合作，提高金融风险应对和预警能力，保障金融安全。加强与国际金融机构和监管机构的合作，通过学习国际先进的监管经验和机制，可以提高新疆金融业的监管水平和国际化水平，推动金融市场的多层次和多元化发展。国际先进的监管经验涵盖了广泛的领域，包括风险管理、合规制度、信息披露等方面。通过学习和借鉴这些经验，新疆的金融监管机构可以不断完善监管框架，提高监管的科学性和有效性，从而增强金融体系的稳健性和安全性。新疆金融监管机构应坚持系统观念、底线思维，加强重大风险识别和系统性金融风险防范，依托信息技术创新风险研判和风险防控手段，建立联防联控机制，完善金融分类监管机制，强化反洗钱、反恐怖融资和反逃税工作，打击非法金融活动，不断提升金融风险防控能力。

7.3　加强新疆信用体系建设

7.3.1　解决新疆中小企业"融资难、融资贵"的问题

面对中小企业"融资难、融资贵"的问题，新疆应该从以下几个方面改善和发展：

7.3.1.1　健全完善投融资机制

探索建立信用融资机制，保护创新创业知识产权，继续加大政府扶持资金、产业引导基金和金融机构对实体经济特别是中小微企业的信用融资支持力度；鼓励工业企业引入信用服务方式，防范交易风险，推动银企信息对接，支持信用服务机构在中小企业融资、担保等领域创新信用产品和服务，助力企业提质增效。

7.3.1.2　建立多元化融资渠道

新疆的中小企业可以通过建立多元化的融资渠道来解决"融资难、融资贵"的问题。除了传统的银行贷款、股权融资等方式外，中小企业还可以通过众筹、债券、信托等多种融资方式来获取资金。此外，企业可以积

极参加政府和社会机构举办的各种融资活动，寻求与投资者的合作，共同发展。充分利用信用信息技术支撑普惠金融发展，深入研究"信易贷"应用推广，特别是建立信用信息数据安全保护、推广运营、金融产品研发和监管机制，实现自治区、市、区（县）三位一体的信息化服务。从提高中小微企业融资覆盖率和融资可得性角度来看，通过整合各方资源，建立起以中小微企业为服务主体，以企业信用信息为基础，以大数据技术为依托，以政府政策为支撑的"政府+银行+征信"的中小企业信用融资模式；探索建立多元化投融资机制，鼓励民间资本进入信用服务市场，为新疆社会信用体系建设提供充足资金保障。

7.3.1.3 加大地方政府支持力度

新疆地区政府可以通过制定有针对性的政策措施，支持当地的中小企业融资和发展。政府可以通过加大财政补贴力度，降低贷款利率，增加中小企业专项担保机构等措施，帮助企业解决融资问题。同时，政府也可以加强对企业的培训和指导，提高企业的技术和管理水平，从而提高企业的市场竞争力。从政府层面来看，新疆金融市场的结构决定了构成市场主体的大型国有银行难以把业务重心转向中小企业市场。单纯依靠市场的力量短期内无法解决这个困境，必须由政府基于市场经济的规律进行积极务实的引导和推动。政府需要对新疆金融市场结构进行调整，积极培育多层次的金融市场主体，降低面向中小企业或民营企业的金融机构的准入门槛和运营成本。具体而言，政府需鼓励建立新疆地方性中小银行、小额贷款公司等金融机构，以切实增加面向新疆中小企业的金融服务供给。此外，政府需要积极推进新疆区域担保机构、保险机构等的发展与合作，实现风险分散、风险共担；进一步加大财政支持力度，扩大普惠金融惠及面，从而改善新疆中小企业信用市场的金融生态环境。政府可以向国家申请一定的财政补贴，同时也要自力更生，严抓并严惩偷税漏税行为，所得到的相应收入可以用于支持中小企业的发展。政府也可以建立专项的中小企业贷款违约备用基金，在中小企业无法履行还款义务时，给予金融机构一定的补偿，从而提高金融机构对中小企业贷款的信心。

7.3.1.4 提高企业核心竞争力

企业的核心竞争力决定了企业在市场上的地位和融资能力。新疆的中小企业需要提高自身的核心竞争力，不断提高产品和服务的质量和技术水平，增强企业的市场竞争力，从而吸引更多的投资者和资本。新疆的中小企业要加强管理，注重研发创新，增强自身素质，其中财务管理是一个重要方面。新疆的中小企业需要进一步完善企业的财务管理制度，做到财务管理清晰明了，每笔账目清晰可查，一方面，可以降低中小企业同金融机构之间的信息不对称，增强金融机构的贷款意愿；另一方面，中小企业严谨规范的财务制度也能够为企业自身的稳健经营提供重要保障。新疆中小企业加强日常经营管理和财务管理也能够增强内源融资的能力。企业可以在经营自己擅长或者能够产生稳定现金流的业务的基础之上，开拓新的业务，保障中小企业自身拥有稳定的现金流，增强中小企业自身的内源融资能力，也为通过外源融资获得资金支持奠定基础。

7.3.1.5 加强区域协作

新疆地区与我国东部地区在地理和经济上存在着一定的差异，新疆中小企业在融资方面也面临着东部地区企业的激烈竞争。因此，新疆的中小企业可以通过与周边地区的企业和机构合作，共同发展和互利共赢。政府也可以通过加强区域协作，提高资源的整合和利用效率，从而帮助企业解决融资难、融资贵的问题。

7.3.1.6 增强金融机构服务意识

金融机构是中小企业融资需求的主要供给者，需要加强对企业的服务意识和服务质量。金融机构可以根据企业的实际情况，制定更加灵活和个性化的融资方案，提高企业的融资成功率。同时，金融机构还可以积极推广信用担保等服务，帮助企业提高融资能力。

7.3.2 加强新疆地区信用联动场景应用

针对新疆地区缺乏信用联动场景应用的问题，可以从以下几个方面进行解决：

7.3.2.1 推动政策创新

政府可以推动政策创新，加强对信用联动场景应用的政策支持和监管，为信用联动场景应用的发展提供良好的政策环境。政府可以加大对信用联动场景应用的政策支持力度，制定相关的政策和法规，鼓励企业和金融机构在信用联动场景应用方面进行研发和推广，为信用联动场景应用的发展创造良好的政策环境。

7.3.2.2 加强资金技术支持和人才培养

政府和相关企业可以加大对信用联动场景应用的资金支持力度，为企业和金融机构提供资金支持，促进信用联动场景应用的研发和推广。政府和相关企业可以加强对新疆地区的技术支持，提高技术基础设施建设水平，推动新疆地区的信息化进程，为信用联动场景应用提供技术支持。发挥大数据技术在信用联动场景应用中的作用，通过数据分析和挖掘，提高信用评估的准确性和精准度，促进信用联动场景应用的发展。政府可以加大资金扶持力度，为支持信用联动场景应用的创新企业在技术、人才、市场等方面提供帮扶，推动信用联动场景应用的创新和发展。企业可以加强技术人才的培养，提高技术水平，加强对信用联动场景应用的研发和支持，提高信用联动场景应用的安全性和可靠性。

7.3.2.3 加强信用信息共享和安全质量管理

企业可以加强信用信息共享和管理，建立健全信用信息管理和交换机制，促进信用信息共享，提高信用联动场景应用的精准度和可信度；可以加强信息安全和隐私保护，采取有效措施保障用户信息安全，增强信用联动场景应用的可信度和用户体验。相关机构可以建立跨部门合作机制，加强各部门之间的信息共享和合作，提高信用联动场景应用的协同效应；推动信用数据标准化，建立信用数据标准化体系，统一信用数据的格式和标准，提高信用联动场景应用的可操作性和可扩展性。政府可以加强新疆地区和周边地区的合作，共同推动信用联动场景应用的发展，提高区域经济的竞争力和发展水平。企业可以加强国际合作，借鉴国际先进经验和技术，推动信用联动场景应用的国际化和全球化发展，深入推进市场监管和社会治理创新，坚持以"风险+信用"为核心，全面推进事前、事中、事后全流程信用监管，提高风险防范化解的前瞻性、系统性、协同性。政府可以建立信用联动平台，为企业和机构提供数据共享、技术支持等服务，促进信用联动场景应用在新疆地区的推广和应用；可以加强产业协作，推动相关企业和机构之间的合作，形成产业联盟，促进信用联动场景应用的开发和推广。

7.3.2.4 完善信用体系建设，推动金融市场发展

完善信用体系建设，将个人和企业的信用记录纳入信用体系，增强信用体系的可信度和透明度，促进信用联动场景应用的发展。推动金融市场的发展，加强金融机构对信用联动场景应用的投入和创新，为信用联动场景应用提供金融支持。探索新的信用联动场景应用模式，如联合授信、信用贷款、信用保险等，拓展信用联动场景应用的领域和市场空间。

7.3.2.5 加强市场宣传和推广，提高消费者信任度

政府和企业可以加强市场宣传和推广，提高公众对信用联动场景应用的认知和接受度，推动市场的快速发展。政府和企业可以通过提高数据保护和隐私保护的水平，增强消费者对信用联动场景应用的信任度和使用意愿；可以通过宣传和教育，让人们意识到信用的重要性，从而提高自身的诚信素质，为信用联动场景应用的发展打下基础；可以加大对信用联动场景应用的宣传和推广力度，通过多种方式宣传和推广信用联动场景应用的价值和作用，提高人们的认知度，促进信用联动场景应用的广泛应用；可以推广实际应用案例，通过在不同领域和行业的实际应用案例中展示信用联动场景应用的价值和作用，引导企业和机构关注和参与信用联动场景应用的开发和应用。

7.3.2.6 拓展信用联动场景应用的范围

除了传统的金融信用场景外，还可以在其他领域探索信用联动场景应用，如医疗、教育、物流等领域，拓展信用联动场景应用的范围，提高其实用性和市场规模，大力推进信用创新应用，鼓励社会机构在养老、家政、购物等更多领域开拓"信用+"创新应用场景，打造一批国内领先的信用服务创新模式。

7.3.3 进一步壮大新疆地区征信机构力量

为了解决新疆地区征信机构力量薄弱的问题，可以采取以下方案：

7.3.3.1 政策引导，加强监管和财政支持

政府可以加强对新疆地区征信市场的监管力度，提高征信机构的准入门槛，同时加大政策引导力度，吸引更多的大型征信机构进入市场，提高市场的整体水平；以市场为导向，加大对信用服务机构发展的扶持力度，培养在征信、评级、信用咨询、信用管理方面的品牌信用服务机构，并适时引入国际国内有实力的第三方信用服务机构；培育企业和个人的信用意识，调动市场主体向监管部门认可或备案的征信机构报送信息的积极性。政府可以加大对新疆地区的经济和技术支持，提供财政和税收优惠政策，鼓励更多的企业和投资者进入新疆征信市场，促进征信机构的发展和壮大；可以鼓励社会资本进入征信市场，推动征信机构的多元化发展，提高市场竞争力，为公众提供更加全面和优质的征信服务。

7.3.3.2 建立信用体系和数据共享平台

建立完整的信用体系和数据共享平台，可以让征信机构之间相互合

作，共享信用信息，提高征信数据的全面性和准确性。新疆应该紧紧围绕国家社会信用体系建设工作重点，以健全法规规章和标准体系、建设覆盖全市的征信系统为基础，以信用信息公开查询和信用产品广泛应用为重点，对全市社会信用体系建设进行总体规划、统筹设计并稳步推进。新疆地区的征信机构可以与其他省份的征信机构建立联系和合作机制，分享信息和技术资源，共同促进征信行业的发展。政府可以引导征信机构、金融机构、信用评价机构等相关企业和机构共同建立征信产业生态圈，形成良性循环的产业链条，提升征信产业的核心竞争力和综合实力。政府可以通过建立跨部门征信机构协调机制，加强各部门之间的协作和信息共享，提高征信数据的覆盖率和质量，为征信机构提供更好的数据支持和保障。

7.3.3.3 提升信息采集和技术分析能力

加强信息化建设，提高征信机构的信息采集和分析能力，可以更好地满足市场需求，提高市场竞争力。政府可以鼓励技术公司加大对新疆地区征信机构的技术支持力度，提供更先进的数据采集、整理和管理技术，提高征信机构的信息质量和管理效率。政府可以鼓励金融科技企业进入新疆地区征信市场，引入人工智能、区块链等新技术和新模式，提高征信机构的数据处理和分析能力，推动征信行业的数字化转型。

7.3.3.4 加大人才引进和培训力度

政府可以加大对征信机构人才的引进和培训力度，提高征信机构的人才队伍质量。以大数据、云计算等现代信息技术为手段，以政务诚信、商务诚信、社会诚信和司法公信建设为主要内容，以培育发展信用服务市场和信用人才队伍为支撑，促进信用信息应用，改善经济社会运行环境，大力推进信用服务市场发展，不断健全守信激励和失信惩戒机制，深化信用联动，全面增强全社会的诚信意识，提高全社会的信用水平。

7.3.3.5 提高公众对征信的认知，加强个人信息保护意识

政府可以加强对征信知识的宣传和教育，提高公众对征信的认知和接受度，鼓励公众参与征信系统的建设，推动征信行业的健康发展。另外，政府可以制定更加严格的个人信息保护制度，保护公民的个人信息安全和隐私权，增强公众对征信系统的信任和接受度。政府还可以建立健全信用评价和奖惩机制，对信用好的个人和企业进行表彰和激励，对信用差的个人和企业进行惩戒，促进公众自觉遵守信用规范，提高信用意识和信用水平。

7.4　推动新疆普惠金融服务全覆盖

7.4.1　强化金融服务网络支撑力与广泛性

基础设施建设是实现数字普惠金融的重要先决条件，是提高金融服务质量与效率的重要保证。当前我国数字金融基础设施还不健全，在业务模式创新与服务范围拓展方面存在诸多问题。政府应促进普惠金融各参与方破除各自为政，本着发展和宽容的原则，逐步建立整体协同、分工协作的服务网络，构建良好的普惠金融生态圈。加大金融基础设施建设力度。发展普惠金融，健全社会信用体系至关重要。必须进一步健全征信体系，加快信用信息的收集，整合与共享，构建国家统一信息服务平台。与此同时，要进一步完善农村普惠金融的基础设施和生态体系。通过为各种组织提供更有效的服务、低成本金融基础设施，降低其运营成本。努力提高金融服务民营经济的质效，推动民营经济应用创新性金融产品，为民营经济高质量发展提供强有力的金融支撑，帮助民营企业健康稳定发展。坚持举办促进政银企衔接交流的活动，积极构建银企对接的交流平台，加大金融扶持县域经济的力度。在中国人民银行征信系统的支持下，积极与工商、税务、司法和其他部门建立政务信息和金融信息互联互通平台，完善居民、企业信用等相关信息数据。在加强分析和处理信息能力的同时，完善社会信用服务体系，降低征信的使用门槛，健全金融服务网络，增强金融服务能力，增强数字普惠金融的可得性。

我们必须不断提高金融服务水平，健全普惠金融的服务体系，完善各类便民设施，使金融的优质服务惠及更多的企业、更多的人，在寻找金融服务切入点和着力点上，用更大的力度、更实的措施来扶持地方经济的发展。推动数字技术的发展，通过金融科技对金融业的持续赋能，不断提高金融服务水平。金融机构应充分利用大数据、云计算等技术，进行智能风控的建设，以此来提升市场主体，特别是小微企业的地位，增强个体工商户与农户融资的便捷性和可得性。

7.4.2　拓展金融科技与普惠金融融合深度

伴随着金融科技的快速进步，金融科技给金融发展带来了丰富的动能。当前，全球金融业面临着巨大挑战与机遇。大数据、云计算、人工智能、区块链等技术日趋成熟，在金融领域也得到了广泛运用，对于普惠金融的发展具有深远的影响。金融科技推动金融业发生深刻变革，促进了金融服务模式创新和服务能力提升，增强了金融市场活力，降低了金融风险，提高了市场效率，金融科技已成为推动金融业创新变革的新引擎，是促进金融市场转型升级的新动力。国家对金融科技这一关键底层技术的布局正在加速，跨国协作不断加深，监管力度不断加大，金融科技正在经济复苏中扮演重要角色。将金融科技和普惠金融进行有效结合，能够切实降低金融服务成本，金融科技是实现金融普惠性的基础。金融科技以量化模型的方式对风险进行精算和量化，最大限度地减少金融交易的风险。金融科技超越空间、时间的特点有利于简化金融机构的服务流程，提高其管理效率。加快推进金融数字化转型，促进金融服务结构调整，加快新旧动能转换，已经成为与数字经济相适应的发展方向。随着数字技术在"三农"领域拓展的步伐加快，金融与数字技术的结合速度也在加快，这为以金融科技的方式解决普惠金融的发展困境提供可能。金融科技的创新，必须坚持公平的原则，以普惠为宗旨，改善金融产品的供应，扩大金融服务覆盖面，拓展金融服务的广度与深度，使金融科技的发展结果更加广泛、深刻、公平地造福大众，推动经济平稳健康发展。政府要指导银行保险机构以人民为中心，回到金融本源，坚定负责任的金融理念，着力实现数字化和智能化的转变，强化对银行、证券、保险机构的监管，加大对普惠金融重点领域、薄弱环节的金融投入力度，更好地满足众多"长尾客户"的金融需求。

第一，加大金融科技的基础性投入。从硬件投入上看，增加投入对于大型银行是比较容易的，中小银行特别是小银行，面临的困难相对较多，要及早谋划，多策并举，避免形成银行间的数字鸿沟；软件投入上，主要是加强科技人才梯队储备，特别是金融、数据、科技等方面的复合型人才。第二，加快数据互联互通。一方面，银行要争取同更多的信息源互联互通，以拓展金融服务的广度和深度；另一方面，进一步开放银行应用接口，延伸服务链条，帮助小微企业实现数字化获客、成交、留存、履约等全流程管理。第三，对数字金融创新实施包容审慎监管。对于那些未知大于已知的新业态，采取包容审慎态度，允许试错。第四，加强国际合作。通过各种渠道加强国际交流与合作必将有利于数字金融的发展。大数据分析等新技术应用是解决中小企业融资难、融资贵问题的一把"金钥匙"。

数字化转型已经成为所有金融机构共同关注、共同推动的行业趋势。拓展金融服务的边界，提高金融供给的效率，拓宽金融机构的发展空间，已成为金融机构的重要战略选择。金融科技简化供需双方的交易环节，降低资金融通边际成本，开辟融通客户的全新途径，推动金融机构实现服务模式创新、业务流程再造、运营管理变革，不断增强核心竞争力，为金融业转型升级持续赋能。

7.4.3　加快新疆特色普惠金融产品和服务开发步伐

科技进步是金融服务、金融产品创新的基础，是金融服务、产品多样化发展的重要推动力量。新疆在积极发展经济的同时，对于金融科技的发展要予以高度重视，要积极推动金融与现有的大数据、人工智能、区块链、云计算等技术的深度融合，提高金融服务效率与质量，以进一步推动新疆金融高质量发展。普惠金融应注重为创新型企业的发展和第三产业的转型升级提供支持，以促进创新效应的提升和产业结构升级。随着新疆社会经济的变化，居民对生活质量的要求逐渐提高，创新型企业更有能力推进产品迭代、增加产品价值，新疆金融机构应当深化大数据、人工智能等信息技术在金融领域的应用，建立大数据分析管理平台，推动信息化、智能化的管理体系建设。因此，促进新疆金融高质量发展，要直接增强金融机构的研发创新能力，满足居民对金融产品和服务的需要，促进消费。普惠金融还可以利用在数字技术和金融服务方面的独特优势，为新疆独特的金融生态体系的融合与发展提供资金支持和技术支持，实现新疆金融的转型升级。

针对经常使用数字普惠金融服务的企业和个人用户，金融机构可以在融资、借贷、支付、转账等方面提供优惠，增强用户黏性，鼓励用户采用数字化方式进行消费和交易，使其在享受智能服务、便利服务的同时，增强消费意愿。金融机构应针对农村地区、南疆地区数字普惠金融发展落后的问题，加大科研投入，以优化互联网基础设施建设，加强对数字普惠金融基础服务人员的能力培训，在更大范围内让更多居民享受到金融发展、技术进步的红利，进而提高居民消费水平。

完善实施机构设置，扩大普惠覆盖面。在贫困偏远地区和弱势群体较集中的地区，依据普惠金融服务需求量，增设可提供扶弱金融服务的机构组织，在人口集中的偏远地区设立多个金融机构营业网点，安装 ATM、

POS 机，多渠道满足贫困地区、弱势群体对普惠金融的需求。健全金融服务功能，丰富普惠金融内涵。设立在南疆偏远贫困地区的金融机构，在办理传统存取款业务基础上，要大力开发适合当地经济发展的信贷产品，并且派驻金融知识面广、业务技能强的人员长期深入农村基层，为这些地区提供信息咨询等多样化的金融服务。

规范和发展民间金融。在规范民间金融合规经营的基础上，引导民间资金创建适合地区经济发展需要的农户资金互助基金组织、小额信贷组织和乡村银行等农村金融机构。这些金融机构经营灵活，与正式的金融机构在业务上既相互补充又相互竞争，积极支持统筹城乡综合配套改革，指导涉农金融机构深化"三权"抵押试点改革。

7.5 加强新疆绿色金融发展

7.5.1 引导金融资源向绿色领域倾斜

7.5.1.1 挖掘绿色发展新动能

"十四五"期间，习近平总书记对于新疆该如何高质量发展这一问题，从大处着眼给出答案——"坚持以提高发展质量和效益为中心，以推进供给侧结构性改革为主线"，就如何围绕这一中心和主线开展工作，从细处着手指明途径——"培育壮大特色优势产业，加强基础设施建设，加强生态环境保护"。新疆地处欧亚大陆中部，是中国向西开放的桥头堡，应借助区位优势，立足自身资源禀赋优势，发挥好绿色金融的指导和支撑作用，打造新疆特色现代产业体系。2017 年，时任中国人民银行副行长的陈雨露表示：要充分发挥金融支持绿色发展的资源配置、风险管理和市场定价三大功能。一是通过货币政策、信贷政策、监管政策、强制披露、绿色评价、行业自律、产品创新等，引导和撬动金融资源向低碳项目、绿色转型项目、碳捕集与封存等绿色创新项目倾斜。"十四五"期间，新疆将建设国家大型油气生产加工和储备基地、国家大型煤炭煤电煤化工基地、国家新能源基地和国家能源资源陆上大通道。以国家"三基地一通道"建设为重点，以构建"清洁低碳、安全高效"能源体系为目标，推动能源结构不断优化。面对新疆高质量发展的强预期，以及地区发展中存在的难点问题，绿色金融作为优化产业结构、提升能源利用效率、发展绿色产业的强心剂，自治区政府要以绿色金融改革创新试验区为平台，充分发挥好金融工具的资源配置功能，谱写出可复制、可推广的新疆绿色金融发展模式。

7.5.1.2　不断优化地区能源结构

新疆作为国家"三基地一通道"和综合能源基地，煤炭资源储量、石油储量、天然气储量较大，风能、太阳能等可再生能源资源都十分丰富，资源转化潜力巨大。然而可再生能源之所以在推动新疆能源转型中普遍面临缺乏金融支持配套政策措施、企业负债率偏高、投融资结构不匹配、融资工具单一等一系列问题，主要是因为企业在最初成长阶段主体规模太小、信用评级较低或者负债率较高，导致企业在市场融资难与融资成本大。在国家发展改革委、国家能源局《关于完善能源绿色低碳转型体制机制和政策措施的意见》的引导与绿色金融专项资金的支持下，企业不能一味靠政府托底，要想办法提高自身主体评级质量和市场可接受度，同时金融机构要利用好"新能源+绿色金融"这一创新模式，把握市场动向，掌握绿色企业或项目在各发展阶段的融资需求，组合运用股权、债权、资产证券化等多种金融工具，开展绿色市场化债转股、绿色基金、绿色信贷等多样化绿色金融业务，切实支持新能源行业降本增效，实现可持续发展。学习借鉴以国家电投黄河增资引战项目为代表的"引战上市"模式成功引入债转股，支持清洁能源产业上市，助力企业提升资产证券化水平，通过现有上市平台或者引战上市等方式积极发挥资本市场的融资功能，为经营发展筹集低成本资金，为后续大力发展新疆新能源基地提供资金支持。通过设立绿色产业基金，以产融结合助力"双碳"目标实现的标杆项目——工银投资联合中国能源建设集团设立的新能源并购基金为代表的"并购基金"模式为模板，支持能源开发企业快速提升新能源装机规模。联合政府、能源企业设立银政企合作基金，帮助政府引导金融和社会资本加大对辖区新能源资源投入，推动企业使用债转股、股债结合方式代替原有贷款融资方式实现降本增效，助力风、光资源富集区新能源基地建设实现银政企三方共赢。

7.5.1.3　因地制宜提升第三产业服务效率

南疆北疆依托良好的自然环境，拥有17个5A级国家景区，旅游资源全国排名第三。对于新疆旅游业发展而言，在财政紧张的状况下，要借助市场盘活存量资源，释放旅游价值，以旅游业本身所包含的绿色产业要素，为绿色金融支持旅游产业提供契机，在符合《绿色债券支持项目目录

（2021年版）》中天然林资源保护、动植物资源保护、自然保护区建设和运营、生态功能区建设维护和运营等具体要求和条件下，撬动市场资金扶持发展旅游市场主体，发展壮大新疆旅游投资集团，引导疆内外各类资本进入旅游产业，助力旅游兴疆战略目标稳步实现。全疆应以阿勒泰塑造的"旅游+绿色金融""旅游+科技金融"为全疆旅游金融样板，根据《新疆维吾尔自治区国民经济和社会发展第十四个五年规划和2035年远景目标纲要》对文旅发展四项内容的重点指导，加快丝绸之路经济带旅游集散中心、南疆丝绸之路文化和民族风情旅游目的地建设，大力培育阿尔泰山旅游产业带、天山旅游产业带、西部边境旅游产业带，形成"一心一地三带"旅游发展格局，以旅游业为主体，牵动第一产业、托举第二产业。

以往由于文旅项目、旅游企业规模较小，抗风险能力弱，景区环境治理的产权归属问题，基础设施建设和景点资源开发往往投资大、周期长，项目风险以及预期收益难以准确评估等，金融机构出于审慎考虑而不愿过度介入，导致旅游业融资困难。随着绿色可持续发展理念与绿色金融改革创新试验区的深入发展，绿色债券、绿色基金、绿色资产证券化等绿色金融工具不仅能拓展国内旅游业投融资渠道，而且还能在投融资决策中引入环保理念，敦促旅游业减少对环境的负面影响，引导其向绿色可持续方向发展。绿色旅游项目可以通过申请设立绿色产业基金寻求市场资金支持，参考学习绿色生态旅游产业发展基金运营模式，通过基金管理人组织文旅项目专家深入全区多个地州市对具有地方特色、发展潜力大的重点项目进行实地勘探和扎实调研，联合各级文旅部门建立省文化旅游发展基金项目库，将符合基金支持的文旅产业项目尽数入库，重点项目层层把关筛选，确保该基金聚焦发力新疆全区绿色生态文旅产业发展。旅游企业可将资产质量较好、具有发展前景、信用等级良好的旅游景点收费项目进行资产证券化，从而吸纳各方资金投入旅游资产增值开发过程中，进一步拓宽融资渠道来支持旅游业实现可持续发展。

随着绿色金融领域的不断深化，各方市场参与机构可基于绿色文旅项目融资特点，创新可持续旅游产业融资机制，协调各参与者的动机，吸引社会各方面资金。在融资工具层面，文旅企业可考虑发行绿色资产支持证券，在构建基础资产池、选择符合入池标准的绿色资产时，应考虑基础资产的分散度，明确绿色融资标准，选择更多符合条件的资产加入资产池，减少基础资产单一导致风险过于集中对绿色资产支持证券偿付本息的不利影响。在融资渠道设计和建设层面，旅游企业则需要充分把控违约风险与管理风险，同时兼顾旅游产业所能带来的环境效益，进一步提高资金使用效率。

7.5.1.4 发掘新型农业发展潜力

新疆作为农牧大省，农业牧业产业基础好，是我国粮食生产优势区，也是优质商品棉生产基地、特色林果基地，得天独厚的自然条件孕育出品质优异的棉花、红枣、葡萄干等特色农产品。在 2022 年中央一号文件推进农业绿色发展的总体要求下，自治区农业农村厅发布《自治区农业农村减排固碳实施方案（2022—2030 年）》，要求实现种植业温室气体、畜牧业反刍动物肠道发酵和畜禽粪污管理温室气体排放和农业农村生产用能排放强度进一步降低，农田土壤固碳能力显著提升，农业农村发展全面绿色转型取得显著成效。自治区政府应以新疆绿色金融试验区建设为契机，支持地方政府发行专项债券，用于农村人居环境整治、高标准农田建设等项目；鼓励银行机构通过发行绿色金融债券等方式，筹集资金用于支持绿色农业项目，会同金融监管部门研究对绿色农业贷款和保险进行贴息、奖励和风险补偿。大力支持农业绿色供应链发展，加大对"龙头企业+专业合作社+特色基地+农户"生产经营模式的支持力度，带动农业生产链条上各个环节的绿色化。农户和小农场很难被界定为绿色主体，金融机构要通过加强对新型农业经营主体的融资服务，带动农户、小农场进行农业绿色生产，增加绿色农产品的供给。通过绿色金融政策对绿色现代农业的生产、流通、消费等环节提供全方位支持，以实际产生的链式效应吸引和撬动更多金融资源向绿色农业领域聚集。各地州应根据自身农业发展优势建立重点扶持绿色农业企业库与项目库，由绿色农业投资公司牵头设立绿色农业产业基金和绿色农业担保基金，由地州政府背书对绿色农业债券、绿色农业保险、绿色农业 PPP 项目等实施担保、增信支持。在众多绿色金融产品中，绿色保险和绿色信贷与乡村振兴联系紧密。要以财税优惠与绿色资金共同发力做强天山北坡、天山南坡两大农业生产带，地州政府要大力支持绿色农业生产经营主体开展绿色农产品认证，打造具有本地地理标识的绿色农产品，提升特色农业产品附加值，借助绿色农产品电商平台，加快农副产品加工业结构调整，并围绕建设农业产品绿色产业链打造采摘、加工、包装、销售一体化平台，为终端消费提供高效率服务。金融机构因为难以对农牧民做出借贷风险评估，所以出现了农村金融业资金供需不平衡的局面。针对这一情况，各级政府应协同建立全区共享的农牧区征信系统，消除绿色金融助力乡村振兴与农业绿色发展的基层信息不对称；引导保险机构关注棉花种植过程中造成的白色污染以及新疆极端天气导致的农作物减产，不仅要保住国家的"粮袋子"更要保住农户的"钱袋子"。

7.5.2 完善绿色金融标准和评估体系

7.5.2.1 健全绿色金融标准体系

绿色金融一定要结合当地经济现实发展、资源禀赋和产业规划特点等因素，充分发挥绿色金融在助力地区经济高质量发展方面的潜力。首先，我们要解决什么是"绿色"这一问题，只有明确标准，才能让市场主体准确把握"绿色"的涵义，这是绿色金融规范发展的前提，更是确保规则是"引导绿"而非"统计绿"的关键。要界定清晰符合地区发展现状的绿色标准，各部门统一衡量口径，厘清哪些是符合地区发展、绿色金融可以支持的绿色项目。其次，要防患于未然，防止个别项目出现"洗绿""漂绿"，导致上级政策的落实出现背道而驰的结果。自治区政府以及各级金融机构要以国家层面制定的绿色金融相关认定标准为基准，统一绿色企业和绿色项目认证，制定严格的准入和考核标准，强化对第三方评估认证机构的指导和管理，将绿色项目认定标准在三级目录基础上，进一步细化具体类别项目的识别准则和定量准则，便于金融机构对项目进行分层管理。金融机构作为绿色金融政策的末端执行者，通过银行绿色评价机制引导，积极开展绿色金融业务，通过气候风险压力测试、环境和气候风险分析、绿色和棕色资产风险权重调整等工具，增强环境风险管理。新疆作为丝绸之路经济带的核心区，其绿色金融试点也将基于共建"一带一路"倡议，探索金融支持当地绿色发展，依托国际平台加强多边金融合作，加速形成向西辐射的新模式，推动我国绿色金融标准"走出去"。

7.5.2.2 完善绿色金融社会评估体系

根据国际经验，绿色金融社会评估机制是实现绿色金融公开的一个重要手段，建立绿色金融产品社会评估的第三方意见及开放平台，例如美国环境责任经济联盟（coalition for environmentally responsible economics，CERES）等，广泛接受社会各界的监督，包括群众的投诉和媒体的报道等。新疆应参考国际经验公平对待所有参与绿色评级的单位，实行统一的评级准则，建立健全信息沟通和管理机制，确立以节能减排、环境保护为目标的科学实用的环境指导和评价体系。

7.5.2.3　加强环境信息披露，为绿色金融发展营造公开透明的市场环境

绿色项目最重要的一个特色是具备其他一般项目不具备的环境效益，绿色项目通过绿色通道获取绿色专项资金，是否实现了专款专用，是否达到了资源合理配置的效果，是否如融资初期承诺的产生了环境效益，例如减碳、降二氧化硫、减少污水排放等，要向社会披露。已设立的全国环保信息共享平台，及时公布自治区各地环保政策与相关工作动态，制定污染物排放标准，更新企业合法合规情况等信息，将各地环境污染、自然资源及生态系统的可持续发展纳入综合评价体系，为金融机构的调查审批提供基础信息。金融监管部门应加强对相关金融机构和绿色企业、绿色项目环境信息披露的监管，要求定期公布年报，披露公司绿色相关业绩，统筹建立金融机构、企业环保信用评级、绿色项目库等各类信息共享的统一机制和平台，对环境信息的披露形式、内容与主题，披露规则与绩效指标制定统一标准与规范，发挥其激励或惩罚功能，也为信贷投资行为提供更全面有效的决策依据，提高信息披露公信力，打破由于信息不对称、数据共享层次低等问题导致的绿色投融资瓶颈，有效制约污染性投资，防范"洗绿"风险。

7.5.2.4　不断完善激励约束机制，引导更多金融资源投向绿色低碳领域

从绿色金融激励政策的整体功能与作用来看，绿色金融激励政策是地方政府激发绿色金融市场主体活力、撬动更多社会资本参与绿色发展、推动政策落实的重要手段。自治区各地州市应加强财政政策和金融政策的协同配合，可考虑通过财政奖补、贴息、风险补偿等手段给予绿色项目更低的融资成本、更长的融资期限，以降低绿色资产风险权重、绿色资产权益优先受偿等方法，提高银行业支持绿色产业的积极性。引导绿色金融机构增加绿色资产配置、强化气候和环境风险管理，推动绿色金融机构集聚、加快绿色金融产品和服务创新、提升绿色金融市场规模。对于绿色项目融资难的核心问题——风险与收益不匹配，建议由财政出资，并积极与其他机构合作，试验区设立绿色金融风险补偿资金池，对可能存在的风险提前安排风险分散机制，对开展绿色贷款的银行业金融机构，按其本金损失金额的一定比例给予风险补偿，以广州为例，规定每家银行业金融机构每年

申请风险补偿总额不得超过该机构当年绿色贷款实际放贷额的10%。依据《新疆维吾尔自治区家庭农场名录管理办法（试行）》录入名录的家庭农场，可享受各级财政奖补、项目扶持、贷款担保贴息、政策性农业保险等家庭农场扶持政策。采取贴息方式鼓励引导各地积极推进新能源项目建设和重点行业领域节能降碳改造，充分发挥碳减排支持工具、煤炭清洁高效利用专项再贷款的精准滴灌作用，激励金融机构加大对绿色低碳重点领域的信贷投放。依据绿色项目库中"纯绿""浅绿"等绿色评估认证分类的浮动，以贴息或者再贷款的形式调整不同等级绿色产品的投融成本。通过保险补助降低保险费率或以保费折算的方式提供风险防护资金，对不良贷款引发的赔款支出按规定给予保险公司补偿。对绿色金融业务、产品和服务创新方面成果显著的机构或从业人员给予奖励。

7.5.3 提高绿色金融产品和服务的可持续性和市场竞争力

7.5.3.1 发掘三地绿金试验区潜力，寻找契合地区发展特点的新疆绿金模式

绿色金融改革创新试验区建设是一项系统性工程，需要有一系列配套措施给予支持保障，需要投入大量财政资金撬动社会资本引导绿色金融发展。各地各部门特别是三个试点地市在发展绿色金融过程中要以体制机制创新为重点，结合本地区实际，在绿色金融制度、组织、市场、产品、服务、政策保障等方面先行探索，吸引和聚集大量绿色金融资源，达到筑巢引凤的效果；要以经济效益作为检验绿色金融市场运行好坏的重要指标，让良好的市场效益成为激发绿色经济和绿色金融的内生动力，同时兼顾"生态农业"和"清洁能源"的市场特性，探索建立以"生态农业"和"清洁能源"为主体的市场化商业运营模式，进而推广到其他金融产品领域。基于各地区资源化环境承载力、经济总量与产业结构的差异，哈密市要重点通过绿色金融支持清洁能源生产、绿色装备制造等产业做大做强，最大限度实现风电、光电等清洁能源的本地化利用。昌吉州要重点构建绿色金融服务产业转型升级发展机制，促进智能装备、新能源、新材料等中高端产业发展，化解和淘汰落后产能，推进绿色农业、绿色旅游、绿色城镇化发展，实现金融与经济、社会、生态的互利互促。克拉玛依市要重点搭建绿色金融服务体系支持企业"走出去"，积极参与丝绸之路经济带合作伙伴国家能源开发与合作，共同建设绿色丝绸之路，支持信息科技、装

备制造、现代旅游、新材料、现代农业及荒漠化改造等战略性绿色新兴产业发展。各试验区要加快绿色金融数字化转型，以数字化转型作为金融供给侧结构性改革的有力抓手，建议各试验区根据自身发展基础及监管需求，推动绿色金融数字化转型，充分利用多种金融科技工具，如智能化、大数据、云计算等，提高绿色投融资的可得性和智能化水平。探索通过数字化方式推动绿色金融市场建设，借鉴现有的"绿信通""绿金通""绿融通"等绿色金融信息平台基础上，进一步融合先进金融科技，构建高效"政企金研"交互平台，降低信息不对称成本，提高绿色项目融资效率。促进绿色金融试验区政策与共建"一带一路"政策、自由贸易试验区的发展政策相融合，通过绿色金融助力自贸区企业绿色创新，努力打造绿色品牌，提升自贸区企业出口产品竞争力水平，同时通过自贸区的政策支持降低企业绿色转型升级的成本。发挥试验区先发优势与溢出效应，带动周边地区绿色金融发展，在支持邻近地区绿色产业、企业、项目等发展的同时，加强地区间交流合作，广泛利用信息、人才等资源，增强区域间各机构绿色金融业务的关联度，完善自治区绿色金融体制机制，使有关理论与实践经验得以推广。

7.5.3.2 积极拓展绿色金融国际合作空间

丝绸之路经济带建设蕴藏着上万亿元的投资需求，包括大量的项目投资、资本投资与债权投资机遇。新疆应抓住机遇，将新疆绿色金融改革与丝绸之路经济带核心区建设紧密结合，推动丝绸之路经济带基础设施投资绿色化；深化与哈萨克斯坦等中亚国家在生态农业、清洁能源等绿色经济方面的合作，加强与丝路基金、亚洲基础设施投资银行等机构的合作，在遵循多边规则和程序的基础上，共同推动绿色丝绸之路经济带投资，让绿色金融为经济核心区建设提供资金、产品和信息支持；建立服务于清洁能源、环保产业、绿色工业、生态农业、绿色制造等行业的区域性股权交易和众筹市场，提供直接投资配资，实现跨境筹集资本；通过绿色金融助推新疆经济绿色化战略，使新疆成为丝绸之路经济带上具有强大凝聚力和向心力的绿色核心区。

7.5.3.3 不断创新丰富绿色金融产品体系

新疆应支持金融机构创新绿色信贷品种，推广新能源贷款、能效贷款、合同能源管理收益权质押贷款等能源信贷品种，创新绿色供应链、绿色园区、绿色生产、绿色建筑、个人绿色消费等绿色信贷品种；鼓励社会资本成立各类绿色产业基金，为绿色项目提供资金支持。自治区各地州府市发起设立绿色发展基金，促进本地区的经济绿色发展、绿色技术推广、环保产业培育等。节能减排、生态环保日渐成为热门投资领域，企业应发挥自主创新能力，创设绿色私募股权和创业投资基金。基于新疆与共建"一带一路"国家环境的脆弱性，保险机构应落实环境污染强制责任险，促进具有地域特色的绿色保险产品和服务推陈出新，推广绿色建筑质量险、绿色产业产品质量责任险以及其他的绿色保险业务，充分发挥环境责任保险风险转移功能。自治区政府对绿色金融债、中小企业绿色集合债以及绿色债务融资工具的发行加大指导力度，支持金融机构和大中型、中长期绿色项目投资运营企业发行绿色债券或项目支持票据，鼓励金融机构发行绿色金融债券；也可以通过发行地方政府债券来支持符合规定的绿色公益性项目；支持发行中小企业绿色集合债，提高中小绿色企业资金可获得性。企业应充分利用新疆企业发行上市优先审核政策，推动试验区企业按照自身特点在主板、中小板、创业板、"新三板"等多层次资本市场上市或挂牌。

7.5.3.4　加强"双向"人才队伍建设，为深入发展绿色金融奠定基础

新疆的绿色金融改革需要具备生态环境和经济金融两方面专业知识的人才参与，经济发展和法律制定双向推进，将专业化贯穿产品开发、市场运营、政策制定等绿色金融的全过程。政府需激励学术界投入新疆绿色金融理论系统研究，将环境因素与传统经济学、金融学等结合分析，研究绿色金融的原理基础、影响因子、环境效益及其对经济增长和可持续发展的作用机制等内容，探析绿色金融促进经济增长和转型升级的作用机制。金融行业和金融机构，特别是商业银行应强化复合型绿色金融人才培养，主要应从九大方面着手：一是要充分发挥金融机构和金融人才的"金智惠民"功能，做好绿色金融理念和"双碳"目标的传播；二是应强化经营管理者绿色金融的专业能力，从绿色金融的内涵、分类、驱动因素等多个层面加强绿色金融专业知识的培训；三是应开展对金融机构客户绿色金融的培训和培育；四是应强化绿色金融人才的从业培训与执业资质认证，立足产学研用，推动产教融合型绿色金融人才培养；五是应做好绿色信贷人员的行业专业继续教育，持续提高履岗能力；六是要做好绿色债券项目专业评估人员的培训；七是开展绿色金融产品投资的投资者公益教育工作；八

是应选拔培养绿色金融国际人才，开展如中欧绿色投融资专题培训，围绕共建"一带一路"项目，结合欧洲绿色投融资示范区建设及中欧应对气候变化暨环境、社会和公司治理（ESG）国际要求，提高绿色金融的国际合作能力，促进绿色金融技术、产品、资本、人才的国际化常态化交流互动；九是要着力构建绿色金融人才的培训、培育、培养体系。

7.6 加强新疆金融监管和风险防范

7.6.1 完善金融服务体系

7.6.1.1 强化风险管理

新疆金融业可以通过完善风险管理制度，来建立健全的风险管理体系，确保风险管理与业务发展同步推进。同时新疆金融业可以通过加强业务创新，积极探索数字化转型，推动金融科技与风险管理的深度融合，利用人工智能、大数据等技术手段，对风险进行精细化管理。此外，新疆金融业还可以通过加强员工培训和技能提升，提高员工的风险意识和防范能力，定期组织员工参加知识培训和演练，提高员工的应急处理和服务能力。

7.6.1.2 加强金融服务

针对小微企业融资难、融资贵的问题，新疆金融机构可以积极开展小微企业金融服务，为其提供低成本、高效率的融资服务，同时一些地方性银行也可以积极参与到小微企业融资服务中来。这些措施的实施能有效提高新疆地区小微企业的金融服务水平，为企业的发展提供坚实的保障。除了对小微企业的金融服务，新疆金融机构还可以积极开展面向个人的金融服务，随着电子商务的兴起，不少居民习惯了线上消费和线上支付，因此金融机构可以通过加快数字化转型进程，从而为居民提供更为便捷的线上金融服务。

7.6.1.3 加快数字化转型

新疆金融机构可以通过加快数字化转型进程，加强线上渠道建设、推出数字化金融产品等，以提升金融服务的效率和质量。对于金融业来说，数字化转型不仅可以提高金融机构的效率和服务质量，还可以降低运营成本、缓解风险等。新疆金融机构可以积极推动金融科技的研发和应用来促进数字化快速转型。例如，银行可以通过数字化技术来优化客户服务流程，提高客户体验，提供线上申请、审批和放款服务，方便客户在家就能完成贷款业务，从而有效促进业务增长。新疆金融机构还可以推进金融信息化建设，提高业务处理效率和数据管理能力，实现跨部门、跨区域、跨系统的协同操作，以便为客户提供更加便捷、高效、个性化的服务。

7.6.2　强化金融监管部门管理

为应对跨境金融犯罪风险，新疆金融监管部门可以采取以下相关措施：①完善反洗钱法规。金融监管部门应不断完善反洗钱法规，提高法规的适用性，加大法规的实施力度。例如，可以加强对虚拟货币等的监管，限制洗钱犯罪的空间。②强化金融机构的合规意识。金融监管部门应要求金融机构加强内部风险防范，建立健全反洗钱、反恐怖融资等合规制度。同时，监管部门应加强对金融机构的培训和指导，提高其风险识别和防范能力。③提升国际合作水平。跨境金融犯罪往往涉及多个国家和地区，金融监管部门应积极参与国际合作，共同打击跨境金融犯罪。例如，可以加强与邻国金融监管机构的信息交流，共享金融犯罪线索，提高打击犯罪的效率。④利用科技手段提升监管能力。金融监管部门可以借助大数据、人工智能等先进技术手段，提高对跨境金融犯罪的监测和预警能力。例如，可以构建金融犯罪数据分析模型，实时监测可疑交易行为，降低金融犯罪风险。⑤严厉打击跨境金融犯罪。金融监管部门应对涉及跨境金融犯罪的案件予以严厉打击，形成对犯罪分子的有效震慑。同时，可以通过媒体宣传等手段，提高公众对跨境金融犯罪的认识和警惕性。

为解决金融机构内部风险管理能力不足的问题，可以采取以下措施：①完善内部控制制度。金融监管部门应要求金融机构按照监管要求完善内部控制制度，建立健全风险管理体系。金融机构应确保内部控制制度的有效实施，提高风险识别和防范能力。②提高合规意识。金融机构应从高层、管理层到基层员工，全面提高合规意识，金融机构可以通过培训、考核等手段，加强员工的合规教育，确保业务开展过程中充分考虑风险因素。③加强风险识别和防范能力。金融机构应加强对市场风险、信用风险等方面的识别和防范能力。这包括建立风险预警机制，及时发现潜在风险；实施风险防范措施，如严格控制担保贷款、信用贷款等业务风险。④优化人才结构和加强人才培训。金融机构应优化风险管理人才结构，引进和培养更多具备风险管理经验和专业知识的人才。同时，金融机构应加大员工培训力度，提高员工在风险管理、合规和金融知识方面的素质。⑤强化监管协同。金融监管部门应加强与金融机构的协同监管，及时发现金融机构内部风险管理能力不足的问题，并采取有效措施进行整改。此外，监管部门还可以通过信息共享、经验交流等方式，帮助金融机构提高风险管理水平。

新疆金融监管部门需要关注地方政府债务风险，引导地方政府合理使用债务资金，防止债务风险的累积。面对信用风险的增加，新疆地区金融监管部门可以采取以下应对举措：①加强信贷政策指导。金融监管部门要求金融机构加强对信贷政策的执行，确保资金优先支持实体经济发展，避免资源错配。②强化风险监测和预警。金融监管部门加强对金融市场风险的监测和预警，及时发现并应对信用风险的迹象，确保金融市场的稳定。③优化金融机构内部风险管理。金融监管部门要求金融机构优化内部风险管理机制，提高对信用风险的识别、评估和控制能力，降低潜在损失。④提高金融市场透明度。金融监管部门推动金融市场信息披露制度的完善，提高市场透明度，以便投资者更好地评估信用风险。⑤强化宏观审慎管理。金融监管部门实施宏观审慎管理政策，如动态调整存款准备金率、严格执行资本充足率等，以确保金融系统的稳定。⑥加强跨部门协调。金融监管部门加强与地方政府、企业等相关部门的沟通与协调，共同应对信用风险的挑战。⑦推动金融创新。金融监管部门鼓励金融机构开展金融创新，如发展供应链金融、普惠金融等，以更好地服务实体经济，降低信用风险。

针对金融科技应用带来的监管难题，金融监管部门可以采取以下策略：①加强监管科技的应用。金融监管部门可以利用大数据、人工智能等技术手段，提升监管效率和效果。②完善金融科技监管政策和法规。金融监管部门需要与相关政策制定部门合作，制定适应金融科技发展的监管政策和法规。③加强国际合作。金融科技的发展具有全球性特征。金融监管部门需要与其他国家和地区的金融监管机构加强合作，共同应对金融科技应用带来的挑战。④培育金融科技人才。金融监管部门需要关注金融科技领域的人才培养，提升监管人员的专业素质和技能。

针对新冠疫情对新疆跨境资本流动及金融市场波动性的影响，金融监管部门可以采取以下策略：①加强宏观审慎管理。金融监管部门需要密切关注市场风险，加强宏观审慎管理，确保金融市场的稳定运行。②优化跨境资本流动管理。金融监管部门可以优化跨境资本流动管理政策，降低企业跨境融资成本，支持企业扩大跨境投资和贸易。③强化金融风险防范。金融监管部门需要加强对金融市场风险的监测和预警，强化金融风险防范，确保金融市场的稳定和安全。④稳定市场预期。金融监管部门应通过及时发布政策信息、加强市场沟通等手段，稳定市场预期，降低金融市场波动性。总结来说，新冠疫情对新疆地区跨境资本流动及金融市场波动性产生了显著影响。金融监管部门需要密切关注市场风险，加强宏观审慎管理，优化跨境资本流动政策，强化金融风险防范，稳定市场预期，以应对新冠疫情对新疆跨境资本流动及金融市场波动性的挑战。

7.7　加快新疆科技金融建设步伐

7.7.1　加大对科技创新的投入

加大科技创新投入是推动新疆金融高质量发展的必然选择。实施深化信息技术研发与应用、强化与外部机构的创新合作、推动数字化风险管理体系建设、培养与引进科技创新人才以及加强科技创新基础设施建设等关键举措可以为新疆金融高质量发展提供动力。

7.7.1.1　加强信息技术研发和应用

金融机构在新疆必须走在信息技术的前沿，持续加大信息技术的研发和应用力度。这不仅是提升技术效率和用户体验的关键，更是适应金融高质量发展的必然要求。金融机构应积极探索和开发如移动支付、在线贷款、智能投顾等先进的数字化金融产品，以满足日益多样化的市场需求。通过大数据、云计算、人工智能等技术的运用，金融机构能够更精准地分析客户需求，提供个性化、智能化的金融服务。

7.7.1.2　加强与外部机构的合作

新疆在科技金融发展的过程中，应充分利用本地的地理、资源和文化优势，积极与各类外部机构展开深度合作。这种合作不仅有助于金融机构创新金融产品和服务模式，更能通过结合外部机构的专业能力和资源优势，共同推动数字化金融服务的发展，提高技术效率。例如，与电商、物流等企业的合作，可以使金融服务更加贴近实体经济，提高服务效率和用户体验。同时，与科研机构、高校等的合作，可以引入更多的科技创新成果，提升金融机构的核心竞争力。

7.7.1.3 加强科技创新基础设施建设和科技创新人才建设

为了支撑金融科技创新的持续发展，新疆金融机构还应加强科技创新基础设施的建设。这包括投入更多的资金和资源用于信息技术设备的更新和升级，建设高速、安全、稳定的金融网络基础设施，以及推动云计算、大数据等技术在金融行业的应用和发展，提升金融机构的数据处理和分析能力，更好地应对市场变化，满足客户需求。新疆金融机构应加大对科技创新人才的培养和引进力度，打造一支既懂金融又懂科技的复合型人才队伍。通过制定完善的人才激励政策，提供优厚的待遇和发展空间，吸引更多的优秀人才投身金融科技创新事业。同时，金融机构还应加强内部培训和人才培养机制的建设，提升现有人员的科技素养和创新能力。

7.7.2 推动科技产业与金融产业深度融合

在新疆金融高质量发展的进程中，推动科技产业与金融产业的深度融合至关重要。加快金融市场开放、加速绿色金融发展、推动普惠金融服务全覆盖以及优化信用体系建设能力等措施能够充分发挥科技创新的优势，提高金融服务的质量和效率，推动新疆金融高质量发展。

7.7.2.1 加快新疆金融市场开放

扩大新疆金融业对外开放的范围和深度，发挥新疆独特的地理位置优势，积极融入"一带一路"大格局，在更大范围、更宽领域、更深层次推进对外开放。推动"一港五中心"建设，以新基建为战略发展方向，支持传统设施转型升级，建设 5G 基站、特高压、城际高速公路和城际轨道交通。融入创新科技，推进"云网融合"发展大数据中心、人工智能和工业互联网等科技创新领域基础建设。支持金融企业跨境发展，通过拓宽国际金融合作渠道、建立金融信息共享机制、开发新的金融产品和服务、加强国际金融合作来提升区域金融影响力。

7.7.2.2 加速新疆绿色金融发展

绿色金融讲求金融活动与环境保护、生态平衡的协调发展，最终实现经济社会的可持续发展。加强政府引导和监管，引导金融资源向绿色领域倾斜，发挥新疆绿色资源优势，推动绿色金融科技基础设施建设，在互联网等数字平台上，加强绿色金融创新，鼓励金融机构创新绿色产品。完善

绿色金融标准和评估体系，运用科学技术手段加强征信系统建设，推动绿色信贷，提高绿色金融产品和服务的可持续性和市场竞争力

7.7.2.3　加深金融科技与普惠金融融合深度

银行业和债券业占据了新疆几乎所有的金融资源，银行业和债券业的金融规模波动会对新疆金融资源总量的波动产生重要影响。由此，新疆应积极推进商业银行科技金融创新，贯彻中国式现代化和经济高质量发展内涵，围绕供给侧结构性改革，积极推进商业银行、互联网企业云平台搭建和管理，提高金融服务覆盖率和可得性，以金融科技驱动银行流程再造、组织变革和战略转型；促进数字基础设施建设，完善数字资源体系，为客户信用评估提供平台和信息基础；同时推进科技赋能保险业创新应用，为各类企业和个人提供风险保障，提高社会风险承受能力，有助于推动新疆金融的高质量发展。

7.7.3　加强对科技金融的监管

随着科技产业与金融产业的深度融合，金融服务的普惠性和便携性得到了显著增强，同时也为传统金融产业注入了新的活力。然而，这种融合也带来了新的挑战，尤其是金融科技风险的不断涌现。为了确保金融科技健康、稳定地发展，必须建立健全的金融科技安全体系，将各类风险纳入全面风险管理范畴。要鼓励金融科研创新监管，完善金融监管政策机制，确保市场公平竞争。强化金融监管部门的管理也至关重要，通过发展监管科技、优化监管路径和创新监管方式，更有效地提升监管效率，确保金融科技在合规的轨道上稳健前行。

7.7.3.1　健全金融科技安全体系

健全金融科技安全体系对于增强金融稳定性至关重要。通过加强金融科技安全体系的建设，金融机构不仅能够更有效地防范和管理金融风险，还能提升对市场波动的适应能力和整体效率。科技产业和金融产业的融合，有利于不断增强金融服务的普惠性和便携性，促进传统金融产业转型和发展。然而，金融科技的发展始终伴随着金融风险，因此新疆在推动金融科技发展的同时，应加强对金融科技本身风险的关注，应将数据、网络、软硬件、外包、治理和组织架构、战略、文化和团队等方面的风险纳入全面风险管理体系，在构建数字技术创新体系的同时完善数字安全屏障。

7.7.3.2 鼓励金融科研创新监管，完善金融监管政策机制

监管部门应完善金融监管政策，参照不同机构制定个性化、差异化政策，保障市场公平性；细化数据使用标准和可用数据范围，通过加强与金融科技企业的沟通，对其进行政策指导，引导金融机构了解金融监管框架，促进金融机构充分认识科技创新中需要注意的监管政策和法律准则。

7.7.3.3 强化金融监管部门管理

新疆应引导监督管理部门发展监管科技，优化监管路径，创新监管方式，提升监管效率，融入数字技术，灵活运用互联网、大数据、人工智能等技术手段，提升跨行业、跨市场金融风险监测，在监管部门和金融机构之间建立可信赖、可持续、可执行的监管协议。

7.8 探索新疆养老金融推广途径

7.8.1 建立多元化的养老服务体系

党的二十大报告指出："实施积极应对人口老龄化国家战略，发展养老事业和养老产业，优化孤寡老人服务，推动实现全体老年人享有基本养老服务"。我国老年群体数量庞大、个性突出、条件迥异，要以老年人个性化需求为导向，提供多元化、多层次的养老服务，完善以居家养老为基础、社区养老为依托、机构养老为补充、医养康养相结合的"多元一体"养老服务体系。在 2023 年 10 月召开的中央金融工作会议中，养老金融被写进推动金融高质量发展的"五篇大文章"，其社会价值和重要意义被推至新的高度。推动养老金融高质量发展，是践行金融工作人民性、以金融力量助力人民安居乐业的必然要求。

7.8.1.1 巩固居家养老的基础性地位

居家养老是以家庭为核心、以社区为依托、以专业化服务为支撑，为居住在家的老年人提供生活照料、医疗服务和精神关爱等社会化服务的养老模式。中国自古以来就有浓厚的家庭本位思想，居家养老弥补了"三无老人、孤寡老人"家庭养老的缺位，也适应了具有自理能力或半自理能力老年人的个性化需求，成为当前我国养老服务的基础性工程。为积极应对人口老龄化，我们必须不断提高居家养老服务水平，巩固其在养老服务体系中的基础性地位。一是适度增加财政投入，加大政府购买服务的力度，

扩大居家养老的覆盖面。以县（区）为单位，对居家养老财政投入进行统筹协调，逐步增加政府购买服务品类，将居家养老覆盖人员由"三无老人、特困人员、低保人群、个别付费"向更大范围推进，从而提高居家养老服务的均等性、可及性和保障水平。二是加强机构和平台建设，提高居家养老规范化、精细化和信息化服务水平。大力培育和引进养老服务机构，完善政府购买服务机制，促进养老服务人才专业化、职业化发展，推动养老服务机构由建章立制向效能提升转变；加强适应老年人需求的信息平台建设，利用信息平台对老年人需求进行分类，并实现"一键下单"、快速回应。三是鼓励社会力量参与居家养老，促进服务资源和养老需求有效对接。养老服务是一项公益性事业，要推动社区、机构、社工、志愿者、慈善资源联动服务，加强内部资源整合与外部资源链接，形成居家养老供需之间的动态平衡。

7.8.1.2 强化社区养老的依托保障功能

社区养老是以需求为导向，以社区为依托，以日间照料、生活护理和精神慰藉为主要内容，以上门服务、社区日托、建立老年活动中心为主要形式的养老服务模式。社区是现代社会重要的养老、交往和娱乐场所，社区养老能满足具备自理能力和中低龄老年人的养老需求，是当前养老服务体系的重要组成部分。为进一步做好养老服务工作，必须以老年人需求为导向加强社区建设，强化社区养老的依托保障功能。一是加强社区养老基础设施建设，推进各类设施的适老化改造。加强顶层设计和统筹规划，重点建设老年食堂、娱乐活动中心、老年学校、养老驿站、医疗保健中心等社区养老服务设施；加快老年人无障碍设施建设和改造，构建"一刻钟"社区养老服务圈，建设老年友好社区。二是引导和培育老年人社区社会组织，强化老年人的组织化和归属感。鼓励和支持退休党员干部、文艺骨干和积极分子组织公益类、娱乐类、专业类的社区社会组织，将老年人分门别类地吸纳到组织内，从而实现物质、精神和社会生活等方面的互助共济。三是推动社区养老和居家养老联动服务，满足老年人多元化和个性化需求。构建"居家养老+社区养老+嵌入式养老"联动机制，以社区为依托引进嵌入式养老服务机构，实现三者良性互动，提高养老服务的专业化和个性化水平，从而拓展社区养老的深度和广度。

7.8.1.3 引导机构养老事业良性运行

机构养老是以养老机构为载体，为老年人提供饮食起居、清洁卫生、生活护理、健康管理、紧急救援和文体娱乐活动等综合性服务的养老模式，可以划分为基本的机构养老服务和中高端的机构养老服务。为了满足各个阶层老年人个性化的需求，必须引导机构养老事业良性运行，弥补居家养老服务和社区养老服务的不足。一方面，要提升基本的机构养老服务水平。拓宽资金来源，建立健全多渠道资金筹集机制，在加大政府公共财政投入的基础上，鼓励社会资本参与，并加强资源链接，争取社会捐赠；完善运营管理模式，创新"公建公营、公建民营、民办公助、公办民助"等多元模式，充分发挥政府和社会两个积极性；加强养老服务人才队伍建设，建立一支专业化、多元化、复合化的养老服务队伍。另一方面，要规范和引导中高端养老机构的运营与发展。明确角色定位，推动中高端养老机构市场化，让市场成为资源配置的决定性力量，明确定价原则并规范服务收费；加快完善中高端养老机构服务行业标准、从业人员行为规范、服务安全基本规范，促进机构养老专业化、规范化和标准化；支持养老机构连锁化、品牌化，提高服务质量，加强安全管理；加强地方立法，完善机构养老服务法治体系，让养老服务在法治轨道上行稳致远。

7.8.1.4 促进医养康养全面融合发展

随着我国老龄化程度不断加深以及老年人生活水平的提高，人们对养老服务的要求不断提高，医养康养全面融合发展成为当前养老服务的重要发展趋势。然而，目前医养结合与康养结合还处于起步阶段，各方面服务还远未成熟。要打造高品质老年生活，必须以老年人需求为导向，不断完善各方面体制机制，促进医养康养全面融合发展。第一，加强医养结合机构和设施建设，着眼于医养康养全面融合，不断完善养老机构、医疗机构、康复中心等基础设施布局，建立健全养老综合体，夯实医养结合与康养结合的硬件基础。第二，探索多元化的实践模式，建立"家—医院—机构—家"的全过程养老服务闭环，推进医疗护理康复资源进社区、进家庭；根据人口和资源禀赋，建立"一体化、嵌入式、混合式"等差异化发展模式。第三，统筹推进居家养老、社区养老和机构养老，从三个层面同步开展医养康养结合服务，促进居家、社区、机构三个层面联动和融合发展。第四，探索建立健全长期护理保险制度，拓宽投融资渠道，减轻老年人医养结合的经济负担；加快医养康养复合型人才队伍建设，促进医养康养服务行业健康发展。第五，充分运用信息技术，建立老年人健康全周期管理系统，整合各类健康信息资源，促进医院、养老机构、社区、家庭信息互联互通，实现共建共治共享。

7.8.2 创新养老金融产品和服务

目前，我国基本搭建起以基本养老保险、企业（职业）年金、个人养老金和商业养老保险为支撑的养老保障体系。养老金融可以丰富养老保障产品供给，有利于完善我国多层次养老保险体系，提升养老保障能力，满足人民群众多样化的养老需求。金融机构应从产品创新、客户服务、投资研究、业务管理等方面对养老金融进行创新，优化养老金融发展新格局。

7.8.2.1 推动产品创新

养老金融具有高度个性化的特征。金融机构利用大数据、云计算、人工智能等数字技术，积累海量养老理财客户信息，精准刻画养老理财客户画像，深度挖掘养老理财客户需求，为养老理财客户有针对性地创设养老理财产品，根据养老理财客户偏好做好长期与短期、收益与风险、投资与保障的平衡；利用数字化技术，跟踪客户全生命周期养老财富管理过程，及时获取客户反馈，敏捷响应需求变化，精准迭代产品开发，根据不同生命周期阶段客户投资目标、风险偏好和收益要求等因素，做好养老理财产品与客户差异化需求的最佳动态匹配。

7.8.2.2 创新客户服务

依托生成式人工智能技术，赋能养老理财客户服务业务流程，提升养老理财服务效果和客户体验。例如，在客户获取环节辅助客户画像分析和KYC，在内容营销环节生成个性化营销内容，在客户沟通环节提供语气、话术、产品方面的建议，在投资者教育环节提供可视化、生动化的养老理财投教体验，在投后跟踪环节实时辨识客户行为、需求变化。此外，养老理财是开展买方投顾业务的天然场景，未来还可利用生成式人工智能技术为每一位养老理财客户提供虚拟的养老理财投资顾问。

7.8.2.3 创新投资研究

由于市场行情波动，形成了比较适合量化策略发展的环境，通过人工智能大模型，高效进行量化因子挖掘和量化策略研发，能够给养老理财客户带来更加多元、稳健的投资体验。同时，理财行业投资管理精细化要求越来越高，这与投资经理人均管理产品数量较多之间形成了矛盾，大幅提升系统信息化程度，引入人工智能助力扩大投资经理的管理半径，实现每个组合的精细化管理，是解决上述矛盾较为可行的路径。

7.8.2.4 创新业务管理

全面整合养老金融相关内外部数据资源，建立养老理财数据中台，并以此为依托推动养老理财业务向智能化发展。业务管理端，实时监测养老理财数据并有效分析，实现客户挖掘、产品触达、渠道引流、运营管理、风险监测等方面业务运营全流程的智能化；经营管理端，实现策略制定部署、业务跟踪监测、经营管理决策等一体化管理。

金融机构应始终坚持金融工作的政治性、人民性，践行责任担当，引金融之水灌溉银发养老等重点民生服务产业，全力支持养老第三支柱落地发展，全方位、立体式实现创新金融供给，加速构建以金融服务为基础的特色一站式养老综合服务体系，以专业、优质、稳健的贴心服务，助力广大民众"养老"变"享老"。

7.8.3 加强养老金融的监督与管理

我国养老金融在政策的大力扶持下，规模不断扩大，体系日益健全，走出了一条具有中国特色的养老金融之路，但在养老保险公司管理、政府部门监管职责和养老金融宣传教育活动还存在可以进步的空间。

7.8.3.1 推动养老保险公司的专业化发展，深化养老金融市场改革并丰富产品与服务供给

推动养老保险公司聚焦主业转型发展，丰富养老金融产品和服务供给方面发挥应有作用；督促养老保险公司在规定时限内，平稳推进并完成各项整改工作；规范养老保险公司机构管理、公司治理、经营管理、风险管理等事项，推动切实改善经营管理；加强养老保险公司非现场监管和现场监督检查，保持对违法违规行为的高压态势，切实保护好保险消费者合法权益。

7.8.3.2 明确政府部门监管职责，规范养老金融产品信息披露

出台养老金融监管的法律文件，明确不同部门的监管职责，探索养老金融多部门监管的协调机制，防止出现监管真空或者重复监管。进一步规范养老金融产品的信息披露要求，实施动态信息披露，引入第三方机构审查，保证信息披露的及时性和真实性，确保老年人能够充分了解产品的投资收益和风险。完善并制定统一的养老金融产品和服务标准，明确产品的设计与销售要求，规范服务的质量和责任，以提高产品的安全性和适宜性。清理不符合要求的养老金融产品，包括部分短期投融资工具等。充分

利用大数据等技术手段,通过"互联网+监管"模式,促进金融监管更加精准化。

7.8.3.3　普及养老金融宣传教育活动,培育居民养老意识

政府应加大养老金融宣传力度,动员社会各界加入养老金融的宣传和推广。编制我国的养老理财手册,开展养老金融科普。通过举办养老金融论坛、开展养老金融科普周等活动,让居民切实领悟到养老金融的目的和意义,增强其参与养老金融的积极性。各高校应开展相关教育课程,引导年轻人重视养老问题,尽早形成正确的养老观念。发挥好基层社区的力量,定期邀请养老金融专业人士为社区老年人开展科普讲座,提示老年人有关投保的误区和注意事项,提升老年群体的反诈意识。

7.9　开创新疆数字金融发展新局面

7.9.1　加强信息技术研发和应用

7.9.1.1　加强数字金融基础设施建设

数字基础设施是拓展数字普惠金融覆盖广度的"基石",只有建设并完善好数字金融基础设施,才能打破地理局限,突破信息壁垒,让数字金融走进千家万户,使其更好地为新疆服务,促进普惠金融的长远可持续发展。如今虽然数字化浪潮发展迅猛,但是新疆农村地区尤其是偏远地区的数字金融基础设施依旧存在不健全的情况,数字金融基础设施的建设和优化十分必要。通过促进互联网在偏远地区的普及以及结合线上金融产品和服务的推广,可以扩大金融机构在农村地区的服务范围,让农村居民享受更加便捷高效的金融服务。具体而言,一是要加强移动通信网络、数据中心等硬件数字基础设施的建设,结合当地实际将相应的设施配位到位,促使数字普惠金融在农村真正落地。二是加大互联网知识普及力度,提升农村金融机构从业人员和客户对于线上设施运用的熟练程度,引导其有效利用互联网资源最大程度从数字金融中获益。三是缩小信息差异化给客户带来的金融服务差距,降低其参与金融活动的成本和风险,提高金融服务的效率。

7.9.1.2　优化数字金融产品的应用体系

数字普惠金融覆盖广度的拓展主要是针对以往没有参与金融活动的弱

势群体，其中大部分人对于有关程序的操作并不熟悉，有关信息和知识相对匮乏，倘若数字金融产品的操作流程过于繁琐或者脱离日常，将会影响他们进入金融市场的信心和积极性，不符合广泛推广的本质要求。基于此，金融机构应该做到：一是尽量精简有关金融产品的注册和激活程序，不在前期设障碍，做到一步到位，快速进入使用界面。二是将数字金融产品嵌于生产生活的场景中，而不是与生活割裂，使得其更加贴近用户的日常，便于用户借助金融产品满足需求，增加使用频率。三是设置明显的智能提醒和帮扶界面，使得对于金融产品操作不熟悉或者有疑问的用户可以及时解决难题，降低数字金融产品的使用门槛，并根据用户反馈不断提升质量，真正让弱势群体享受到数字普惠金融带来的红利。

7.9.1.3 加大数字普惠金融创新力度

数字普惠金融利用信息技术将金融机构的服务下沉到农村，提供了多样的金融产品和金融业务，缓解了过去农村金融供给不足的问题，移动支付逐渐走入百姓寻常家，农民不再局限于线下开展生产活动，开始从事信息技术支撑的线上生产经营活动。然而，数字普惠金融的影响深度远远不够，金融相关业务的使用频率依旧不高，这些可以通过加大数字普惠金融的创新力度进行改善。具体而言，一是发展智能投资顾问服务，利用信息技术触及客户需求的方方面面，深入了解客户的经济条件、风险偏好、投资习惯等，从而定向提供给客户符合自身实际的投资顾问服务。二是创新性发展农村信贷服务。依托农户信息数据，对农村产业经营主体进行对比分析并走访了解实情，据此开展有针对性的信贷产品宣传；结合当地实际设计开发线上产品，提高贷款审核和发放的效率；开通数字普惠金融绿色通道，减免农户主体的手续费，延长贷款到期时间，帮助各类农业经营主体获得数字普惠金融红利。

7.9.1.4 加大金融领域新基建的投入

首先新疆维吾尔自治区政府可以与企业合作部署 5G 基站、大数据中心等新基建，创造良好的金融生态环境，降低征信成本，为数字金融发展奠定坚实基础。其次，新疆维吾尔自治区政府要引导企业实现信息互联互通，确保创新企业在数字金融建设中享受"数字红利"，吸引高科技产业聚集，根据当地产业类型和规模与经济发展的实际情况，结合数字金融服务形成有地方特点的产业优势。最后，新疆维吾尔自治区政府要强化在数字金融生态系统中的服务功能，让金融业服务实体经济，在数字金融发展水平低的地区根据需求科学设立产业园、研究机构等数字金融示范区，引导金融机构和技术企业建立协同合作机制，加强生活场景开发、控制风险等领域的协作，发挥技术溢出效应，带动周边产业发展，推动经济高质量发展。

7.9.2　加强数字化风险管理

要实现新疆金融的高质量发展，必须加强数字化风险管理，确保金融系统的稳定性和安全性。通过构建智能化风险管理体系，建立匹配的市场监管体系，确保数据安全，构建依法合规环境，强化数字金融风险管理的专业技术等一系列措施不仅有助于提高金融机构的风险识别和防范能力，还能促进金融市场的健康有序发展，为新疆经济的持续稳定增长提供有力支撑。

7.9.2.1　构建智能化风险管理体系

新疆维吾尔自治区金融机构可将大数据融入风险机制中，构建智能化、多元化、动态化的风险管理体系，实现全方位的智能风控生态闭环，从事前到事中再到事后，全方位监测、排查和整治风险。其中，事前阶段主要是通过对客户进行全面的征信调查来识别潜在客户，并根据不同的客户类型采取差异化的初始风险管理策略。同时，运用数字科技手段对客户数据进行全面监测，包括账户变动情况、借贷情况、经济纠纷等信息，以评估客户的信用风险，并提高可疑行为的识别率。在事中阶段，建立客户筛选和反欺诈模型，对高风险客户进行筛查，并实施精准的风险监测和管理，金融机构之间联合建立一个违约客户账户，及时披露风险信息，从而提高企业客户的违约成本，并有效发挥信用市场的失信惩戒作用。在此基础上，金融机构也应与监管部门开展合作，共同制定风险管控措施。在事后的阶段，金融机构成立专门的风险管理部门，对系统的基础建设和运行管理流程等方面进行全面评估，并利用金融科技对海量数据信息进行深入的分析、融合和集成，构建一套高效的安全防护系统，从而能够及时发现信息数据系统中的漏洞，发挥防火墙的作用，确保平台的稳定运行。

在当前的市场经济形势下，新疆应不断优化与完善数字金融风险管理制度与监管体系。第一，深入分析与研究后疫情时代金融行业整体的发展现状，从法律法规的层面入手，有针对性地改进金融风险管理中的不足之处。第二，结合金融机构自身的发展目标，制定严格规范的管理标准，全方位、多层次地健全有关的金融政策。第三，依托互联网、大数据、云计算的优势，建立实时、不间断的金融风险监管平台，加大金融风险方面的宣传力度，不断增强民众的金融风险防范意识，切实保障金融交易的安全性和科学性；同时，加大各项融资项目和重大事项的审核力度，逐步营造一个和谐、稳定的金融环境。

7.9.2.2 建立匹配的市场监管体系

当下新疆的金融监管工作还存在缺乏有效性、监管规则不完善、监管技术落后、跨境监管难等问题。进一步完善金融监管体系，措施如下：一是监管机构监管数字金融时，还应发挥行业自律机制，在提高数字金融机构积极性的前提下，加强对自身风险管理意识的培养，避免数字金融平台交易规模过度膨胀，缓解数字金融给银行盈利稳定性带来的不利影响，继而减轻银行的风险承担并降低商业银行系统性风险外溢程度。二是监管部门需跟上市场的发展变化，适时更新监管方式并不断改进监管模式。例如，监管部门可利用区块链和大数据技术实时分析数字金融机构的风险情况，事先找出数字金融中的风险点，采取合适的监管措施进行及时防范，避免数字金融对于商业银行系统性风险构成影响。三是数字金融平台在构建人工智能监管体系时，通过区块链节点自动公开信息，与国际相关监管机构联合，使人工智能监管体系可以实时动态获取数字金融企业的风险数据，利用区块链技术、大数据和人工智能建设风险数据自动报告系统，在提高数据金融平台合规水平的同时，降低合规工作量。

面对日新月异的市场环境，想要提高金融科技与数字风险管理的技术水平，就必须保证数字金融防范机制的系统化和常态化，促进各部门之间的战略合作与资源整合，充分利用互联网中的数据信息，拓展数字金融的发展深度和宽度，以满足用户的需求为原则，保证金融行业的稳步发展。此外，积极主动地借鉴国内外的先进经验和管理理念，依据新疆的实际情况和发展目标，明确不同阶段数字金融风险管理的重点与难点，推动全流程金融风险管控体系的建设进程。同时，扫清金融风险管理的空白地带和灰色地带，全面落实国家的法律法规。建立健全符合金融机构整体发展的监管体系，根据不同类型风险的不同特征，及时更新与改进监管指标，进一步提升数字金融的安全性与可靠性。

7.9.2.3 确保数据安全，构建依法合规环境

客户隐私数据和账户资金安全是投资者参与数字金融市场的基础，随

着数字金融风险复杂性的不断增加，数字金融发展需要数字金融平台或机构不断健全基础网络架构，将数据安全、技术发展、数字金融进行深入融合，以强大的技术为支撑，建立多层次数据安全合规管理体系和规范体系，从而形成强大的数据安全系统，以此确保客户的数据安全。一方面，健全数据安全合规技术体系。数据必须依靠技术实现储存、转化与利用，因此，打造数据安全合规体系的前提是不断精进相应的技术。具体包括：创新性地实现数据匿名化或者去标识化；创新数据的分级分类和物理或逻辑上的隔离存储；创新数据存取情况监控记录技术等。另一方面，健全数据安全合规管理体系。有关监管部门可成立多级合规组织，将动态监管与静态监管有机结合，切实落实宏观审慎监管责任，强化金融活动监管与金融业务发展审查，建设合法合规的金融市场环境，健全数据安全合规规范体系。

7.9.2.4　强化数字金融风险管理的专业技术

为进一步提升数字金融风险管理的整体水平，金融科技应借助互联网技术和信息技术的不断发展，持续强化风险防范研究和专业技术应用，利用现代信息技术构建智能化的金融系统，加强对金融生态和金融数据的监督与管理，转变传统金融模式下的信息获取途径，增强金融程序结构的规范化与标准化，切实加大对互联网数据资料的开发、挖掘、整理与利用，进一步提升金融风险管理的技术层次。

7.9.3　加强与外部机构的合作

数字金融以其高效、便捷、低成本等优势为金融机构带来了前所未有的发展机遇。数字金融的发展需要与外部机构进行深度合作，共同推动金融高质量发展。

7.9.3.1　扩展数字金融与外部机构合作的领域

一是数据合作。数字金融的核心在于数据，与外部机构进行数据合作可以提高数据质量，增强数据的丰富性，提升风控能力和用户体验。例如，与电商、物流、社交等领域的企业进行数据合作，可以实现数据的共享和互利。二是技术合作。数字金融的技术含量高，与外部机构进行技术合作可以快速提升技术实力和服务水平。例如，与科技公司、研究机构等进行技术合作，共同研发新的金融产品和服务。三是业务合作。数字金融与实体经济密切相关，与外部机构进行业务合作可以拓展业务范围和市场。例如，与制造业、农业、服务业等领域的企业进行业务合作，共同开发新的商业模式和市场机会。四是监管合作。数字金融的监管需要多方参与，与外部机构进行监管合作可以提高监管效率和合规水平。例如，与政府部门、行业协会等进行监管合作，共同制定行业标准和规范，促进行业健康发展。

7.9.3.2 加强数字金融与外部机构合作的方向

一是建立互信机制。加强数字金融与外部机构之间的合作，需要建立互信机制。双方应明确合作目标、责任和利益分配，建立长期稳定的合作关系。同时，应加强信息披露和透明度，减少信息不对称。二是强化资源整合。数字金融与外部机构应加强资源整合，实现优势互补和资源共享。双方可以根据自身优势和需求，共同投入资源，推动项目的顺利实施和发展。同时，应注重资源的有效利用和节约，避免浪费和重复投入。三是加强创新能力建设。数字金融与外部机构应加强创新能力建设，共同推动产品和服务的创新。双方可以建立创新实验室、设立创新基金等方式，鼓励创新思维和创意的产生，加快创新成果的转化和应用。四是完善风险管理机制。数字金融与外部机构应完善风险管理机制，共同应对和化解风险。双方应建立完善的风险识别、评估、控制和应对机制，提高风险防范和化解能力。同时，应加强风险信息共享和沟通，降低信息不对称和风险误判的可能性。五是推动监管协同。数字金融与外部机构应推动监管协同，共同促进行业健康发展。双方应加强监管政策的研究和制定，积极响应和配合监管部门的监管要求。同时，应加强行业自律和规范发展，推动行业标准的制定和实施。六是建立合作平台。为了更好地推动数字金融与外部机构的合作，可以建立合作平台。合作平台可以提供信息共享、交流互动、项目合作等服务，为双方的合作提供更加便捷的渠道，有利于实现资源的有效对接，降低合作的难度和成本，提高合作的成功率和可持续性，进一步推动数字金融的发展和应用。

参考文献

白钦先，丁志杰. 政策性金融论 [J]. 经济学家，1998 (3)：80-88，127.

曹程，张目. 中国新一代高新技术产业金融支持水平与效率评价研究：来自上市公司的证据 [J]. 科技管理研究，2021，41 (21)：38-46.

曹强，谭慧. 资产质量、客户集中度与银行效率：基于面板门槛模型的研究 [J]. 金融论坛，2020，25 (11)：29-38.

陈斐，庞欣茹，康松. 区域金融服务能力对中国经济增长的影响效应研究 [J]. 江苏师范大学学报（哲学社会科学版），2024，50 (1)：17-42，123.

陈贵富，蒋娟. 中国省际经济发展质量评价体系及影响因素研究 [J]. 河北学刊，2021，41 (1)：148-157.

陈琪. 中国绿色信贷政策落实了吗：基于"两高一剩"企业贷款规模和成本的分析 [J]. 当代财经，2019 (3)：118-129.

翟帅. 江苏省普惠金融指数及其影响因素研究 [J]. 财会月刊，2015 (12)：65-69.

丁波，巴曙松，朱茜月. "新常态"下我国商业银行资产组合评价：基于 CAPM 模型 [J]. 农村金融研究，2018 (1)：7-12

丁睿婧. 合肥科技农村商业银行资产负债结构优化研究 [J]. 商讯，2020 (7)：136，138.

杜思正，冼国明，冷艳丽. 中国金融发展、资本效率与对外投资水平 [J]. 数量经济技术经济研究，2016，33 (10)：17-36.

扶明高. 提高金融发展质量促进经济动能转换 [J]. 中国农村金融，2018 (4)：30-31.

宫晓莉，熊熊，张维. 我国金融机构系统性风险度量与外溢效应研究 [J]. 管理世界，2020，36 (8)：65-83.

郭权，徐明，董颖，等.环境污染责任保险：基于市场的环境风险管理工具 [J].环境保护，2016，44（18）：56-59.

郭晓蓓，麻艳，施元雪.商业银行不良贷款现状、成因及对策研究 [J].当代经济管理，2020，42（6）：79-88.

霍远，王盛兰.我国西部地区金融效率问题研究：以地处丝绸之路经济带前沿的西部九省市为例 [J].价格理论与实践，2018（10）：149-152.

焦瑾璞，黄亭亭，汪天都，等.中国普惠金融发展进程及实证研究 [J].上海金融，2015（4）：12-22.

柯林霞.当代社会信用体系建设：现状、问题与发展方向 [J].南通大学学报（社会科学版），2023，39（6）：99-109.

李川，荆中博，李昌萌，等.区域性农商行经营绩效影响因素研究 [J].管理评论，2022，34（11）：16-26.

李春涛，闫续文，宋敏，等.金融科技与企业创新：新三板上市公司的证据 [J].中国工业经济，2020（1）：81-98.

李连发.以市场化法治化助推金融高质量发展 [J].人民论坛，2024（7）：54-58.

李清彬.加快构建"信易贷"平台治理体系 [J].宏观经济管理，2021（5）：54-60.

李扬."金融服务实体经济"辨 [J].经济研究，2017，52（6）：4-16.

林春，康宽，孙英杰.中国普惠金融的区域差异与级化趋势：2005—2016 [J].国际金融研究，2019（8）：3-13.

陆岷峰.金融强国与金融新质生产力：构建以数智化驱动的金融高质量发展新生态 [J].中国流通经济，2024，38（5）：18-27.

马九杰，杨晨，崔恒瑜，等.农业保险的环境效应及影响机制：从中国化肥面源污染视角的考察 [J].保险研究，2021（9）：46-61.

齐红倩，李志创.中国普惠金融发展水平测度与评价：基于不同目标群体的微观实证研究 [J].数量经济技术经济研究，2019，36（5）：101-117.

史代敏，施晓燕.绿色金融与经济高质量发展：机理、特征与实证研究 [J].统计研究，2022，39（1）：31-48.

宋立义.社会信用体系基础理论问题探讨 [J].宏观经济管理，2022

(5)：60-66.

王昌林，李扬，吴晓求，等. 推动金融高质量发展 加快建设金融强国：学习贯彻中央金融工作会议精神专家笔谈［J］. 金融评论，2023，15（6）：1-22，122.

王国刚. 中国金融高质量发展之要义［J］. 国际金融研究，2023（5）：3-10.

王婧，胡国晖. 中国普惠金融的发展评价及影响因素分析［J］. 金融论坛，2013，18（6）：31-36.

王乐照，许磊，刘凡华. 高质量发展下稳步推进社会信用体系建设［J］. 宏观经济管理，2023（9）：38-45，53.

王永钦，薛笑阳. 法治建设与金融高质量发展：来自中国债券市场的证据［J］. 经济研究，2022，57（10）：173-190.

王勇. 深化金融供给侧改革的着力点［J］. 中国金融，2021（5）：93-94.

徐胜，赵欣欣，姚双. 绿色信贷对产业结构升级的影响效应分析［J］. 上海财经大学学报，2018，20（2）：59-72.

燕翔，冯兴元. 农村中小银行的经营效率研究：基于 DEA-BCC 模型和 DEA-Malmquist 指数模型的分析［J］. 金融监管研究，2021（11）：1-17.

张彩云. 中国普惠金融发展程度及影响因素的实证研究［D］. 济南：山东财经大学，2016.

张公嵬，白雪莲. 经济高质量发展的动力系统测度、评价与优化［J］. 前沿，2024（6）：1-13.

张丽丽，章政. 高质量发展条件下社会信用体系建设深化研究［J］. 新视野，2024（1）：76-84.

张雪林，季云青. 征信市场乱象的根源及治理路径探究：来自新疆喀什地区的证据［J］. 征信，2022，40（1）：71-76.

章林，何晓夏. 云南民族地区金融排斥态势与金融普惠机制的建构［J］. 思想战线，2013，39（3）：131-132.

赵丹. 金融支持西部地区经济高质量发展的效率及影响因素研究［J］. 全国流通经济，2023（21）：148-151.

郑醒尘，胡世夫. 金融业高质量发展的特点和要求［J］. 发展研究，2018（12）：58-60.

钟华星. 我国金融高质量发展的现状及对策: 基于国际比较的研究 [J]. 西南金融, 2021 (2): 74-84.

ARORA R U. Measuring financial access [J]. Discussion Papers in Economics, 2010 (7): 8-16.

BECK T, DEMIRGUC-KUNT A, PERIA M M. Reaching out: access to and use of banking services across countries [J]. Social Science Electronic Publishing, 2007, 85 (1): 234-266.

CHAKRAVARTY, PAL R. Financial inclusion in India: an axiomatic Approach [J]. Journal of Policy Modeling, 2013, 35 (5): 813-837.

GUPTE. Computation of financial inclusion index for India [J]. Procedia Social & Behavioral Sciences, 2012, 37 (1): 133-149.

SARMA M. Index of financial inclusion [J]. General Information, 2008 (2): 3-7.